Ten Questions
about New Media Communication

新媒体传播十问

唐嘉仪 ◎著

人民日报出版社

图书在版编目（CIP）数据

新媒体传播十问/唐嘉仪著. -- 北京：人民日报出版社，2016.12
ISBN 978-7-5115-4347-9

Ⅰ.①新… Ⅱ.①唐… Ⅲ.①互联网络—传播媒介—问题解答 Ⅳ.① G206.2-44

中国版本图书馆 CIP 数据核字 (2016) 第 280906 号

书　　名：新媒体传播十问
著　　者：唐嘉仪　著

出 版 人：董　伟
责任编辑：刘　悦
封面设计：中尚图

出版发行：人民日报出版社
社　　址：北京金台西路 2 号
邮政编码：100733
发行热线：（010）65369527　65369846　65369509　65369510
邮购热线：（010）65369530　65363527
编辑热线：（010）65363105
网　　址：www.peopledailypress.com
经　　销：新华书店
印　　刷：大厂回族自治县彩虹印刷有限公司

开　　本：710mm×1000mm　1/16
字　　数：304 千字
印　　张：19.5
印　　次：2017 年 4 月第 1 版　2017 年 4 月第 1 次印刷
书　　号：978-7-5115-4347-9
定　　价：46.00 元

序

  唐嘉仪老师在百忙中利用零碎的时间，写了这本新著《新媒体传播十问》，特别请我作序。我看了其内容，发现该书跳出了我们对媒体原有的思维框架，至情至理，观点新颖，见解独特，发人深省。在这三十多万字的书稿里，每一个字都渗透了她近年来学术研究的心血和成果，这是一部"厚积薄发"的有为之作。

  唐嘉仪是我们中山大学新华学院公共管理学系公共关系学专业的教师，可以说，我是看着她成长的。2008年，她以优异的成绩考上中山大学公共关系学专业本科。在第一个学期，我曾经为她们班讲授过《公共关系学原理》，当时就发现她是一位好学聪明的好学生，潜意识地预感到她将来在公共关系学领域上必有出色的表现。果然，四年公共关系学专业本科毕业后，她又以优秀成绩在中山大学保送继续研读公共关系学专业的硕士研究生，毕业以后，还到加拿大留学了一年。现在，可以说，她是从公共关系学专业科班出身的学生变成了公共关系学专业科班出身的老师。今天，她撰写的《新媒体传播十问》就是最好的体现，也是对公共关系学的热爱点燃了她写这本书的热情。

  唐嘉仪老师撰写的《新媒体传播十问》可以帮助我们解决两个问题：一、组织怎么建设新媒体平台；二、个人怎么玩转新媒体。如果问我新媒体是什么？有什么用？类似这样的问题，是不是应该这样回答："新媒体是组织不得不做，个人不得不学的工具；新媒体是PC互联网向移动互联网转变的一个工具。"

  唐嘉仪老师长期致力于公共传播和新媒体领域的研究，在这种学习和研究的过程中，她了解到很多问题的探讨并不是为了必须获得一个确切的答案和到达一个具体的终点，探索理应是一个持续而发展的过程。而且在她看来，无论是宏观的理论架构建设或是微观的案例分析，媒体和传播领域的研究所需要的不仅是强大而精密的研究设计，还有逻辑、思维、视野等方面的不断成熟和完善。

在互联网创造的"巨流媒体"时代，传统媒体组织结构和生产方式正在社交媒体时代逐渐瓦解，个人穷尽一切努力寻找自身价值最大化已不可逆转，现在轮到新媒体传播了。在今天新常态、大数据时代下，认识新媒体的特点，把握新媒体的传播规律，是面对网络时代的新挑战，开创舆论引导的新途径和新方法，是提高政府执政能力与水平，促进经济社会科学和谐发展的必要前提。所以，全面分析新媒体环境下传播形态的变化动因、变化形态是至关重要的理论问题和现实问题。

传播包含的内容很广，比如：人际传播、组织传播、跨文化传播、健康传播、风险传播、劝服学和社会影响。我想，可以将《新媒体传播十问》的写作设想为一场学术对话，希望大家通过这场学术对话就传播与社会方面的问题对新媒体传播进行一场深入的交流。

昨天的太阳晒不干今天的衣裳，昨天的风雨仍能泥泞今天的道路。为了我国公共关系教育事业，为了回报恩师廖为建教授，我们将继续努力。

最后预祝唐嘉仪老师在公共关系教育事业的道路上，越走越远，越走越宽！

中山大学新华学院公共管理学系

公共关系学专业主任

谭昆智

2017 年 1 月 5 日

目录

前言 / 1

第一章 网络传播：更自由还是更束缚？ / 5

自媒体时代下的 UGC / 8

开放的互联网？ / 15

网络 = 没有限制？ / 19

发展趋势：网络自由度应进一步开放还是收紧？ / 22

第二章 网络实名制：负责任地传播还是对言论自由的扼杀？ / 28

实名制出现的背景及发展历程 / 31

西方新媒体实名制实践经验 / 35

实名制之影响的"双刃剑" / 39

如何更理性地看待网络实名制？ / 43

目录

第三章 媒介素养：挖掘能力更重要，还是甄别能力更重要？ / 48

什么是媒介素养？ / 50
新媒体媒介素养内容 / 53
新媒体信息挖掘与媒介素养 / 58
新媒体信息甄别与媒介素养 / 61
媒介素养与新媒体传播 / 64

第四章 公共危机管理：机遇更大还是挑战更大？ / 68

新媒体环境下公共危机传播特点 / 70
公共危机管理中的新媒体应用 / 74
新媒体传播之公共危机管理机遇 / 79
新媒体传播之公共危机管理挑战 / 85

第五章 网络舆情：更方便引导还是更难以管理？ / 93

网络舆情的特点 / 97
网络舆情的管理策略 / 100

目录

网络舆情管理之一：基于技术发展的监控能力得以提升 / 104

网络舆情管理之二："人人都有麦克风"时代的管理困境 / 108

第六章 社交媒体：重视社交还是重视媒体？ / 112

什么是社交媒体？ / 118

"社交"倚向的社交媒体 / 125

"媒体"倚向的社交媒体 / 129

社交媒体发展新趋势 / 134

第七章 互联网政治传播：政治偏向还是媒体偏向？ / 139

网络传播环境中的政治传播 / 145

互联网政治传播倾向 / 149

基于"媒体偏向"的网络政治传播 / 155

西方网络政治传播实践案例 / 159

中国网络政治传播的走向和出路何在？ / 163

中国互联网政治传播的关注点 / 166

目录

第八章 新媒体营销：内容为王还是平台为王？ / 170

新媒体营销：当代营销的整体趋势 / 177

营销模式 / 185

常用的新媒体营销策略 / 193

"内容为王"在新媒体传播时代过时了吗？ / 203

"平台为王"是否成为新媒体营销的制胜策略？ / 209

新思路：内容和平台的聚合 / 216

新媒体营销实践案例 / 221

第九章 网络直播社区：昙花一现还是新媒体传播新趋势？ / 227

网络直播究竟是什么？ / 227

网络直播社区——互联网发展新热点 / 238

哪些因素制约了网络直播的发展？ / 245

"枷锁"与"束缚"之下的网络直播将走向何方？ / 250

网络直播的发展趋势 / 254

网络直播社区传播案例 / 258

目录

第十章 现代数字鸿沟：传播技术缩小还是扩大了群体间知识量差异？ / 265

信息"知识沟"现象及研究 / 271
信息沟之于社会的影响 / 276
传播技术的发展缩小了信息"知识沟"？ / 282
新媒体与信息沟的扩大 / 286
如何缩小社会群体之间的信息沟？ / 291

结语 / 299

前　言

过去十年，新媒体在全球范围内的发展态势极为迅猛，当我们谈论公共传播、媒体研究、大众传播等问题时，毫无疑问"新媒体"是其中一个无法避免的话题。

根据中国互联网络信息中心（China Internet Network Information Center，下文简称为"CNNIC"）于 2016 年 8 月发布的《第 38 次中国互联网络发展状况统计报告》，截至 2016 年 6 月，中国网民规模达 7.10 亿，互联网普及率已达到 51.7%，其中使用手机上网的人数比例超过 92%，手机网民规模达到 6.56 亿[1]（如图 1-1）。日渐庞大的网民规模和越来越普及的互联网应用带给我们的是一个全新的网络传播环境和媒体市场。移动互联网时代已经正式到来。

"互联网+"概念的提出以及国家"互联网+"建设行动的启动意味着互联网传播时代将面临新的变化和发展，网络对社会和人们生活的影响势必更加深刻、更加多元、更加全面。

---

[1] CNNIC. 第 38 次中国互联网络发展状况统计报告 [R], 2016-8-3, 链接为 http://www.cnnic.cn/gywm/xwzx/rdxw/2016/201608/t20160803_54389.htm

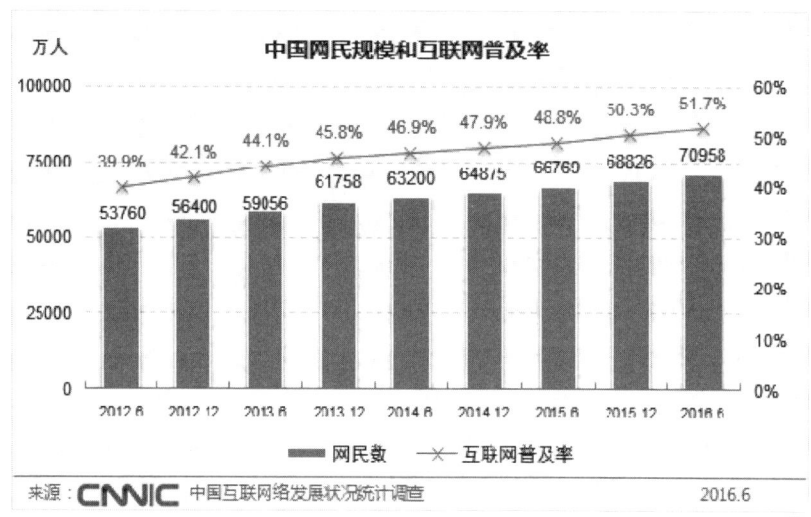

图 1-1 中国网民规模和互联网普及率（截至 2016 年 6 月）

事实上，"媒体"和社会之间的关联性显然是毋庸置疑的，关于媒体对社会和公众所造成的影响，已经有很多学者给出答案和研究成果——无论是报纸、杂志、广播、电视等传统媒体，还是以互联网为代表的新媒体，它们及其之上的传播活动可能带来的社会效应，都是媒体研究领域中长期以来的焦点和重点。也就是说，理解媒体、研究媒体，其实本质上都可以看作是一种对社会的关注和思考，而且这种研究有必要随着媒体传播环境的变化而不断更新，尤其是在网络传播时代，所有关于媒体和传播的元素都在不断发生转变，"发展性"、"不稳定性"和"变化性"是网络传播环境的显著特征。

笔者长期致力于公共传播和新媒体领域的研究，在这种学习和研究的过程中，我了解到有时候很多问题的探讨并不是为了必须获得一个确切的答案和到达一个确定的终点，探索理应是一个持续而发展的过程。而且在笔者看来，无论是宏观的理论架构建设抑或是围观的案例分析，媒体和传播领域的研究很多时候所需要的不仅是强大而精密的研究设计，而且还有逻辑、思维、视野等方面的不断成熟和完善。

面对新媒体的相关议题，我们可能会有截然不同的思考方式和答案，而我们在考虑这些问题的时候，是不是一定存在"非黑即白"的答案？笔者认为未必如此。在这本书里，我将带大家讨论当下关于新媒体的十个最具争议性、处于研究最前沿、和中国传播领域联系最为密切的问题。而这本书并不是为了给读者关于这些问题的答案，而更为重要的，是让读者能够通过阅读了解这些与新媒体传播息息相关的议题，培养自己对这一领域的辩证思考的能力，围绕截然不同的两方意见，能否在其中挖掘出具有价值的信息和回答这些问题的新思路，这才是我撰写本书的初衷。

当然，关于新媒体传播的研究，笔者也尚在不断探索和不断学习的阶段，本书的一些观点难免稚嫩，对新媒体研究问题的思考也会存在不周全的情况。但我仍然希望，通过我的抛砖引玉，能够吸引更多对新媒体传播有同样热爱和独特想法的人，我们共同致力于未来新媒体传播的发展。

结合新媒体传播发展现状以及中国的网络传播环境实际，笔者将在本书就以下十个问题展开探讨：

1. 在不断变化发展的过程中，网络传播是变得更自由开放，还是更限制束缚？

2. 实行网络实名制的后果如何，网民将会更负责任地参与网络传播活动，还是网络言论自由进一步被压缩？

3. 就新媒体环境而言，是网民的挖掘能力还是辨别能力更能体现他们的媒介素养水平？

4. 面对新媒体，政府和公共管理部门在处理公共危机事件时所需要面临的是机遇更显著还是挑战更显著？

5. 在网络传播环境里，舆情管理工作的演变方向是更方便进行引导，还是更难以监测？

6. 社交媒体未来的发展趋势将会是体现出更强大的"社交"功能还是更明显的"媒体"属性？

7. 结合中国传播环境和社会实际，网络"政治传播"问题所体现出来的"政治"偏向更明显，还是"传播"偏向更明显？

8. 经历十多年的发展，新媒体营销在当前的传播环境（以及未来的发展趋势）是更注重"内容"的设计还是更注重"平台"的选择？

9. 近两年火热的"网络直播"是昙花一现的新媒体产物，还是未来拉动新媒体发展的必然选择？

10. 随着互联网的普及和发展，中国社会和网民群体中的"信息沟"是不断扩大还是得以缩小？

这些议题基本涵盖了当前新媒体传播领域里的主要关注点，包括新媒体传播的法制建设、政治应用、营销能力、经营热点、发展方向、社会影响等，尽管我们不能因为了解这十个问题就对整个网新媒体的发展脉络、现状和趋势了如指掌，但通过对这些问题进行讨论，笔者期望能够和读者们一起对新媒体传播的核心议题进行开放地思考，而更为重要的是，借助这种并非"非黑即白"的、包容任何可能性的讨论，读者（尤其是从事媒体研究的青年一代）可以培养自己的"思辨"能力，这将是未来我们更好地认识、理解、应用新媒体传播技术的重要条件之一。当我们建立起这种"正反双向"协同思考的习惯和能力后，面对所有其他新媒体或是传播领域里的议题时，我们都能够熟练地尝试全面剖析和多角度理解，而不是简单地下结论，这对任何一个媒体研究者来说都将意义非凡。

那么接下来，就让我们一起开启本次新媒体探索之旅，走进新媒体传播的新世界。

第一章 网络传播：更自由还是更束缚？

本书将通过十个章节向读者介绍当下新媒体传播里最具有争议性、讨论最为广泛、最备受关注的十个问题。而在开篇之始，笔者首先围绕整个新媒体传播或者说网络传播讨论一个相对宏观但是对后面的问题都有一定影响的问题——网络传播的自由度。

毫无争议的是，无论是新闻传播业界或是学术界，几乎都认为基于数字新媒体传播技术的网络所带来的是更为开放的传播空间。不同于传统媒体相对较高的准入门槛，网络媒体的传播技术在设计上就赋予了网络用户在传播自由度方面极大的可能性，而这些特点也被认为是网络新媒体相较于传统媒体而言的显著优势。

首先，网络具有"去中心化"的特点，而且"去中心化"也将是未来网络发展的一个必然趋势。所谓"去中心化"指的是在传播过程中任何一个节点都可能成为阶段性的中心，但不具备强制性的中心控制功能，传播系统体现一种开放式、扁平化、平等式的结构。在这种传播结构下，每一个用户都扮演着"节点"的角色，而且相互之间的地位都相对平等，用户在现实社会的身份和所处阶层并不会影响他们在网络传播中的地位，自由的、开放的网络讨论成为可能，"权力"相对被弱化，这被认为是网络传播所具有的一大优势，也是网络之所以能促进人类社会文明发展的重要原因之一。

在2015年北京"势在·必行——2015互联网+中国"峰会"上，腾讯董事会主席兼首席执行官马化腾在演讲中明确提出，"去中心化"是未来网络发展的必然路径，也只有通过实现更高程度的"去中心化"，网络才能真正地为用户提供智能的信息和服务，满足每一个用户的多元化的需求。

其次，对于用户而言，相比起传统媒体，网络的使用成本更为低廉。这里提到的"成本"不是单纯地指用户需要花费多少钱才能获取网络服务，尽管实际上我们必须承认的是，金钱成本的下降是近十年来中国网络得以迅速普及和流行的重要因素之一。而在未来，伴随着移动互联网和终端技术业务的发展，无限网络通信技术将在更广的范围内得以普及，网络使用成本在相当程度上呈现了下降的趋势。但在这里，笔者想说的"成本"更多指的是时间、信息获取难度和深度方面的成本。

得益于网络技术的发展，通过搜索引擎等工具，用户借助网络获取所需信息的时间大大缩短，只需要在键盘上输入所需信息的名称，数以百万计的搜索结果就可以在几秒内呈现出来。而更为重要的是，基于网络传播技术延伸出来的包括在线学习、旅游产品预订、网络购物、网络缴费、电子转账等功能更为用户提供了极为方便和快捷的生活方式。网络为用户提供了丰富的、多元的可能性，使用户的生活形态和生活方式发生了重大的变化，且不说这种变化是一种积极的还是消极的，单从网络当前在社会中的融合程度以及被接受程度来看，网络已经成为不少人离不开的一种媒介。

而实际上，成本的降低不仅对于普通用户具有重大影响，而且对于一些需要进行商业推广的企业而言，其意义更为深远。在媒介融合与全媒体发展的环境下，互联网搭建出多种形式的平台——门户网站、社交媒体、网络论坛、搜索引擎等都成为企业进行营销推广的重要渠道，而实际上，这些平台之所以成为不少商家的选择，很重要的原因也在于相较于传统媒体，尤其是电视媒体而言，网络推广的成本具有显著的竞争力，而更为重要的是，这种低成本所带来的并不是低成效，相反，网络推广已经成为不少品牌的优先选择之一。而这也衍生出一个新的商机——网络推广服务机构。

再次，有人认为，新媒体在某种程度上已经取代了传统媒体，或者说在相当程度上获得了传统媒体经历长时间才积累而成的社会影响力，成为社会传播的"主流媒体"。事实上这种观点并非毫无根据。这种"主流性"体现在多个方面，例如，从近年来的舆论热点传播情况来看，很多时候都是在新媒体上首先萌芽发酵，其后才有传统媒体的跟进。新媒体凭借其在传播速度、传播范围和传播影响力等多方面优势，正逐步挑战传统媒体作为"权威"媒体的地位。再比如，媒体广告收入飞速增长，迅速分流了传统媒体的广告源。早在2012年，互联网广告收入已经超过报纸，成为第二大广告媒体[1]。此外，新媒体正在快速分流传统媒体的受众和人才。根据艾瑞咨询的数据，北京电视机的开机率从2008年的70%大幅度下降到2010年的30%[2]，随着互联网的发展和人们生活习惯的改变，传统媒体的受众无可避免地将进一步转向新媒体；而新媒体也在借助企业制度优势对传统媒体不断挖角，直接影响了传统媒体的人力资源分配，这将是长远来看对传统媒体最致命的影响。种种的这些都在说明一个显而易见的问题：网络新媒体正在成为一种重要的传播力量，介入我们的社会和生活。

凭借这些优势和传播特点，网络传播在过去二十年里迅速成为对中国社会以及普通公众最具影响力的媒介形态之一，而且不难看出，这种影响力将在未来进一步持续，甚至有增长的趋势。但是笔者在这里需要指出的是，尽管当前社会已经普遍认可了网络的这些影响力和特征，我们仍然需要考虑一个问题：网络传播是否就毫无缺陷，或是真的如大众评论一般实现了高度的

---

1 沈文林. 2012年度互联网媒体广告收入首超报纸[EB/OL]. 2013-3-27. 链接为http://shanghai.xinmin.cn/msrx/2013/03/27/19433710.html

2 新华网. 年轻人对电视的依赖正在减少 电视影响力日益下滑[EB/OL]. 2013-10-21. 链接为http://news.xinhuanet.com/2013-10/21/c_117804952.htm

自由和绝对的开放？笔者认为答案是否定的。因此，在这一章里，笔者将通过四个小节来讨论两个非常重要的子问题：

● 结合实际，我们应该如何定性当前中国网络传播的自由度？网络传播是不是意味着绝对的开放、自由和没有限制？

● 从"怎么做"的视角来看，在未来中国的网络发展中，应该如何在"更开放"和"更约束"两个路径中做出选择？在这两种方式之外，是否还存在第三种选择？

自媒体时代下的 UGC

UGC 全称为"User Generate Content"，即用户生成内容，是一种源于 Web2.0 时代的网络信息及资源组织和创作模式，在 Web3.0 时代，这种信息生成的模式更是得到更大范围、更多形态的实现。广泛来看，所有由网络用户创作、生产、分布、分享的信息，包括文本信息、图片、视频、音乐等，都可以被看作是 UGC 的内容。世界经济合作与发展组织（OECD）总结了 UGC 的三大特征：（1）网络上公开的、可以使用的内容；（2）UGC 的内容应具有一定的创新性；（3）UGC 的内容一般由非专业用户创作[1]。

UGC 最大的意义在于改变了用户在信息生产和传播过程中的地位和作用，在 UGC 的信息生产模式下，用户拥有更大的主导权，用户不仅作为信息的浏览者、获取者和使用者，更为重要的是，用户已经成为真正意义上的信息生产者、分享者和传播者，这无疑是网络传播时代的重要变革成果。我们总是谈论网络的优点和特点在于改变了传播的模式和传受双方的关系，笔者认为，所谓的网络开放性，根本的意义不在于网络用户可以更容易地获取信息或服务，而在于用户能够真正成为传播活动中重要的一个环节——信息的提供者。

---

[1] 孙淑兰,黄翼彪.用户产生内容(UGC)模式探究[J].图书馆学研究.2012(13):33-36

只有这样，用户才能实现本质上的自由，使得网络内容更加丰富，也更加具有个性。实际上，UGC 也确实为网络传播带来了很多新的可能，也在一定程度上促进了网络的进一步发展。而在可预见的未来，UGC 本身作为一种信息创作、组织和分享的模式，也势必在未来获得更大的生存空间。

从当前的发展情况来看，用户实现 UGC 的平台主要包括以下几种类型。

社交媒体

得益于自媒体技术的完善和普及，社交媒体成为最重要的一种 UGC 平台，包括国内外的 LinkedIn、微博、微信等，都是典型的、最流行的几种社交媒体代表。最初社交媒体更多的是作为一种用户和好友之间进行信息分享、心情交流、感情联系的平台，基于移动互联技术的社交媒体实现了信息即时分享的可能，使得用户的社交方式发生了革命性的变化。而随着这些社交平台本身功能的完善和自媒体技术开发的进一步深化，社交媒体已经超越了"社交"意义，UGC 的形式也不仅是简单的文字信息、图片分享等，在社交媒体平台上，用户的 UGC 蕴藏的价值，尤其是商业价值正在逐渐得以体现。

视频分享网站

常见的视频网站包括优酷土豆网、搜狐视频、爱奇艺等，视频网站之于用户而言并不是简单的一个观看视频的平台，"原创"是视频网站形成竞争力的重要途径。视频网站鼻祖 YouTube 曾提出一个口号"Broadcast Yourself"（展现你自己）。YouTube 过去不断致力于鼓励用户上传、下载、观看及分享影片或短片，其中很大一部分的影片都是用户原创的，可能是关于个人生活的介绍，也可能是一些有创意的商业设计短片，总而言之，在 YouTube 的平台上，任何内容都有可能受到广泛的关注，实现"分享"的目的，并形成一定影响力。事实上业内不少人也指出，重视UGC将会是未来视频网站的一个普遍选择。《经济观察报》记者李晶也曾撰文提到，相对于巨资购买的长视频版权，UGC模式其实更有利于增加用户的黏性，并有助于用户之间的社交性分享[1]。

电子商务平台

以国内最大型的电子商务平台淘宝网为例，在UGC时代，用户可以通过淘宝购买自己所需的产品和服务，现如今在类似淘宝的购物网站上，用户可以撰写购物心得、上传所购产品的图片和发布自己在电子商务平台上的使用体验。不仅如此，UGC更是推动电子商务发展的一个重要力量，以"小红书"为例，其最主要的特点就是把海外代购、用户体验和分享推荐以及跨境电商这三个元素结合在一起，创造出一种新的电子商务模式——社区电商。在这种社区内，一些曾经有过"海淘"购物经验的用户把他们海外购得的产品的使用体验分享出来，相比起硬广告和传统软文而言，用户更相信这种"同伴推荐"（Peer Recommendation），而这种商业模式的发展动力之一就是UGC的信息生产模式。

文学创作社区

这是国内重要的一种UGC方式。最为著名的当算是目前华语文学最大的原创性文学门户网站"起点中文网"（www.qidian.com），类似的还有"磨铁中文网""榕树下""红袖添香""清韵书院"等。这些原创文学网站为广大文学爱好者提供了极佳的分享渠道，而且其中不少优秀的内容更是能够产生极大的社会影响力，甚至成为影视剧购买版权的重要对象。近几年的"IP

---

1 李晶. 视频网重回UGC[N]. 经济观察报. 2013-7-16

热"更是进一步凸显了这些文学网站的价值，网络文学成为重要的文化制作对象，这一切无疑得益于UGC模式为广大的文学爱好者创造的内容展示平台。

知识分享平台

常见的知识分享平台包括维基百科（Wikipedia）、百度知道、知乎等。UGC的一大意义在于赋予了普通网民和自媒体用户以"自行生产信息和知识"的权利和可能，在这些知识分享平台上，知识的传播不需要经过特定的教育或其他权威机构和组织，而可以全部由普通网民完成。这种意义是显著而深远的：一方面，网民的数量巨大，而且不同的网民所拥有的知识储备情况不同，通过这种民间的自我交流和互动，能够实现在极大范围内的知识广播，同时这种信息传播链条较短，传播的效率很高；另一方面，新知识的生产在这种UGC模式下变得相对容易，信息的更新换代速度变得更快，而且几乎任何的问题都可以在这些知识分享平台得到解答，用户获取自己需要的信息所耗费的时间也将大幅缩短，是当前自媒体传播优势的一种重要体现。

音乐分享社区

这里的音乐分享指的不仅仅是不同的供用户进行音乐上传和下载的平台，近一两年来，在年轻网络用户中广泛流行的一种形式是"社交+K歌"相融合的音乐参与和互动社区，"唱吧"就是其中最著名的、用户数量最多的一个例子。拥有超过2.6亿用户的"唱吧"是当前自媒体时代一种超越了普通的信息分享，为用户实现个人才华展现和结识好友的典型UGC平台。只需要通过一台简单的终端（如手机、PC客户端、平板电脑等）以及麦克风，用户就可以在"唱吧"上活动，准入门槛极低，互动效率却很高，任何一个人都可能在"唱吧"上通过简单的"K歌"形成广泛的影响和知名度，甚至不少用户会被大型综艺节目邀请，实现"平民明星"的愿望。而在未来，这种模式的UGC将持续对用户形成深刻的影响，成为未来自媒体UGC发展的重要推动力量。

图片分享网络

Flickr、Instagram、又拍网、图钉等都是典型的图片分享UGC平台，与视频分享社区相类似，只不过图片分享网络的核心内容是照片、图片，而不是视频。随着智能手机的盛行，自拍进入了一个全民狂欢的时代，而在这样一个"全民自拍"的时代，每一个人都可以通过图片UGC获得关注和"赞"。尽管在通常情况下，这些"收益"对用户而言并不会带来实际的利益，但却是普通网民对现实生活中可能无法实现的一些美好愿望（尤其是当前处于一个美图软件盛行的年代）。而对于一部分年轻女用户而言，图片分享更是她们成为网络红人（"网红"）最迅速的一个途径，而当她们在自媒体平台上达到一定的影响力后，更可以通过出售商品、广告代言等方式实现实际的商业收益。再结合近年来这些平台上的内容变化走向进行分析，我们可以看到图片分享UGC已经从简单的"自拍"发展到"自摄"时代——摄影爱好者可以用简单的手机拍摄图片，尤其是一些风景图片、旅游照片的拍摄者，他们将自己所拍摄到的照片作品分享到网络平台上，从而吸引众多"粉丝"的关注，并有可能由此获得现实的商业机会。值得注意的是，在"无人机"逐渐成为个人化消费品的趋势下，这种图片分享UGC也势必衍生出更多的发展走向，对网络用户形成更深远的影响，而这些图片分享平台也将成为用户实现UGC更重要的一个渠道和选择。

文件共享类

如百度文库、豆丁网、道客巴巴、数据银行等都是典型的文件共享UGC平台。在这些平台上，一部分文件资料是其他人创作，经用户下载获取得到之后，上传到这些平台里实现二次传播；一部分文件内容是用户原创的材料，通过分享到这些平台上，与他人进行知识的交流或者"经验值"的积累，而积累了一定数量级的"经验值"后，用户又能够把其转换成下载其他文件资料的资本。通常情况下文件共享类UGC平台上的信息资料都是以知识型、学术型、经验型为主，通过这些平台，普通网民可以获取帮助自己更好地完成学习和工作任务的参考资料，使他们的学习和工作效率都得以提升。

其他网络论坛社区

除了上述提到的视频、知识、音乐、图片分享社区之外，其他类型的基于兴趣和爱好聚合在一起的垂直化UGC平台也是当下中国自媒体传播中的新热潮。最流行的包括电影资讯分享网络社区、旅游攻略分享网络社区、美妆心得分享网络社区等。除此之外，类似天涯论坛、百度贴吧、豆瓣网、果壳网、砍柴网等都是实现UGC的重要平台，而实际上这些都是自媒体时代的产物，通过这些网络论坛社区，用户能够找到一群志同道合的网友和自己分享、交流、互动，并通过这些知识和信息的交换过程实现新知识、新信息的生产和传播，成为当前网络UGC内容里不可或缺的一部分。事实上在各大自媒体平台，包括新闻资讯类平台上的网友评论、网民留言等都可以被看作是一种UGC，而这些平台也正在成为不少年轻网民的首要自媒体选择，它们甚至超过了其他常见社交媒体对用户的吸引力，而这事实上也是移动互联网和自媒体传播的一种新变化和新走向——网络UGC将进一步向社群化、垂直化、细分化发展。

随着大数据时代的到来，UGC面临着更大的机遇和可能性，也成为网络传播在新媒体传播技术进一步开发和利用中的一个新趋势和新热点。个性化传播是自媒体时代UGC的一大特点。结合大数据信息挖掘和传播技术，UGC未来的应用将会更加广泛。举例来说，通过对用户生成内容进行文本、种类、特点、平台偏好等数据的挖掘，网络产品服务商可以制定出针对每一个用户不同需求和使用习惯的信息产品与服务，而这种变化所带来的不仅是更有针对性和创造性的商业推广和产品服务结果，更能在更大的程度上体现出自媒体时代UGC所具有的"个性"，使得整个网络传播，不仅是用户个人的传播，还包括了互联空间上所有的信息推广效率都得以实现大幅度提升。又比如，大数据体现在UGC的应用还包括了"聚众"方面的能力，尤其是在非熟人社交网络上，通过挖掘每一个用户在社交方面的偏好，如兴趣爱好、用户所在地和喜欢的出行地点、信息关注点等内容，社交媒体平台可以为每一个用户匹配到更为精准的"新好友推荐"，这种服务对于用户进一步开拓"弱关系"网络具有极为重要的影响。尤其在"相亲社交"流行的时代下，这种服务将进一步吸引用户的关注和使用，也将实现更具有现实影响力的传播效果。

但UGC并非意味着网络传播必然向着绝对正面和积极的方向发展。UGC的一个结果和影响是信息量的极大增加和信息内容复杂程度的大幅提升。网络谣言和流言就是一个常见的例子。考虑到当前网络用户庞大的数量，尤其是自媒体用户正呈现逐年快速增长的趋势，"浑水摸鱼"的情况并不罕见。虚假广告、生活谣言等信息在自媒体平台上泛滥成灾，开放的、基于用户自己生产内容的传播模式为网络谣言提供了极佳的温床，完全依靠个人判断的信息甄别模式显然不具有足够的说服力和权威性，但是在UGC已经成为用户习以为常的一种信息生产和传播模式后，似乎这些用户也对"专家更权威"还是"普通用户更可信"这个选择形成困惑，网民是否必然意味着"智慧的凝聚"也成为一个有待解答的问题。每一个人都可能成为信息发布者和分享者的同时，我们应该预想到一个必然的结果——网络传播将如何在实现进一步"自由"

的过程中，保证信息的真实性和权威性，这成为未来自媒体发展和 UGC 模式探讨领域里一个有待解答的问题。

开放的互联网？

结合前面的讨论，毫无疑问，在一定程度上我们需要承认的是互联网必然具有开放性的传播特点，而且这种开放性也带来了很多网络发展的新可能和新常态。那么在这里，我们先来看看互联网的"开放性"究竟体现在哪些典型的方面。

互联网的传播模式在设计上是开放的

网络传播模式的一大特点就是开放性，这种特点在与传统媒体进行对比时会尤为显著。这是一种具有革命性的、真正能够体现"数字化"特点的传播模式。而我们认为互联网的传播模式在根本的设计上就是开放的，其原因可以从多方面来引证。

首先，互联网传播的范围是面向全球的。网络使得麦克卢汉提出的"地球村"概念得以真正实现，身处全球各地的人在互联网上的虚拟距离得以缩短，网络用户可以在足不出户的情况下接触到、认识到、联系到来自各个国家的其他网络用户，并且这种虚拟交往在很大程度上是不受限制的。全球化传播范围能够体现网络传播开放性的原因还在于其使得网络传播的影响力变得十分巨大，尤其是对于草根网民而言，互联网平台是他们最佳的"成名捷径"。在这个面向任何一个普通人开放的平台上，每个人都能够展现自己的才华，而当中不少的幸运儿更是能够通过这种展现来实现提高个人知名度和社会影响力的目的。

其次，从用户关系和用户行为方面来看，网络传播同样是开放的。一方面，扁平化是网络传播的一个特征，人与人之间的等级关系弱化，每个人在网络世界里的地位是相对平等的，用户和用户之间的关系也有无限种可能——所有的一切都是开放的、有待探索和发现的。这种扁平和自由的特点还可以通过用户本身的行为模式来探讨，简单地说，用户在互联网世界的行为是相对自由的，什么时候接入网络、通过何种方式接入网络、在何地使用网络、使用网络作用和目的是什么等，每个人可以自行决定他们的网络使用行为。

再次，网络信息资源的生成和获取是开放的，也就是说，互联网的信息组织结构具有开放性的特点。我们已经知道，网络传播的发展使得 UGC 成为可能和普遍的现象，这体现的正是一种开放性的信息组织结构方式，而且网络的信息容量也是巨大的，甚至可以说是无限的，这使得整个网络知识世界的信息存量限度变得十分"开放"。而这些信息的获取方式同样是开放的，除了部分需要付费获取的知识和信息内容，网络上的大部分内容，包括信息内容、网络应用产品等都是免费向所有互联网用户开放的，这也正是我们在前文提到的互联网产品在成本方面具有显著优势。而进一步来看这种知识开放的意义十分巨大，尤其是在当前由全球贫富悬殊所造成的"知识沟"成为广泛关注的问题后，通过普及信息传播技术，降低网络成本来缩小经济地位极端的群体之间的知识差距成为可能。当然，这种基于"知识沟"假说所延伸出来的"信息沟"问题，也是当前新媒体传播研究里的一个具有争议性的话题，我们将在本书最后一章进行专题的讨论。

互联网的发展趋势在整体上是开放的

尚且不论互联网的开放会对整个网络传播的发展造成何种影响，一个不可否认的发展方向就是，整个互联网发展脉络将呈现出一种更开放、更包容、更融合的趋势。而在这里，笔者将重点讨论"互联网+"所带来的网络开放性发展问题。

"互联网+"的提出可以追溯到2012年，易观国际董事长兼首席执行官于扬在第五届移动互联网博览会上首次提出了"互联网+"的概念。三年后，在2015年3月十二届全国人大三次会议上，李克强总理在政府工作报告中首次明确提出"互联网+"行动计划，同年7月，国务院印发了《关于积极推进"互联网+"行动的指导意见》，"互联网+"随后受到广泛关注和讨论，成为近两年来对整个互联网发展影响深远的一种思维和模式。

从本质上来看，"互联网+"的要求就是实现开放、融合与创新，其中，这里三者的关系为："开放"是前提、"创新"是动力、"融合"是趋势。"互联网+"理念认为与传统媒体不同，网络新媒体可以成为一种信息能源，成为整个社会各个领域发展的核心动力，"互联网+"将在很大程度上提高整个社会的生产效率，以一种数字化的力量为社会发展带来革新的思路。

而"互联网+"理念下网络传播应用方面的多元特征和可能性，则是将在下面提到的第三个互联网开放性的表现——应用领域的开放。

互联网的应用领域在本质上是开放的

尽管我们说互联网是作为一种传播技术发展的产物和在人类传播变革的重要阶段而被广为认识的，但事实上互联网的实际应用层面和领域远不仅限于传播。但是，互联网的"开放性"还体现在它能够应用到几乎所有领域，能够与不同行业、不同议题、不同业务相融合。而这种开放性又进一步推动了互联网的应用、普及和推广，这也是互联网能够对整个人类社会的发展进程产生深刻影响的根本原因。近年来，随着互联网技术的开发和应用创新，互联网在应用方面的优势和开放性得以进一步体现。我们可以通过几个广为人知的例子来说明这种互联网的应用开放性特点。

例如，近几年在教育领域的一个发展热点就是网络教育资源及平台的建设，也就是我们常说的MOOC（Massive Open Online Course，大规模开放在线课程），自 2008 年发展以来，全球的 MOOC 平台超过 30 个，网络上所开设的在线课程约有 1500 门，其中不少课程更是由全球名校所开设，如哈佛大学、牛津大学、耶鲁大学等。而这些网络在线课程的根本发展动力正是起源于网络的"开放性"——任何接入互联网的用户都可以使用互联网空间的资源，获取自己感兴趣的教育学习资源，推动自主学习的发展，这既是对素质教育和博雅教育的一种支持，也是帮助互联网用户拓展自己学习兴趣点的一种动力，这对于全球发展，尤其是高校教育发展而言的意义是显而易见的。

除此之外，互联网的开放性对于商业模式的改革和创新同样影响深刻，"Work from Home"的模式成为国外不少企业，尤其是中小规模创意型产业的一种重要组织模式。通过"工作资源共享+网络在线会议"的方式，很多人可以实现远程工作，甚至是员工之间素未谋面，毫不影响各自工作的完成情况。这种工作模式在极大程度上解放了员工，尤其是对于一些女性员工而言，赋予了她们更好地协调工作和家庭生活关系的可能性，体现了更大的自由度，而这些所有的"自由"均得益于网络传播开放性的应用模式。

然而，在看到互联网具有极佳开放性的同时，笔者需要提出一些疑问：究竟我们所说的"互联网是开放的"里"开放"的实现程度有多高？这种开放是绝对的吗？网络里的开放是指互联网将在任何议题、任何程度、任何平台、任何方面都实现高度的开放吗？

笔者认可"互联网是开放的"这样的一个观点，但我们同时也不能忽略，这种开放也许只是相对的，因为不管在任何语境的自由主义传播理论之下，所有的传播都无法实现完全的自由、绝对的自由，任何传播活动，包括网络传播都必然受到一定程度的限制，而且这种限制未必是我们传统意义上所理解的"网络监管"，而可能是超出一种约束因素的多元限制特征。

网络 = 没有限制？

关于"网络是否意味着绝对的自由且没有限制"这样一个问题，笔者给出的答案是否定的，而且结合中国的社会背景和传播现状来看，这种限制是多元的。总的来说，笔者认为中国的互联网传播主要受到以下三方面的约束和限制。

法律和行政限制

尽管我们知道，目前在中国，网络传播环境里还存在不少法律"黑色地带"，包括人肉搜索、网络黑客、网络隐私权与公众知情权等问题，都处于一个有待讨论的状态，但这并不意味着中国当前没有任何对网络传播进行管理的法律法规。"网络"一词所包含的范围极为广泛，其包括网络及相关产业的组织和运营、网络舆论的管理、网络准入制度、网络用户实名制等等，而关于"网络实名制"的问题，我们将在第二章进行更详细的分析。为了更好地管理整个中国网络的发展状态，我们可以找到不少已经出台的、专门针对互联网传播问题的规章制度和法律法规，比如在"中共中央网络安全和信息化领导小组办公室"（http://www.cac.gov.cn/）就可以看到部分当前互联网管理的法律法规（如下图2-1）。

这些法律条文的出台是具有现实意义的，尤其是近年来，网络谣言有愈演愈烈的趋势，对人们正常的使用互联网造成了极大的影响。纵观目前网络上形形色色的谣言，除了部分是由于不法分子别有用心地策划和煽动以及为了达到诈骗目的而宣传的虚假信息，大多数的网络谣言都是由于网络用户缺乏一定的甄别能力，或是出于从众心理，对未经筛选和证实的信息进行传播，互联网便利和开放的特点为人们传播这些谣言提供了便捷的渠道，而"理性"在这种环境下是很难自发实现的，没有强制性的"硬监管"，失实的、非理性的、具有消极社会影响的信息只会通过网络形成更大的传播范围，对整个中国网络舆论生态环境而言绝对是弊大于利。

图 2-1 中国部分已出台的网络管理法令条文

经济限制

这是一只对网络传播产生影响的"无形的手"。前面笔者已经提到，任何一种文化和语境下的传播都不可能实现完全的、绝对的、真正的自由，一个很重要的原因就是经济因素的制约，而且这种制约是几乎所有媒体都无法避免的。

我们都知道，媒体的主要收入来源于广告。在中国，除了少数由政府支持的媒体承受的经济压力相对较少，但对大多数媒体而言，市场竞争是激烈的，尤其是对互联网媒体而言，这种竞争生态尤为显著。那么为了能够在这样的环境下赢得市场竞争的优势，赚取支持自身发展的必要利润，一些媒体出于对经济利益的追求，做出了一些类似博取眼球的行为，这种行为有可能违背我们所理解的传媒道德。而为了最大限度地满足广告客户的需求，网络媒体甚至可以出让一些对传播内容的决定权，把网络空间变成一个广告展示的平台。笔者认为，这无形中也是对媒体的限制，尽管这种限制是可以由媒体自行决定是否要接受，然而我们不能否认的是，在大多数情况下，媒体出于对经济利益的考虑，对传播内容质量的把握、对网民用户需求的考虑、对媒体本身品牌塑造的有效性等议题，都要让步于"收益"——是否能够吸引更多的点击率/使用量/关注度，从而获取与广告商之间更高的议价能力。

文化传统和社会道德限制

在这里，笔者需要强调一个问题，"限制"并不一定都是消极的，有时候良好的、正向的限制，反而有可能对传播行为和传播活动带来积极的影响，比如我们这里提到的文化和道德约束。

没有任何一个传播活动能够离开道德的限制而存在，尤其是在中国的文化语境下，这些限制是复杂的、多元的、根深蒂固的。相比于西方文化，我们对于一些涉及社会道德问题的看法会更为慎重，我们的价值判断和价值选择也有所不同。而媒体，包括网络媒体，在这样的环境下也不能避免需要在策划和进行传播活动的时候，考虑他们所选取的传播内容、所采用的传播策略、所设计的传播方式，是否满足广大用户（网民）的传统观念。一旦不满足，媒体就可能受到质疑和否定。正因如此，媒体（包括网络媒体）往往还处于这样一个困境——面对一个有可能吸引广泛讨论的但是具有道德和文化争议性的传播议题，应该如何做出"合适的"价值选择。而笔者认为，这里只有"合适"与否，而并非"正确"与否，主要也是因为一些涉及社会文化传统和道德的议题本来就是极具争议性的，很难轻易地去判断对错，而只能定义为是否适合。这种价值选择困境对网络媒体来说更为明显，主要因为网络的用户以年轻群体为主，其中相当一部分是学生，对于这些道德观念仍处于发展和塑造阶段的青年人来说，如果接触到过多的颠覆传统的议题，可能影响他们未来对更多问题的价值判断,而网络媒体也有可能因此受到社会舆论的批判,对他们自身的公信力和美誉度都会有所损害。

综上所述,我们可以总结出一个显而易见的观点:网络传播并不等同于没有限制,互联网也并不是绝对自由的传播平台,网络传播在具有开放性的同时,也会受到多种限制因素不同程度的影响。

有一种声音认为,当前中国对于互联网传播的管制太过于严格、限制太过于复杂,这些监管和束缚都会限制了网络的发展,也影响了网民的言论自由、参与自由、表达自由等。未来为了进一步开发网络新媒体,促使互联网成为真正能够对中国网民的经济、政治、文化生活产生积极影响力的媒介力量,并充分发挥网络新媒体作为媒体力量的真实作用,中国互联网应该进一步开放,使互联网络在中国能够实现更高程度的"自由",体现更大范围的"开放"。

然而也有一种声音认为,结合中国的国情和现实的传播环境来看,"自由"和"开放"未必是对中国网络传播最好的管制方式,考虑到中国网民具有"多"(人数众多)、"散"(分布范围广)、"杂"(组成结构复杂)、"匿"(网络身份匿名性)等特点,以及当前中国互联网已经出现了不少谣言、流言、虚假新闻、煽动性信息等问题,进一步地开放只会让网络沦为一个不可靠的媒体,影响网络积极作用的发挥,只有适当的管制和约束,甚至是进一步收紧自由度的处理方式,才能够维持中国网络生态的健康发展。

那么接下来,在基于对网络传播的"自由"问题进行了现状的分析和现实发展情况的脉络梳理之后,笔者将和大家探讨本章的最后一个问题——为了在更好地推动网络发展的同时,减少互联网对社会所造成的负面影响,网络自由度的问题在未来应该有一个怎么样的选择。

发展趋势:网络自由度应进一步开放还是收紧?

前面我们讨论的是"自由"的议题在当前网络传播里的发展现状,那么在本章的最后一节，笔者还想对读者提出这样一个问题——无论基于现阶段网络传播处于一种高度自由还是高度限制的观点，在未来，网络传播的自由度，尤其是在我们关注的中国的传播语境范围内，应该被进一步开放还是收紧？两种指向截然不同的路径将分别对中国的网络发展带来何种影响？还是说，绝对的开放和绝对的束缚，都将不会是中国网络发展的方向？首先，让我们来看看当前处于激烈抗争状态的两种观点。

观点1：网络自由度应该进一步开放

纵观目前学界和业界的观点，不少人提出中国的网络自由程度仍然相对较低，未来应该向更开放的方向发展，而这种"进一步"开放主要体现在：

网络舆论自由的进一步开放

这一点被认为是最关键的，网络舆论在很大程度上已经代表了大部分中国公众对公共议题的看法和观点，通过进一步拓宽网络舆论发表渠道，使得更多人可以在网络上自由地发表对公共事件的看法，减少由于在网络上发表质疑声音（尤其是对政府的质疑）而受到法律制裁的可能性，降低网民在网络舆论生态空间的不安感，同时加强信息公开制度的建设，完善信息发布和信息沟通机制，是网络舆论自由向更开放的方向发展的核心要求。

网络接入地区的进一步开放

对于一些互联网基础设施建设情况仍处于相对落后的地区，国家和政府应该重点扶持，向更大范围、更多民众进一步开放互联网，也只有这样，网络舆论和网民群体才能在更大程度上代表公众意见，互联网所具有的现实意义才能得以体现。

网络产业领域的进一步开放

网络之所以被认为是一种"自由"的象征，还体现在于网络在一定程度上实现了人的自由，而未来如果要强化这种自由的体现，使互联网能够在更大范围、更深程度、更强效果的意义上释放人类的智慧，成就真正的"智能生活"，互联网就应该向更多产业开放，尤其是在"互联网+"的理念下，将互联网与不同行业、不同服务、不同公共产品实现充分的融合，也是网络开放的一种表现。

观点2：网络自由度应该进一步收紧

当然，我们也不能忽视另一方的观点，网络传播的过于自由已经对中国社会现实以及网络管理产生不少负面的影响，未来的中国网络发展走向应该是进一步加强约束和管理的。

网络舆情引导的进一步收紧

舆情危机可以算是近十年来对中国社会造成最重要影响的一种公共危机类型。网络舆情生成主要是由网民通过论坛发帖、新闻跟帖评论等而形成，由于互联网的开放性、便捷性、共享性等特点，面对一些具有争议性的公共议题，尤其是突发性的危机事件，依托于网络平台所形成的"民间网络舆论场"会使得整个社会的舆情环境进一步复杂化。更为严重的是，由于网民素质良莠不齐，且各自所掌握的信息量也不一样，以至于不少网络舆论都是在网民对公共事件只有一知半解认识的情况下发表出来的，使得网络舆论具有不确定性、易爆发性和偏激性等特点，也导致了舆情管理难度的加大。由见及此，部分传播学业界和学界也提出了"网络舆论空间应该进一步收紧"的观点，认为只有对网络舆情进行更多地约束和限制，才可能保证社会整个舆情大环境和网络传播生态的有序、健康发展。在这种观点的支持下，一些对应的措施也被提出，例如出台更具有针对性的对网络舆论的监管法律，加强对发布煽动、恶意炒作、欺骗等信息的行为的处罚等。而事实上我们也可以看到政府对于互联网空间给予了更多关注，一些相关的法律法规逐步出台，比如中共中央办公厅、国务院办公厅下发了《关于进一步加强互联网管理工作的意见》，教育部、共青团中央也公布《关于进一步加强高等学校校园网络管理工作的意见》。我们有理由相信，未来的中国网络将走向一个更加"有法可依"、"违法必究"的方向。

网络传播议题的进一步收紧

是否应该公布所有的公共议题和尤其是涉及公共危机的信息，一直以来都是具有争议性的问题。持反对意见的人认为，尽管我们认可并尊重公众的知晓权和媒介接近权，但这并不意味着所有的议题都能够、都应该在一个绝对开放的环境下被公众公开讨论，尤其是这种公开讨论所带来的结果往往也未必是正面的或积极的。这种观点认为未来中国的互联网空间管理同样应该对可进行公共讨论的议题进行把握和筛选，比如对一些高度敏感的、涉及社会主义政治、经济和文化等根本发展根基的议题来说，都不适合在一个过于开放的网络虚拟环境下被普通公众进行广泛的讨论。

而笔者认为，以上两方的意见可能造成两种态势的影响——从正面来看，如果提升中国网络传播的自由度，对于整个中国的民主进步会带来相对积极的帮助，既提高了公众在公共事务和公共议题讨论过程的参与度，也能够体现更多的民智与民慧，为更好地解决社会公共事务中的难题提供广泛的参考意见，而且观点会在激烈的讨论中"越辩越明"。但笔者也认可，过于开放并不意味着必然的进步，尤其是面对中国数亿网民，很难避免别有用心的群体利用网络的匿名性、煽动性、无序性等特点，对社会管理和公共治理造成例如非理性群体性事件、网络谣言和流言等问题。事实上这些负面表现正是对第二种观点——网络应该进一步收紧自由度方面的印证和支持。

物极必反意味着无论是绝对的自由或是绝对的束缚都将无可避免地带来一定的消极影响,比如从负面来看,如果对网络空间进行过多地约束和管制,则意味着公众的讨论空间被缩小,网络所承载的一种"监督力量"也会因此被削弱。更为重要的是,网络是全球各国都在争相开拓发展的一个领域,未来的国际竞争可以说根本上就是信息的竞争,尤其是在信息化时代,信息传播技术的发展程度、国家对信息的利用程度以及国民对信息及信息技术的应用程度都将成为影响一个国家国际竞争力的重要影响因素,"限制"绝对不是中国未来网络传播应该选择的发展路径。

显然,综合以上的两种观点,我们无法轻易判断出未来中国网络自由度应该走向何方。笔者认为,绝对的自由和绝对的约束都对中国网络发展无益,而且我们应该更客观、更理性地看待中国的网络自由问题——自由,要对比的参照物不应该是经济、文化、政治环境和制度各方面都截然不同的其他国家或地区,尤其是西方国家,我们应该以一种"动态"的、纵向对比的眼光去判断中国网络自由的发展状态。事实上只要和过去的网络环境相比有进步,这种进步就应该被认为是"自由"的体现。而且笔者也相信,脱离了法律、行政、经济、文化等限制的网络传播未必能够更进一步。网络是一种我们尚未能完全理解和把握的媒介力量,在这样的状态下谈绝对自由,最终导致的可能只是更大的不自由。

本章思考

1."网络是绝对自由的",你认同吗?为什么?如果网络不受到任何约束,将会对网络空间、对社会、对网络使用者、对国家分别产生什么负面的影响?

2.世界上所有国家的网络传播都是完全自由而不受约束的吗?请结合案

例谈谈你对"网络自由"的认识和理解。

3. 有人认为,网络传播使得信息公开工作更容易,在这样的环境下遇到突发性危机事件也能减少谣言的出现和传播;也有人认为,由于互联网上"人人都有麦克风"、"人人都是传播者",谣言的传播变得非常容易。你觉得呢?

4. 在大数据时代,互联网将在哪些方面实现麦克卢汉在《理解媒介:论人的延伸》提出的"媒介是人的延伸"理论?网络新媒体将如何进一步解放人类,使得人类生活在更大的程度上体现智能化和智慧化?

第二章 网络实名制：负责任地传播还是对言论自由的扼杀？

在第一章，我们提到网络之所以可以被看作是自由而开放的，其中一个原因就是网络用户在这个空间上基本处于一个"匿名"的状态，即人际互动时的身份、地位、年龄、性别都悄然隐没于网络背后，匿名性是支持网民在网络上参与各种讨论、分享等活动的重要原因之一。匿名的特点使得网民的行为将因承担的道德风险大大降低而得以延展和纵深，在匿名性的掩护下，人们往往会表现出与其身份、年龄、地位、性别、性格、志趣等不相同的甚至极为怪异、反常的言行。可以说，匿名性已经成为人们对网络认识的一个标签和一种气质。

总的来说，网络匿名可以分为两种类型：一类是技术匿名性，一类是社会匿名性。技术匿名性是指在交流过程中移除所有和身份有关的信息。社会匿名性则指由于缺乏相关线索，而无法将一个身份与某个特定的个体相对应[1]。无论是哪一种定义，"身份不可识别"都是网络匿名性最主要的特征。

网络的这种匿名性在很多方面为新媒体带来不少明显的传播优势，同时提高用户的忠诚度和黏性，比如网络匿名性带来了保护机制，由于用户的网络身份在很大程度上受到保护，使得大家都更愿意表达，尤其是面对一些具有现实争议性和敏感性的议题，用户能够更无拘无束地在虚拟空间上发表个

---

1 张霁. 网络匿名性再审视 [J]. 作家，2009(4):3-4

人意见，网络匿名增强了用户参与网络传播的意愿和积极性。其次，在匿名的状态下，社会个体可以在隐匿自己原有社会属性的同时，建立起了另一种社会身份，而借助这种"身份外衣"，他们可以参与在现实生活中难以实现的传播活动。网络向每一个网民赋予了一种廉价的、普遍的、方便的"虚拟身份"，而由这一群"虚拟公民"所组成的网络用户，会形成一股强大的用户力量，在网络上完成包括信息生产和分享、信息搜索和传递、信息评价和鉴别等工作，每一个人能够在不透露自己真实社会身份的情况下体现自己的传播价值，用户的不安全感会大大减少。除此之外，匿名的特征使得网络上更多人愿意发言，这使得信息更加丰富，各种不同意见都得以表达，在更大程度上体现了网络所具有的"权力赋予"的作用和功能。笔者认同，网络匿名性的特点在相当程度上使得整个网络空间更具有活力，而在这种活力的影响下，网络传播生态环境有可能孕育出更丰富的信息成果。

事实上，尽管我们说每个人在网络上的身份都可能是"戴着面具"的，但这并不意味着任何人在网络上都处于一个绝对隐蔽的空间。网络是自由的，并不意味着在网络上就毫无规矩可言。"匿名"是否等同于绝对的"匿名"？而一个人的"匿名"是否会对其他人的"匿名"造成影响？笔者认为对第一个问题，即使在没有相关法律法规进行有针对性的规范管理的情况下，基于数字传播技术的网络空间在物理设计上也难以做到绝对的隐匿性——任何用户在网络上的传播行为，都包含了一定的浏览数据比如用户IP地址、浏览痕迹等，真正的"匿名"本来就难以实现。而对于第二个问题，我们事实上已经可以发现，很多时候网络的这种匿名性还可能对其他用户的"匿名"产生消极的影响，其中最明显的就是近年来在网络上愈演愈烈的"人肉搜索"现象。

"人肉搜索"最早出现在猫扑网，在这种传播活动中，通过发动网民个人的力量，积少成多，网民自身最终可以完成对整个问题完整的认识。而这种传播模式逐渐演变为在网络上通过网民的自发性信息搜索和分享行为，挖掘到特定网络用户的真实身份和个人信息。"人肉搜索"被认为是网民情感表达和价值判断的一种极端形式,而近几年来比较典型的"人肉搜索"案例包括2015年三里屯优衣库事件、菊花香香1986"二奶贴"、郭美美与红十字会事件等。只需要一个网络昵称、个人照片或视频、甚至是一些简单的背景资料,"人肉搜索"使得每个人的真实信息都有可能在短短一小时内在网络上被曝光。显然,这里涉及的是另一个具有争议性的问题——如何规范每个人在网络上的行为,使得人们在行使自己的网络传播权利的同时,不侵犯其他人的权利,比如隐私权、名誉权等。

更为重要的是,随着互联网的发展以及网民数量的大幅度增加,加之网络舆论空间对现实生活的进一步介入,我们不难发现网络匿名性的特点也带来了其他方面的问题:比如无序的传播状态很容易在这种匿名的驱使下成为常态,同时也会使得整个网络空间里的信息更加嘈杂,不负责任的言论和缺乏相关知识的胡说八道会降低信噪比,人们通过网络寻找到合适的、正确的信息所需要的时间也会延长;又比如,网络匿名性问题还将造成网络文化产品在知识产权方面的问题,具体来说,任何一个网络用户都可以在网络平台上使用别人分享的信息,包括音乐、图片、文字等,而原创的作者往往很难追究侵权者的责任,长远来看这对于文化的创作和传播会产生消极的影响,也将大大打击文化工作者的积极性,损害他们的合法权益。还有,在匿名的"假面"状态下,人们的言论和行为都会倾向于呈现一种放任的状态,道德约束在这种环境下的影响力被大大降低,网络暴力也随之出现,同类型的传播实例并不少见,比如名人、明星等群体在网络上相对处于一个"非匿名"的位置,而普通的网友则是匿名的。过去几年在微博上我们常常可以看到一些网民对不喜欢的明星进行恶意攻击、侮辱性责骂等现象,对于这些名人而言,网络的匿名性对他们所带来的影响显然是弊大于利的。种种现象表明,有条件的限制匿名,是未来网络进行改革的一种可能性路径。

但网络匿名的特点正在发生变化,而与此相对的是过去几年国内外传播学都在讨论的一个新问题——网络实名制。在本章,我们将一起进入由网络匿名性问题所发展而来的一个关于网络新媒体新的管理办法和模式，在分析了网络实名制提出的背景及基本要求的基础上，我们会讨论网络实名制为整个新媒体传播和发展有什么影响。而笔者认为，这种影响必然是双方面的——既有积极的，也有消极的，对于实名制的认识，更多地应该把它看成是对网络舆论空间的扼杀还是网民承担网络传播责任的制度基础？为了更好地理解实名制下的运作基础和实践情况，在第三节笔者还将介绍在西方的传播语境下，实名制有哪些运作形式、传播影响和公众评价，在此基础上，笔者最后将和大家探讨网络实名制的实践问题——我们应该如何落实网络实名制，可以保障这种制度在不过度影响网络用户传播自由和传播权力的情况下，对网络生态空间进行有效的净化，使得网络传播责任的重要性得到彰显。

实名制出现的背景及发展历程

2002年，著名新闻学研究学者、清华大学李希光教授在广州电视台《新闻在线》节目做客时谈及中国的新闻改革问题，李教授在节目上明确提出"人大应该立法禁止任何人匿名在网上发表东西"的观点[1]。根据李教授的观点，网络实名将在一定程度上抑制和减少网络犯罪、网络侵权和网络暴力等由于互联网传播制度不完善而衍生出来的传播伦理问题。这一言论迅速在社会上引起了广泛的关注和极大的讨论，对这种对网络匿名的问题进行限制的建议既有质疑的声音，也有表示认可的观点。正方认为，权利和责任是统一的，任何一个网民在享受互联网传播的自由、开放等便利的同时，也要承担作为社会公民的最基本的责任——对自己的言行负责，而这种"责任"在网络完全匿名的状态下很难实现，因此适当地对网络进行限制，比如推行网络实名制，是网络传播发展的必然趋势。而反方观点则认为，网络实名制对整个网络传

---

[1] 张雯. 中国全面开启网络实名制 [EB/OL]. 2015-6-17. 链接为 http://www.chinatoday.com.cn/chinese/society/zx201506/t20150617_800034265.html

播生态和互联网舆论空间所带来的影响是弊大于利的。网络之所以能够体现出与传统媒体不同的特点和优势，其中一个很重要的原因就来源于其网络匿名性——网民能够在这样的环境下畅所欲言的同时，不需要担心自己真实的社会身份被发现，一旦实行网络实名，网络自由传播的空间将在很大程度上缩小，网络新媒体的优势也将被大大削弱。

从2003年开始，中国各地的网吧管理部门要求所有在网吧上网的客户必须向网吧提供身份证，每一个进入网吧的客户都需要进行实名登记，并办理"一卡通"、IC卡等通行证件。这是2002年李希光教授提出禁止网络匿名发言后中国推行网络实名制的第一步举措，尽管这一措施更多针对的是未成年人进入网吧的问题，但网吧实名登记使用的措施在一定程度上也是网络实名制度"试水"的表现。

2004年5月13日，中国互联网协会发布了《互联网电子邮件服务标准》（征求意见稿），强调电子邮件服务商应要求客户提交真实的客户资料，该资料将是判断邮箱服务归属的标准，首次正式提出网络管理实名制。

2005年7月20日，腾讯发布公告称，结合《全国人大常委会关于维护互联网安全的决定》、《互联网信息服务管理办法》等法律法规的规定，根据深圳公安局《关于开展网络公共信息服务场所清理整治工作的通知》，为进一步减少网络有害信息的传播，营造健康的网络传播环境，腾讯将对QQ群创建者和管理员进行实名登记工作[1]，腾讯的举措被广泛看作是"中国全面推行网络实名制的序幕"。

据中国互联网络信息中心（CNNIC）于2006年发布的统计数据显示：截至2006年8月，中国大陆博客作者规模达到1750万之众，博客作者注册的

---

[1] 腾讯网. 关于即将开展QQ群创建者和管理员实名登记的通告 [EB/OL]. 2005-7-20. 链接为 http://news.qq.com/a/20050720/001528.htm

博客空间则达到3370多万个，博客读者规模更是高到7500多万[1]，博客成为中国用户参与互联网络传播的主要阵地之一，也是用户参与互联网进行公共表达和舆论发表的重要平台，而关于博客的实名管理也被纳入讨论的进程。博客在呈现网络自由性特点的同时，也逐渐暴露出包括网络侵权、网络隐私等问题。

2006年10月，中华人民共和国信息产业部提出对博客实行实名制，而在此前，已经有部分博客服务商推出实名登记的博客网站。2007年，新浪、搜狐、网易等十多家知名博客服务提供商在互联网协会的牵头下共同签署了《博客服务自律公约》，"公约"鼓励博客服务提供者对博客用户实行实名注册，与此同时也要采取适当的管理制度保障博客用户的真实信息不被泄漏。

2009年起，微博掀起了中国网络发展的新浪潮，以新浪微博为代表的微博迅速吸引了大批用户，随后"微博"成为中国互联网市场最火热的代名词，微博及其传播活动也迅速带来了在政治、经济、文化等方面的强大影响力。根据CNNIC《第28次中国互联网发展状况调查报告》显示（如图2-2），截至2011年6月底，中国微博用户数量达到1.95亿[2]。

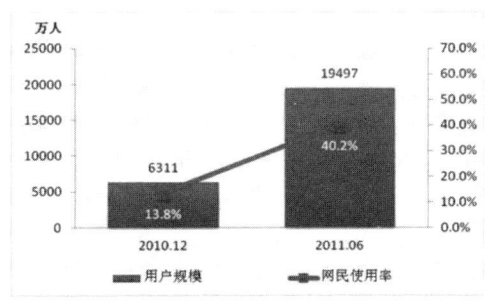

图2-2 第28次中国互联网发展状况调查报告中微博用户数量统计

---

1 CNNIC. 博客大发展引发各界关注，博客研究组研讨博客管理[EB/OL]. 2006-10-17. 链接为http://www.cnnic.cn/gywm/xwzx/rdxw/2006nrd/201207/t20120710_31492.htm

2 CNNIC. 第28次中国互联网发展状况调查报告[EB/OL]. 2011-7-19. 链接为http://www.cnnic.cn/hlwfzyj/hlwxzbg/index_2.htm

微博在更大程度上体现了互联网的草根性和开放性，碎片化的传播模式方便了网民进行短小精悍的信息传播。然而我们也可以看到，在微博实现政治参与、公共讨论、个性化展示等功能的同时，微博高度扁平和开放的特点使得整个舆论生态环境变得十分复杂，微博在赋予每一位用户以平等传播权力的同时，也为很多虚假信息的传播提供了可能性，成为谣言传播的温床。微博在公共传播方面的消极功能逐渐浮现。2011年12月，北京推出《北京市微博客发展管理若干规定》，提出"后台实名，前台自愿"的实名登记规定。这一规定要求微博用户在注册时必须使用真实身份信息，但用户在前台的用户名可以自愿选择化名或真实姓名，随后国内多家微博网站，包括新浪、搜狐、网易等都对这一管理制度表示支持，并全面推行这种"后台实名，前台自愿"的实名管理制方式，从而鼓励用户进行更理性、更克制的舆论表达。同时，这些微博网站还要求已注册微博账户的老用户在2012年3月16日前必须完成认证，未完成实名认证的老用户将被强制拦截，不能在微博上评论和转发信息，只能浏览，自此微博正式进入实名管理时代。

经过长达十年的发展历程和社会讨论，2013年3月，国务院办公厅向国务院各部委、各直属机构下发了关于实施《国务院机构改革和职能转变方案》的任务分工和有关要求的通知，通知确定，2014年上半年将出台并在全国实施信息网络实名登记制度[1]。

2015年2月，国家互联网信息办公室发布了《互联网用户账号名称管理规定》，这一规定对互联网企业、用户的服务和使用行为进行了规范，包括微博、博客、即时通信工具（如QQ）、贴吧、论坛等互联网信息服务中心注册使用的所有账户都实行"后台实名、前台自愿"的原则，而对于一些以虚假信息骗取账号名称注册或其账号头像、简介等注册信息存在违法和不良信息的账号，互联网信息服务商可以采取暂停使用、注销登记等措施。《互联网用户

---

1 CNNIC. 全球互联网治理监管 [EB/OL]. 2013-4-15. 链接为 http://www.cnnic.cn/gcjsyj/qyjsyj/hlwzcyj/rdzt/qqhlwzljg/201304/t20130415_39271.htm

账号名称管理规定》尽管仍不能看作是正式的"网络实名制",但无可否认这将是拉开未来中国更大范围网络实名管理序幕的标志。

西方新媒体实名制实践经验

为了更全面地了解和认识网络实名制,以及网络实名制度对网络传播以至整个社会有可能造成的影响,接下来笔者将介绍一些典型的西方国家实践网络实名制度的案例,通过多角度的分析和探讨,更客观地分析网络实名制。

韩国是全球范围内首个大范围强制性推行网络实名制度的国家,但这一制度只维持了5年的时间就被正式废除。2012年,韩国宪法法院8位大法官一致裁定,废除了实行5年的《网络实名制法案》,这也预示着网络实名制度在韩国正式宣告结束。

根据《网络实名制法案》的要求,用户在访问日均访问量为10万人次以上的网站时需提供自己的身份证号码以进行实名登记。而据统计,日访问量超过10万人次的网站在韩国大约有150家。为了减少由于黑客攻击而带来的信息泄露风险,在正式废除实名制度前韩国政府也放宽了用户的信息登记要求,用户在登录这些网站时可以不提供身份证信息,但仍需提供信用卡号码等其他可证明其身份的信息。

《网络实名制法案》的制定主要是为了实现限制网络诽谤、防范网上散播谣言和侮辱性言论等公益性目的。2005年的韩国"狗屎女"事件是政府决定推行实名制度的直接原因——2005年6月,韩国首尔地铁上一名女孩牵的宠物在地铁上排便,而女孩拒绝清理狗的排泄物,这一过程被其他地铁乘客用手机拍下,并上传到互联网,网民随后发起"人肉搜索",将女孩的真实信息包括姓名、学校、电话、家庭住址等公布在网络,"狗屎女"的称号使女孩无法正常地上学和出门。最终,在强大的舆论压力下女孩公开道歉,并从学校退学,但退学后女孩患上了精神疾病,其家人也因受到网民的骚扰不得不转换工作和搬家。这一事件不仅在韩国国内引起了极大的讨论，包括美国《华盛顿邮报》等在内的多家西方媒体都提出了质疑和反思，互联网的舆论暴力和舆论制裁问题再一次成为公众讨论的焦点。"狗屎女"事件3个月后，韩国信息通信部提出在大型门户网站推行有限实名制，建议用户在这些网站的留言板上发表回复时，有义务使用实名。2006年，韩国政府着手制定《促进使用信息通信网及信息保护关联法》修正案时，已决定扩大涉及网站的范围。韩国所实行的网络实名制主要是"后台实名"，在前台用户仍然可以使用昵称和化名。到了2007年7月，韩国正式推行网络实名制，日均页面浏览量在30万人次以上的门户网站以及日均页面浏览量在20万人次以上的媒体网站，被要求必须引入身份验证机制，共计35家。

网络实名制度实行一年之后，女星崔真实的自杀事件则在某种程度上使韩国政府扩大了网络实名的范围。2008年9月，韩国明星安在焕自杀身亡后，韩国某证券公司的两名职员在网上散布"崔真实向安在焕发放高利贷间接逼死安在焕"的消息，这使得患有抑郁症的崔真实不堪网络谣言的攻击，最终选择自杀。崔真实自杀事件后，美国《时代周刊》发表文章报道，认为崔真实的自杀事件与网络谣言有着密不可分的关系，而韩国社会也就这一事件进行了深刻地反思。不久，韩国政府通过一项修正案，宣布自2009年4月起，网络实名制的应用范围扩展至日均页面浏览量超过10万人次的网站，共计153家，网络实名制度适用范围大幅扩展。

然而经过5年的实践经验，这一法律不仅没有起到当初预期的作用，反而在很多方面限制了网民使用网络的自由。

一方面，网络实名制度实行后，学者曾进行调查发现，尽管网络诽谤和网络谣言等问题确实因为实名登记而有所缓解，但改善的幅度并不明显，对网络传播环境的改善并未有显著影响；然而这一制度推行后，参与网络论坛讨论的人数却明显减少，网络实名在网络传播方面的影响更多体现在抑制用户的言论自由和降低参与公共讨论的积极性，而并非有效地抑制网络暴力和网络谣言。

另一方面，这种网络管理制度并不能从根本上对网站进行监管，可以发现不少网站都存在各种规避行为，例如部分网站选择不公开浏览次数，或选择绕道海外。2009年4月，YouTube被指定为实名制对象后，关闭了韩国站的视频上传和留言功能，用户可以转往其他国家的Youtube网址来观看视频并发表评论。

不仅如此，网络实名登记带来的更致命的问题是信息安全隐患。2011年7月，韩国门户网站Nate以及社交网站"赛我网"遭黑客攻击，导致约3500万名用户的个人信息（包括姓名、身份证号码、电话、电子邮箱和密码等）外泄（占韩国全国人数约70%），一场史无前例的网络安全危机在韩国上演。

而事实上，社交网站的兴起和流行使得韩国针对门户网站和媒体网站所设定的实名制度名存实亡，由于社交网络是用户的私人领域，并不适用网络实名制度，而社交媒体显然已经成为广大用户发表网络舆论的集中地，也就是说，这样的背景下韩国的网络实名制已经没有存在的意义。

尽管一些国家没有明确地通过法律条令等规定推行网络实名制度，但我们在不少西方国家的网络传播管理过程中可以发现实名制度的痕迹，尽管这些西方国家中的网络实名实践情况可能更多地出于用户自发性的行为，然而在不同程度上，这些网络实名的实践还是给予我们对网络实名更多面的认识：

2015年12月，德国司法部部长海科·马斯公开表示，网络的言论自由是有限制的，任何恶意煽动民族仇恨情绪、侮辱他人等网络暴力行为都应该受到法律的限制和制裁，同时要求社交网络，如Facebook、Twitter等必须在24小时内删除煽动、散布仇恨的不良信息[1]。而实际上根据一些相关的调查显示，在德国以虚拟身份使用社交媒体的用户只有不到5%，将近60%的用户都

---

1 冯雪珺. 德国强化社交网络管理 [N]. 人民日报. 2015-12-26

倾向于使用自己的真实身份信息[1]。2011年，挪威发生了骇人听闻的爆炸枪击案，一名右翼分子策划并实施了此次暴力犯罪事件，事件造成90人死亡，是"二战"后挪威国内发生的最严重的暴力袭击事件，在整个欧洲引起了广泛的关注，而在此次事件后，德国国内不少声音提出应该推行网络实名制，从而更好地监测社会舆论，预防由极端民主力量煽动的同类型事件再次发生。

2016年4月，欧盟通过新的法案，要求各成员国将使用社交网站最低年龄设置在13岁至16岁之间，小于最低年龄的青少年只有在获得父母许可后才能使用社交媒体及相关消息应用。这一规定将在2018年实行，若不遵循规定，相关的社交媒体公司将面临高达全球营业额4%的巨额罚款[2]。这将对欧洲的社交媒体运营带来重要的影响，也向全球其他地区关于青少年群体使用社交媒体的管理问题提出新思考。

除了欧洲，其他国家同样在网络实名方面做出了不同的尝试。如日本尽管没有明确出台网络实名相关的法律和限制措施，但随着Facebook等社交媒体的流行，庞大的社交用户为网络舆论监测带来了极大的压力，如何对网络传播行为进行更有效的监管，成为日本网络管理部门高度关注的议题之一。事实上正式地通过IP地址备案和手机实名注册等方式，日本政府及网络管理部门仍然能够对用户的网络传播行为进行监控，根据2002年实施的《提供商责任限制法》，任何人的名誉、隐私等如果在网络平台上受到侵害，可以要求网络提供商公开信息发布者的信息，包括姓名、IP地址、邮箱地址等。

澳大利亚是全球最早制定网络管理法律法规的国家之一，用户对互联网的使用以及互联网公司的运作都需要受到严格的监管，相关的法律法规由ACMA（Australian Communications and Media Authority，澳大利亚传播和

---

1 王祎义．速途盘点：世界各国网络实名制发展历程[EB/OL]. 2012-12-25. 链接为 http://www.sootoo.com/content/379201.shtml

2 中国新闻网．交友欧盟规定16岁以下使用社交网络需家长同意[EB/OL]. 2016-04-25. 链接为 http://edu.163.com/16/0425/04/BLFJ4B5G00294IIH.html

媒体管理局）、行业机构和消费者共同协商制定。为了增加用户使用网络的安全感，减少不负责任的网络舆论以及色情、暴力、诽谤等信息内容在互联网的传播，根据 ACMA 要求，澳大利亚的互联网使用者必须年满 18 岁，并且使用真实身份登录。总的来说，"前台匿名、后台实名"的模式是很多国家倾向于选择的网络实名管理方式。

实名制之影响的"双刃剑"

显而易见的是，实名制对整个社会传播活动带来的影响是双面的，那么就"网络实名制对网络新媒体所造成的是积极的影响更多，还是消极的影响更多"这一问题，我们可以从哪些方面进行解读？接下来，笔者将分别讨论实名制对网络传播带来的积极和消极两方面的影响。

网络是相对的自由而不是绝对的自由，包括网络在内的任何自由都应该受到一定的限制。从积极方面来看，实行网络实名管理制度对网络空间净化、减少网络暴力、保护网络文化版权以及管理网络舆情都有一定的作用。

第一，中国拥有世界上最庞大的网民数量

截至 2016 年 1 月，超过 50% 的中国人口是网络的使用者，而这种数量的特征也使得整个网络空间呈现出杂乱的现状——互联网信息良莠不齐的现象越来越明显，网络空间亟须通过有效的管理手段实现净化。而在一定程度上，我们不难理解网络实名制确实是其中一种可能的解决路径。在"去中心化"的网络环境和"扁平化"的网络传播结构里，单纯地依靠道德约束很难实现对互联网传播的有效管理，尤其是类似微博、微信、论坛等社交媒体平台，赋予了用户拥有了更强大的内容生成的能力，如果缺乏必要的制度限制，色情、虚假、诈骗、垃圾信息等内容将在网络上更肆意地传播，无益于未来网络传

播的健康发展。从这一层面的意义上来看，网络实名制能在一定程度上净化网络传播空间，通过制度的约束减少网民在网络上传播不良信息，借助网络实名制的约束力量实现用户在网络环境的"自我把关"。

第二，网络暴力屡见不鲜

如本章开篇所说，在匿名的网络传播状态下，类似"人肉搜索"、恶意攻击、网络辱骂等网络暴力行为屡见不鲜，而近年来由于网络诽谤和网络谣言所造成的社会危害逐渐显现，使得学界和业界越来越关注减少网络暴力的问题。我们可以想象，当一个人的不当言论并不会对自身带来任何伤害或影响时，他们对于自身的言行约束也会大大降低。通过网络实名制，网民在使用网络服务的同时需要提供自己的真实身份信息，减少由虚假身份散布的虚假信息误导公众的行为，而且通过实名追踪的方式，网络管理部门能够更迅速地找到这些失实信息的发布者，"权责统一"的观念能够得以更好地体现，促使网民在使用网络的过程中做到有序地、负责任地传播。对于其他用户而言，他们可能在网络空间上受到的舆论暴力也会减少，网络所能带给他们的安全感也会增加，在一定程度上能提高他们使用网络的意愿，丰富网络舆论空间。

第三，网络侵权亟待解决

自互联网流行和普及以来，网络侵权问题就成为一项突出的、迫切需要解决的议题。由于互联网的传播具有开放性和共享性的特点，任何人都可以把个人创作的内容分享、上传到互联网空间，但与此同时，任何人也能在网络上以极为低廉、甚至是"零费用"的成本获取并使用互联网络上的信息内容，随之而来是越来越严重的网络盗版问题。长久以往，这将对文化生产者的创作积极性产生了极大影响，也不利于网络知识产权的保障，成为一种特殊的"网络暴力"。而网络侵权远不仅于此，事实上包括个人信息被网络服务商的不正当利用和非法获取等，都属于网络侵权的范畴。而这些现象将在网络实名制的推行后发生一定改善，实名化的网民会更理性地为自身的网络言行负责，因为网络不再是一个绝对匿名的空间，一些匿名化传播状态下的网络弊端将得以避免。

另外，实名化的网络手段对网络舆情管理同样具有重要意义。网络舆情是指公众在网络领域对现实生活和各种事务所持有的情绪、观点和意见的总和[1]。在自媒体传播时代，网络舆情呈现出一种更复杂、更多元、更极端的状态。任何网民都可以通过各种自媒体平台如微信、微博、论坛、贴吧等发表自己对公共事务的看法和评论，但这种表达往往也有可能是情绪化，或是出于从众心理而发表或转发一些未经证实的言论，在这样的传播环境下，网络主体的责任意识相对缺失，尤其是面对一些被"标签化"和"污名化"的群体如富二代、明星、河南人、城管等问题时，网民的网络讨论更有可能出现这种非理性言论的行为，这使得网络舆情管理在一定程度上变得更困难。而网络实名制度则赋予了相关管理部门干预的权力，一旦发现任何恶意发布的不当言论或是虚假信息，可以对之进行干预和管理，以制度化的管制手段对网络舆情进行引导，同样是改善当前网络传播空间的一种可能性路径。而关于新媒体传播时代的网络舆情管理难度变化问题，笔者将在第五章进行一个专题讨论。

从消极方面开看，网络实名制无可避免地会带来包括网络信息安全隐患、网络言论自由度降低从而影响公众在网络参与公共事务讨论的积极性和意愿、不利于社会矛盾的缓解等问题。

从前文提到的韩国网络实名制实践经验我们可以看到，网络空间是开放

---

[1] 王杰群. 进一步加强网络舆情管理 [EB/OL]. 2015-08-12. 链接为 http://www.bjqx.org.cn/qxweb/n211963c911.aspx

的，同时也是具有一定安全隐患的，比如当前全球范围内都在关注和讨论的黑客问题就是造成网络安全性问题的最主要原因之一。一旦实行了全面地网络实名管理制度，用户在网络提供商上注册账户时提供的个人信息就有机会由于黑客等问题被泄露，而这些信息都是极为隐私的，包括用户的姓名、手机、电子邮箱及密码甚至是身份证号码和家庭住址等。对用户来说，这些信息的泄露意味着更大范围的网络安全隐患，一些不法分子也有可能通过窃取用户在网络平台上登记的信息来进行网络犯罪，而事实上这样的例子在近年来并不少见。而且在"人肉搜索"的传播模式下，网络实名使得人们的信息更容易被搜索到，一旦涉及道德规范等问题时，普通网民甚至是社会名人的个人信息很容易被暴露在网络平台上，这无异于是另外一种个人权利的侵犯和伤害，也和网络实名制的最初设想背道而驰。

同样地，网络自由度的问题是社会舆论认为网络实名制可能带来的最显著的负面影响之一，而且这种影响涉及民主社会的建设和人权赋予的问题。无可否认，网络实名制在一定意义上能够限制人们在网络上不负责任的言论，减少普通网民受到网络暴力攻击的可能性，而且一旦遇到这样的网络暴力事件，网络相关管理部门可以迅速找到这些信息的发布者，对他们进行相对应的惩罚。而随之而来的影响就是用户在网络上进行言论发表和话题讨论的积极性会大大降低，社会各种声音之间的交流空间也会大大缩小。对于不少网民，尤其是普通的网络使用者而言，他们面临的是自己的发言可能触发禁制，一旦有了规则的约束，哪怕这种规则的制定是出于积极的考虑，人们仍然倾向于为了规避受惩罚的风险而减少自己的言论发表。最典型的例子是微博实施实名制后，用户的活跃度和新增用户数量都有了明显地减少，不少人认为这和实名管理制度有一定的关联，对实名制而言，对"权力"的实现问题也是当前舆论质疑这种网络管理制度的最主要考虑之一。

在新媒体出现后，尤其是自 2010 年（"微博元年"）起，微博等自媒体被广泛认为是推动中国社会进步具有重要影响力的社会力量之一，然而网络实名制的推行则有可能使得网络新媒体对社会进步的作用大大减少。如前所述，网络实名制可能对公民表达权产生不当的限制，削弱了网民进行网络讨论的安全保护机制。网络参政作为过去十年中国传播与政治领域新兴的讨论议题之一，很大程度依靠的正是公民匿名性的网络讨论———一方面，这种讨论能够给予公众一定的"安全感"，从而使得言论的发表能够更自由，也使得网络在更大程度上体现"社会问题扩音器"的功能；另一方面，借助庞大的网民数量，网络讨论反映的并不仅仅是虚拟环境中的社会现状，更是推动整个社会进步的民意力量。然而网络的这种民主优势将在一定程度上被实名管理制度消弭，社会透明度在实名制面前也许并不能增强，反而会弱化。网络实名制对网络传播，甚至整个社会造成最深的消极影响。

当然，基于这样的讨论我们无法轻易地判断网络实名制所造成的结果是"利大于弊"还是"弊大于利"，但我们可以设想的是：我们认可网络实名制并不是一个完美的制度，那么假设需要在实行与不实行之间做出一个选择，哪一种路径可能带来的结果是我们更不能接受的？也就是说，网络实名制会带来包括积极的和消极的两种形态的影响，但是"不实行"网络实名制同样会带来这样的"双刃"结果，那么在这些可能造成的后果和影响里，我们能否再做出一种价值选择和价值判断，适当地抛弃一些网络传播给予我们的优势，以换取另外的一些利益？

如何更理性地看待网络实名制？

网络的本质是虚拟的还是真实的？

我们也应该看到，无论支持与否，网络实名制度的推行存在不少困难和限制。尤其是随着移动互联网的发展，网络传播空间得以进一步开放，人们接入网络的难度大大降低，加之社交媒体近年来对网民的影响不断扩大，而社交媒体上的实名登记管理则涉及用户的隐私问题，在执行的过程中往往会遭遇各种各样的障碍。从前文的内容我们也可以看到,世界各国在推行网络实名制的过程中也或多或少需要面对法律、道德、伦理、民主等方面的问题,那么结合中国的社会现实和传播语境,我们应该如何更好地利用网络实名制度,才能使得这一制度对中国网络新媒体传播的发展起到更积极的作用?除了判断网络实名制可能带来的影响之外,我们还可以从哪些角度来认识和评价网络实名制?针对这一问题,笔者认为可以从以下三个方面进行解读和探讨。

第一,合法性问题

从网络实名制的正当性方面来考虑,我们要判断一个问题:对网络传播实行实名管理,是否符合法律的规定、有无违反宪法的条款,这也是我们要理性认识网络实名制的首要影响因素。当前不少抨击网络实名制度的舆论声音都集中在关注网络实名制是否侵犯了网民的言论自由这一点,认为网络实名制是一种变相的舆论限制,而这种限制是不符合宪法精神的。在笔者看来,这种意见在某种程度上把网络自由等同于绝对的自由,而这显然是不可取的。互联网尽管是一个虚拟的、不同于现实的传播空间,但在这个空间里如果没有了法律的限制,对于以后其自身的发展影响绝对是弊大于利的。如果从这个角度来理解,网络实名制其实是实现网络法制化的一个重要条件和前提,而且纵观全球的网络发展脉络,网络规范化和法制化也是大势所趋。法律主体身份的明确是法制的基础,如果不能确认网络主体,包括网络服务商、网络使用者、网络管理部门等的真实身份,那么所谓的网络传播中的权利与义务也无从谈起——因为一旦发生了任何网络侵权的行为,我们也无法追究侵权人的行为,长远来看,这不仅不利于网络传播的发展,也将由此衍生出一系列的现实法律问题。而网络实名制的实质是身份映射关系的披露,虚拟身份的网络参与特征并不意味着在实际的网络应用过程中能够摆脱所有限制,且"前台匿名，后台实名"的管理模式在通常情况下并不会影响网民使用一种"假面"的身份参与到网络讨论，所谓的言论自由受到影响更多只是限制了网民不规范的、违法的网络言论。当然，未来如果要使这种实名化的网络管理制度更具有法律效力和法制基础，在相关的法律建设问题上需要不断完善，因为没有任何一种制度，哪怕是良好的制度，能够脱离于法律的制约框架外独立存在。

第二，信息安全问题

由网络实名制所带来的用户信息安全的保障问题将是未来影响实名管理制度能否长久实施的重要决定因素之一。参考韩国的网络实名制实践经验，一旦网络实名造成大规模的网络用户信息安全危机，这种制度将必然受到质疑和否定，导致很难继续实施。如何在进行网络实名登记管理的同时，提供良好的用户信息保障机制，确保网民的个人信息不被泄露，将是未来对网络实名制进行进一步完善的重点。一方面，网络管理部门需要制定一些有力的监管机制，限制网络服务商不能在未经用户同意的情况下使用、泄漏网络用户登记的个人信息；另一方面，借助不断发展的互联网传播技术，网络管理部门需要建立起更强大的网络信息保障机制和网络"防火墙"，避免由"黑客"等原因带来的用户信息安全隐患，降低网民及社会对网络实名制所可能带来的安全问题的质疑。

第三，网民的接受度

网络实名是一个庞大的系统化的工程，其内涵非常丰富，包括电子邮箱实名、用户名实名、账号实名、即时通信工具实名、网站实名、域名实名、电子商务交易实名（包括卖家实名、买家实名）、发表文章实名、社交媒体后台信息登记实名、论坛发言实名、QQ群管理员实名、博客实名、支付实名、网游实名、婚介交友实名等，都属于"网络实名"的讨论范围。但公众通常会把"网络实名"简单地等同于"发言实名"或者是"信息登记实名"，而从这个意义上来考虑，实名制很容易被理解为是一种限制网络自由发展的制度，是不利于网络的长远和持续发展的。但笔者认为，网络实名制在某种程度上是一种对网络发展空间的开拓，使得互联网更具有生命力和更多的可能性。以网络交友为例，过去十年出现了不少网络相亲平台，如百合网、珍爱网、世纪佳缘网等，为现代人的相亲交友创造了新的模式，但用户的真实身份是否"可信"、"可靠"的问题造成了很多用户的困扰，那么如果从这样的角度去考虑，对这些网站进行实名化的管理，会使得用户更放心，同时也为这些网络交友平台的发展提供更大的空间，未来的互联网生活将变得更加丰富、更加便捷。而诸如此类的案例非常多，比如网络支付、网络交易、网络服务等，越来越繁荣的互联网空间其实对实名的管理需求也会越来越大，而笔者认为，如果能够向网民更好地普及网络实名管理的真实意义，使网络实名制被更多网民认可和理解，更广泛领域的实名化应用将得以实现。

当然，无论网络实名制是一种好的制度还是坏的制度，我们都应该把它放在一个全社会共同讨论的语境下进行分析，在政策制定的过程中体现更多民意和民智，也是网络传播的魅力所在——最大限度地凝聚多方力量。没有任何一种制度是完美的，包括互联网传播，也包括网络实名制，因此我们在推行网络实名的过程中也要注意循序渐进，尽可能在消除网民对这一制度疑虑的基础上再推进大规模的实名化管理，而且也应该在实施的过程中根据实践的现实情况进行不断地调整和修改，因为整个网络环境也在不断地变化和发展。未来，为了使得网络实名管理制度能够真正促使网络传播空间的净化，保证网民能够负责任地参与网络传播活动，同时最大限度地减少由实名制度可能带来的消极影响，在网络普及的同时，我们同样应该关注网民的新媒介素养，注重培养和提高网民对网络信息的思考和甄别能力，同时在社会中普及传播责任意识，减少网民参与谣言传播、网络诽谤、网络暴力等活动，使得未来互联网发展能对整个社会传播起到积极的推动作用。

本章思考

1. 你在微博、微信、知乎、QQ等社交平台上的昵称是真实姓名吗？为什么使用/不使用真实名字作为网络社交账户的用户名？

2. 在你看来，网络匿名对整个互联网发展的影响是利大于弊还是弊大于利？

3. 从网络管理的具体措施来看，为了使得网络实名制度能够在不过度妨碍网络用户言论自由的情况下进行更负责任的传播活动，可以采取哪些方面的措施对网络传播环境进行管理？

4. 你认为，在进行网站账户注册时（比如一些社交媒体、相亲交友类网站等）提供自己的真实信息，会对你在使用这些网站时产生哪些行为方面的影响吗？具体表现在哪些方面？

第三章 媒介素养：挖掘能力更重要，还是甄别能力更重要？

新媒体的流行和广泛应用为传统的媒体传播理论带来了新的内涵和要求，其中"媒介素养"这个概念在新媒体的传播环境下有了新的解读。

媒介素养是新闻传播学业界中最值得关注的问题之一，而且新媒体时代的媒介素养已经与传统意义上的媒介素养有所区别，不少传播研究学者通过具体的讨论分析也对这个问题进行了极为深入的讨论，从他们的研究中也能看出，新媒体传播语境下的媒介素养研究正在发生极为显著的变化。

可以说，现代人的生活离不开媒介文化，人们与各种各样的媒介内容有着或深或浅的接触和交流，媒介文化毫无疑问是新传播时代里的一种"强势文化"。在这样的一个与媒介内容和媒介工具接触的过程中，人们更多的是处于一个被动接受而非主动选择的状态，哪怕是在号称"平等"、"自由"、"开放"的新媒体环境里，人们所能接触到的信息和媒介内容都是经过一定的筛选和过滤的，而这实际上也反映了一个非常需要我们注意的问题——媒介传播究竟是不是自由的？倘若答案是否定的，那么约束人们的传播行为和传播自由的又是什么呢？

哪怕在所谓的"自由主义"传播里，媒介、公众、社会又是否真的能够实现真正的完全的自由？笔者认为，显然并非如此。

随着市场经济的发展和媒体市场的逐渐开放，越来越多的媒体相继出现，使得整个传播市场得以蓬勃发展，为新闻传播提供了更多的可能性和生存空间。但与此同时，我们需要看到的是，蓬勃发展也意味着市场竞争也相对激烈，而在媒介市场竞争激烈化的今天，为了能够赢得市场竞争的先机，很多媒体为了赚取利润和市场份额，有可能做出一些"出格"的事。长此以往，不仅影响了媒介本身的权威性和可信度，还可能影响整个社会对信息的甄别和判断能力，降低公众的媒介素养。此外，社会转型和市场经济大潮冲击着人们的道德观念，受到这些冲击，媒介组织和媒体工作者在进行新闻传播工作的时候有可能抛弃社会道德和传统的"条条框框"，使媒介组织本身的"底线"越来越低。

一个典型案例是 2013 年《南方都市报》的"小三广告门"事件。2013年 8 月 20 日，《南方都市报》GA16 整版内容只有短短几行字："前任张太：放手吧！输赢已定。好男人只属于懂得搞好自己的女人！祝你早日醒悟。搞好自己，愿，天下无三。张太。"（如图 3-1）最后，这被证实是某女性护肤品牌的"创意"广告。这则有悖于传统道德观念的广告引起了社会的热议，更多的声音是抨击和质疑。这也在一定程度上反映出媒体组织为了赚取利润和博取眼球，在媒介伦理和道德方面失去了自己的底线。

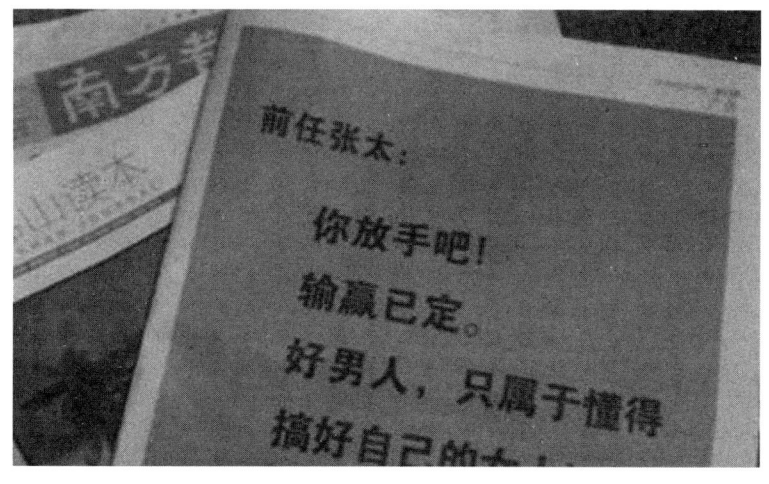

图 3-1 《南方都市报》"小三广告门事件截图

另一方面，媒体市场发展得越来越蓬勃，尤其是基于移动互联网技术的社交媒体在近几年的流行，网络对于大多数人来说已经不是一个遥不可及的技术，而是极为普遍极为容易接入的信息平台。社交网络的盛行，以及社会化媒体所带来的新的传播机制，为整个社会的信息格局带来全新的局面，而社会化媒体所具有的传播特点，也对公众、媒体以及政府传播管理部门的媒介素养提出了新的要求。

什么是媒介素养？

媒介素养这一概念最早由英国学者利维斯和汤普生于1933年提出，主要目的是为了反对传媒中"低劣"的大众文化，保护本国"优秀"的传统文化。他们认为，媒介素养的缺乏，导致媒体从业人员将自己的报道对象利益衡量标准化，哪种报道方式、什么报道内容和报道对象能最大限度地吸引受众的眼球，就是媒体所要采取的方式[1]。

1992年，美国媒介素养研究中心则对"媒介素养"做出了如下定义：媒介素养是指人们面对媒介各种信息时的选择能力、理解能力、质疑能力、评估能力、创造和生产能力以及思辨的反应能力[2]。

具体到中国国内的传播环境和社会实际，中国国内大范围的媒介素养研究始于2003年。在十几年的探索过程里，学者对"媒介素养"有不少本土化的解读。纵观目前国内学者对"媒介素养"的解释和定义，笔者归纳出一些典型的说法。

张志安和沈国麟认为，媒介素养指的是"人们对各种媒介信息的解读和

---

1 袁婕. 新媒体时代下的媒介素养[EB/OL]. 转自 http://www.neweyeshot.cn/archives/11077
2 David Considine. An Introduction to Media Literacy: The What, Why and How To's[EB/OL]. 转自 https://irvineinfoshop.files.wordpress.com/2009/01/medialiteracy.pdf

批判能力以及使用媒介信息为个人生活、社会发展所用的能力"[1]。

鲍海波、杨洁和王喜严提出，媒介素养就是"正确地、建设地用大众传播资源的能力"，并能够在参与大众传播活动的过程中"充分利用媒介资源完善自我，参与社会进步"，媒介素养的具体要求包括了"利用媒介资源的动机"、"使用媒介资源的方式方法和态度"、"利用媒介资源的有效程度"和"对传媒的批判能力"[2]等。

而在各种群体的媒介素养问题中，大学生的媒介素养又被认为是一个需要重点关注的子议题，不少学者就"大学生媒介素养"专门进行了探讨和研究。生奇志和展成在综合我国大学生特点的基础上对大学生的媒介素养内涵进行了三个层面的定义：大学生个人能够意识到媒介对信息获取的重要意义，并能够合理地分别和选择使用媒介的时间；大学生能够掌握具体的、批判性的媒介使用能力，并学会分析和质疑传媒的架构和信息；大学生能够深入到传媒表层的框架之内，进一步挖掘媒介信息之所以能够被生产出来的具体原因[3]。

另一个备受关注的群体就是农民工的媒介素养问题。随着互联网技术的普及以及进城务工的农民工群体开始接触新媒体，这部分的媒体用户能否提升自己接触媒介、甄别媒介、使用媒介的能力，从而为自己的生活带来便利和好处，是增强农民工群体媒介素养的重要意义[4]。

此外，当前中国国内学者对媒介素养的研究主要可以分为两大类型：（1）把媒介素养定义为利用媒介获取并传播信息的能力，并通过一些实证研究的

---

[1] 张志安，沈国麟. 媒介素养：一个亟待重视的全民教育课题——对中国大陆媒介素养研究的回顾和简评 [J]. 新闻记者. 2004(5)：11-13
[2] 鲍海波，杨洁，王喜严. 象牙塔里看媒介——西安大学生媒介素养现状调查 [J]. 新闻记者. 2004(5)：16-19
[3] 生奇志，展成. 大学生媒介素养现状调查及媒介素养教育策略 [J]. 东北大学学报：社会科学版. 2009 11(1)：66-70
[4] 牛新权. 论农村受众的媒介素养教育 [J]. 新闻记者. 2005(4)：52-55

方法对社会特定群体（如大学生、青少年、儿童、农民工等）的媒介素养水平进行测量；（2）把媒介素养和媒介素养教育结合在一起进行讨论，探索如何通过媒介素养教育提升社会广大公众的媒介素养水平。

显然，媒介素养内容中关于传统媒体和新媒体的要求应该是有所区分的，尤其是在新媒体高度流行的今天，探讨新媒体传播语境下的媒介素养问题显得尤为重要。那么，新媒体语境下的媒介素养具体又是什么呢？不少学者也给出了他们的答案。

美国新媒介联合会在2005年发布的《全球性趋势：21世纪素养峰会报告》中将新媒介素养定义为"由听觉、视觉以及数字素养相互重叠共同构成的一整套能力与技巧，包括对视觉、听觉力量的理解与使用能力，对数字媒介的控制与转换能力，对数字内容的普遍性传播以及再加工的能力"[1]。

国内知名网络传播研究学者彭兰在《社会化媒体时代的三种媒介素养及其关系》一文中提出了在社会化媒体传播环境下，媒介素养包括了公众媒介素养、传媒业者的媒介素养以及政府机构与官员的媒介素养三个层次。而具体来说，媒体素养的内容可以涵盖媒介使用素养、信息消费素养、信息生产素养、社会交往素养、社会协调素养以及社会参与素养六大方面[2]。

汤莉萍和殷俊把"新媒体媒介素养"和"网络媒介素养"放在一个等同的意义上进行讨论，提出"网络媒介素养就是人们对计算机网络信息的解读和批判能力以及使用网络信息为个人生活、社会发展所拥有的能力"[3]。

上海师范大学副教授王莲华在总结国内学者关于新媒介素养的基础上进行了归纳，对"新媒体媒介素养"定义："传统媒介素养（听、说、读、写能力）的延伸，是人们面对新媒体各种信息时的选择能力理解能力、质疑能力、

---

[1] 蔡骐，黄瑶瑛.新媒体传播与受众参与式文化的发展[J].新闻记者.2011(8)：28-33
[2] 彭兰.社会化媒体时代的三种媒介素养及其关系[J].上海师范大学学报（哲学社会科学版）.2013(5)：52-60
[3] 汤莉萍，殷俊.未成年人与网络素养教育——兼论媒介教育对未成年人思想道德建设的重要作用[J].声屏世界.2005(2)：33-34

评估能力、创造和制作能力、思辨的反应能力，以及使媒介信息为个人生活社会发展所用的能力"[1]。

关于新媒体时代下"媒介素养"的内涵、要求以及具体表现，笔者将在下面的部分进行更详细的讨论，并提出本章最核心的一个问题——在新媒体传播环境下，用户的信息挖掘能力还是信息甄别能力对其参与传播活动所具有的意义更大？

新媒体媒介素养内容

"新媒介素养"是指在社交网络革命、互联网革命和移动革命的背景下，个人为了适应新的媒介环境和社会关系变化，构建更大、更好的社交网络，而应该掌握的新的能力 。实际上，"新媒介素养"也可以被理解为新媒体媒介素养。

总的来说，根据目前传播学学者和新闻传播业界的研究和实践经验，笔者认为，新媒体用户的媒介素养内容主要包含了以下几方面。

一、信息搜索和挖掘素养

信息和物质、能量一起，是这个客观世界的基本构成要素，也是21世纪社会发展最重要的支撑元素之一。可以毫不夸张地说，当前社会的发展离不开的信息，也离不开信息的传播，信息已经取代了物质和能源成为人类生产的核心。

随着互联网的发展以及信息搜索、信息分享、信息发布平台体系等的建设和完善，信息匮乏不再是我们在面对信息传播议题的时候所需要担心的问题，

---

[1] 王莲华. 新媒体时代大学生媒介素养问题思考 [J]. 上海师范大学学报（哲学社会科学版）. 2012(3): 108-116

取而代之的是，"信息爆炸"时代下知识信息老化的速度加快，新的知识层出不穷。此外，人们可以获取信息的渠道越来越多，所能够搜索得到的信息量也越来越巨大，信息传播的模式更是越来越复杂，对于信息的把握和掌控，我们似乎已经从"极度缺乏"的一个极端向"极度泛滥"的另一个极端所转变。

在这样的传播环境下，新媒体用户媒介素养能力的一个重要体现和要求，就是在纷繁的信息世界里搜索和挖掘到所需要的确切的、合适的、准确的信息。而对于媒介组织来说，这种信息挖掘能力同样需要被重视，大部分的新媒体在新闻采编团队建设方面仍然比较薄弱，也就意味着大部分的网络媒体所生产的信息主要基于信息的挖掘和整合，只有少部分为原创内容，而在这个环节里如果媒介组织及其工作人员缺乏一定的信息"发现"的能力，则会在网络媒介市场竞争面前显得软弱无力。在这里，我们称之为"信息搜索和挖掘"素养，这也是新媒体媒介素养最直接的一种体现和要求。

二、信息甄选和辨别素养

目前我国有 7 亿网民，每天产生大约 300 亿条信息。随着新媒体的发展，除了信息量变得极度庞大之外，信息传播内容的复杂程度也发生了显著的变化。一方面，由于新媒体开放性、互动性和共享性的特点，几乎所有人都能够成为信息的贡献者和生产者，这不仅带来了信息量的增加，更是造成了信息内容的复杂；另一方面，新媒体平台形式日益丰富，包括贴吧、论坛、微博、知乎、微信、豆瓣等在内的平台都向广大公众开放，新媒体用户可以在这些平台上轻易获取各种各样的信息，而不少信息是未经证实就被广泛地传播，其中多少是虚假信息，可想而知。

除了用户，媒体组织本身同样需要注意信息筛选和甄别的过程，尤其是一些具有广泛知名度的知名媒体，在发布信息之前应该充分考虑信息内容的真实性和信息来源的可靠性。根据议程设置和两级传播理论，我们知道公众在接触信息之前还会经过"意见领袖"（Opinion Leaders）一个环节，而具体来说，媒体组织、知名独立媒体人、公共知识分子、社会名人等就是我们最常见的意见领袖。比如微博上我们称为"大V"的一群人，他们所传播的信息对公众来说具有相当的参考和引导作用，一旦他们在信息发布前没有做好鉴别和筛选的工作，就很容易造成大范围的虚假信息传播。

2016年2月14日，一篇名为《春节纪事：一个病情加重的东北村庄》的文章在《财经》杂志微信公众号上发表。文中父亲濒临死亡儿子却用低保金"行乐痛快"、农村妇女组团"约炮"等内容在网络上引起了广泛的关注和讨论，很多读者马上在微博以及微信朋友圈上转发分享。不久之后，这篇文章就被证实为作者虚构的，文中的时间、地点、人物甚至情节都未经作者亲身采访所得。像这样的未经证实和严谨处理的文章，在《财经》这种具有庞大读者群的媒体平台上发布，不仅为涉及的地区群众带来负面的影响，也在一定程度上反映了读者以及其他公众在信息辨别能力方面薄弱的问题。

也正因如此，对新媒体传播时代下的媒介素养提出了新的要求——在各种各样的信息中，甄别哪些信息是真实的，哪些信息是虚假的，而这就要求用户有一定的信息辨别能力，也要求传媒组织在信息传播之前做好内容"把关"的工作。在这里，我们把这种能力定义为"信息甄选和辨别"素养。

三、信息生产和传播素养

在获取到所需要的信息后，能否充分利用这些信息，进行有效的信息传播和分享活动，考验的又是媒介素养的另一个层面——对信息的使用和传播素养。

具体来说，信息的处理过程包含了多个环节：信息搜索和信息获取、信息筛选和分辨、信息编辑和使用等，而在这里，我们讨论的是信息的生产编辑和使用。

一方面，信息在使用前还应该经过整合的过程，而在整合信息的过程中用户的编辑和梳理能力则受到考验。前文我们已经提及，信息量巨大是当前新媒体传播领域里的一个突出问题，也正因如此，在获取有用的信息后，还应该通过对信息内在逻辑的把握，整合成为能够正式使用和发布的信息成果。对于媒体组织来说，这种能力同样是必备的，而且这种能力的需求更应得到凸显。媒体组织每天面对的是海量的信息，尽管在新媒体平台上信息承载量得以提升，但总的来说这种信息的发布并不是随意的，也不是毫无"章法"的——这里我们说的"章法"，所要求的正是媒体组织和传媒工作者对信息的整合和处理能力。只有经过仔细地信息整理和编辑，才能够最大限度地利用所取得的信息的价值。

另一方面，信息的使用离不开"传播"，这也是为什么我们认为新媒体用户的媒介素养的另一个重要组成部分是信息的传播能力和素养。对个人用户而言，这种传播能力主要体现在借助有效的信息传播平台对信息分享形成一定的传播效应、通过信息的传播有效扩大信息的传播范围、在信息传播活动中建立个人的影响力和信息辐射力等；而对于媒体组织来说，信息传播素养则更为重要。衡量一个传媒是否成功的标准之一就是它的传播影响力，而获取这种影响力的重要途径之一就是制造生产出有价值的、引人眼球的信息内容，而要做到这个效果，就离不开传媒组织本身对信息的生产和把控、对传播渠道的规划和运用等能力。

四、媒介接触和使用素养

媒体融合的话题已延续多年，其中最主要的一个关注点就是基于互联网技术应用层面的媒介融合，各种媒体与移动互联网平台的融合也成了更为迫切的议题。在这个层面上，传媒组织的媒介素养受到了挑战——媒介组织对各种媒体平台的接触和使用，尤其是基于移动互联网技术的媒介使用能力，是一种新的媒介素养内容。

对媒体组织来说，媒介接触和使用的能力显得尤为重要。这种"接触"和"使用"的具体体现是媒介组织能否充分利用不同的媒介平台，结合不同媒介形态的特点，制作出成功的媒介传播内容。而在此之前，媒介组织首先要对整个媒介发展环境有比较清晰的了解和认识，紧贴传媒发展市场，尤其是当下最热门的新媒体和移动互联网的传播特性与模式，掌握在新媒体上进行有效传播的策略和方法，这也是我们说到的新媒体媒介素养的内容和要求之一。

对用户个人来说，在移动互联网的传播技术影响下，尤其是各种社交网络平台的建设和流行，不少网络用户，尤其是年轻用户在媒介接触的选择时会优先考虑网络媒体，而在多种网络媒介中，微信成为近年来网络用户首先考虑选择接触的媒介平台，而且微信的用户数量也呈现逐年增长的趋势。但事实上，除了微信这个被人们所熟知的社交媒体之外，还有包括陌陌、知乎、LinkedIn、豆瓣、直播视频网站等新兴的、流行的网络新媒体平台，而这些媒体基本都随着移动互联网的发展态势做出了一定的"移动互联化"的转变和改革，形成各自的传播特色和传播效能。对用户来说，了解不同的新媒体平台，并能够根据自己的实际需求选择合适的媒介进行使用，扩大自己的媒介接触面，提高自己在使用新媒体方面的能力和技巧，也是一种新媒体媒介素养的具体表现。

而笔者认为，在以上的各种媒介素养具体能力要求里，信息挖掘能力和信息甄别能力在新媒体传播过程中又显得尤为重要。

我们已经知道，新媒体传播时代，"信息匮乏"的现象几乎不复存在，取而代之的是信息泛滥、信息过度、信息良莠不齐的问题。在这样的传播大背景下，一方面，公众和新媒体用户需要在纷繁的信息海洋中找到合适的信息，并达到一定的搜索效率，考验他们一定的信息挖掘能力；而另一方面，在所能接触到的信息里，寻找出合理的、客观的、真实的信息，减少受到网络谣言和不实信息的影响，就需要用户具有相当水平的信息甄别能力。

在以下的部分，我将分别就媒介素养中的信息挖掘素养和信息甄别素养在新媒体传播环境里为何值得被重视进行讨论，并具体说明这两方面的媒介素养如何得到实现。

新媒体信息挖掘与媒介素养

与传统媒体相比,新媒体所承载的信息量发生了指数级倍数的增长。学者认为,新媒体发展最为直观的传播结果就是信息量的绝对增加。1996年,美国学者H. H. 弗莱德里克曾经做过的推算,即使以5年为周期来计算,也意味着,在今后不到70年的时间内,人类积累的信息量将达到我们今天信息量的100万倍[1]。一方面,信息的获取变得相对"容易",人们只需要简单地敲击键盘,无数的信息就可以在瞬间得到。尤其是随着新媒体技术的不断革新和发展,尤其是基于移动互联技术的移动新媒体载体,超大信息量大大节省了人们的时间,高度的共享性更是使得信息分享成为轻而易举的事情。但另一方面,在这样一个被信息"包围"和"轰炸"的世界里,人们的信息搜索能力并不一定得到正向地、积极地提升,反而有可能受到新的挑战。在"信息超载"、"信息爆炸"的大环境下,用户与信息的关系也发生着变化——究竟是用户主动搜索信息,还是被动地接受信息?

图3-2 "新媒体营销"百度搜索结果

---

1 Howard H.Frederick,Global. Communication& International Relations [M]. Shohakusha.Tokyo.1996.p.11

举一个简单的例子，在我们最常用的国内搜索引擎上搜索"新媒体营销"（如图3-2），所能搜索到的结果高达760万条，能否在最短的时间内从这760万条的搜索结果中找到自己需要的信息，并且充分利用信息搜索工具挖掘到自己所想要获得的内容，在当前的传播环境里并不容易。而事实上我们随便在任何一个搜索引擎上输入简单的词语，都可以搜索出上百万的结果，这对于普通网民和新媒体用户来说无疑是一种对信息筛选和有用信息挖掘能力的考验和挑战。

除此之外，当前新媒体的载体形式呈现出蓬勃的发展态势，人们可以搜索信息的渠道也越来越丰富，当人们需要获取一种信息的时候，还需要考虑一个切实的问题——如何选择合适的信息搜索工具，并合理地分配使用不同信息挖掘工具和媒介的时间，从而实现信息挖掘和搜索效率的最大化，提高媒介资源的利用效率。举例来说，当前如果我们想了解一个社会热点事件，在网络上搜索与之相关的新闻内容，可以通过包括手机新闻客户端（App）、搜索引擎、微博、微信、贴吧、网络论坛等途径进行搜索，而能否结合实际的新闻事件特点，或者所需要的信息类型，匹配出最合适的搜索路径和媒介选择组合，同样是一种信息挖掘能力和素养的体现。

而对于媒体组织而言，这种信息挖掘能力同样十分重要。在"云技术"和"大数据"技术的基础上，挖掘用户的兴趣、需求、阅读习惯等，是传媒组织尤其是一些大型的媒体机构为用户提供个性化的信息服务的基础和前提。2011年，著名咨询机构麦肯锡发表了名为《大数据：下一个创新、竞争和生产力的前沿》的研究报告，报告提到"数据已经渗透到当今每一个行业和业务职能领域，成为重要的生产因素"，自此，"大数据"概念被广泛流传和关注，成为新媒体发展的新热点。毫无疑问，大数据的持续发展必将影响新媒体的发展，也影响着新媒体环境下各类型传媒组织的经营和发展。在大数据时代，新闻传播的核心资源不再是单纯的信息，而是"数据"，这里的数据包括了丰富的信息内容——既有对新闻事件本身所包含的要素和相关信息，更有对受众所携带的信息价值的挖掘，具体来说，包括受众的心理、需求、行为习惯、关注点等。只有充分地、深入地对这些数据进行挖掘，媒体组织才有可能提供真正符合用户和受众需求的新闻内容，实现个性化的新闻传播。而这些要求又是媒体组织在新媒体传播时代增加用户黏性、提高用户对媒体组织品牌的忠诚度和好感度、改善用户阅读体验的必然要求——也就是说，对媒体组织来说，要在新媒体传播时代强化自身的市场竞争力，创造真正的媒体品牌，其本身的媒介素养，具体来说是新媒体时代的信息挖掘素养（且信息不仅是信息，更是"数据"）需要得到重视。

对传播管理部门（政府视角）来说，基于新媒体的信息挖掘更是和舆情分析紧密相连。笔者在前文已经提到，我们已经进入一个"大数据"的时代，而大数据意味着人类可以分析和使用的数据呈指数级倍数增加，这不仅对普通用户、媒体机构有着深刻的影响，对于政府及公共管理部门来说，同样意味着新的机遇和挑战。从积极的角度来看，通过运用大数据技术，政府结合新媒体的舆情监测技术和工具能够实现更宽领域、更广范围、更长时段的网络舆情管理，也能更方便、更直观、更迅速地把握网民的情绪特点和对公共事务的看法，掌握公众态度和情绪，在此基础上结合历史的类似事件做出更准确的舆情发展趋势判断，实现更多元化的舆情研究。但从消极的方面来看，大数据时代意味着舆情管理部门每天面对的是海量的信息，如何从这些信息中准确地发现需要特别关注的舆情热点，本身就是一种对信息和数据挖掘技术的挑战。而在新媒体传播环境里，舆情的发展和变化都发生在瞬息之间，自媒体促进了舆论个性化传播的发展，使偏激化、极度个性化的言论在网络上也可能成为具有影响力的观点，这也意味着对舆情监测速度和准确性又提出了新要求——如果缺乏形成常规化、制度化、体系化的舆情检测制度，"临时抱佛脚"的舆情管理几乎是不可能的。

总的来说，从普通的新媒体用户、媒体组织到政府管理部门，在新媒体传播时代都离不开信息挖掘和搜索的能力，这种能力和素养不仅影响着其自身对信息、对媒体资源的利用程度，更有可能对其在新媒体传播时代所具备的竞争力、影响力和长远发展能力产生深刻的影响。

新媒体信息甄别与媒介素养

乔治城大学政治科学家乔纳桑·莱德（Jonathan Ladd）认为，互联网和有线电视新闻的兴起以及随之而来的媒体的多样化和碎片化，导致了媒体的不可信[1]。近年来，社交媒体成为新媒体中对用户最有影响力的媒介形态之一。这种影响力的表现随处可见——例如，社交媒体成为用户对新媒体使用的优先选择；社交媒体成为用户最重要的消息源之一；社交媒体是一种用户进行社会交往的、越来越重要的途径和平台；社交媒体上的信息和言论深刻影响用户对社会问题的判断和想法等。

在这里，其中有一点需要我们重视，如前所述社交媒体在新闻传播的过程中扮演着越来越重要的角色，其所具有的即时性、互动性和随时性使得社交媒体成为不少用户第一手消息来源。值得注意的是，当新闻不再受到统一控制，消息源不再控制在政府或权威管理部门的手里时，这已经意味着传播消息的可信度下降。

里安·霍利戴伊（Ryan Holiday）在《Trust Me, I'm Lying》一书中提到了博客和社交媒体用户危险或不当的传播行为，并认为这些行为会像野火一样产生极为广泛的影响。里安·霍利戴伊还认为，信息发布平台（博客、报纸和杂志）的即时性越强，记者就会越依赖原始的在线消息，例如社交媒体[2]。社交媒体上的信息是当前网络谣言和虚假信息的集中地，在社交媒体上，信息发布和分享的权利掌握在每一个人的手上，只要你有社交账户，你就可以成为一个信息的发布者和分享者，这也间接造成了信息的不可信和不可靠。

---

[1] 新华网. 社交媒体上，如何鉴别假消息？[EB/OL]. 2013-4-23. 转自 http://news.xinhuanet.com/info/2013-04/23/c_132331752.htm

[2] 李玮. 媒体不可信？如何甄别社交媒体上假消息[EB/OL]. 2013-4-23. 链接为 http://www.ithome.com/html/it/43038.htm

其中一个典型的例子就是近几年泛滥的"微信谣言"。

而更为需要重视的是，由于社交媒体用户数量的快速增长，中国互联网络信息中心（CNNIC）于 2016 年 8 月发布的《第 38 次中国互联网络发展状况统计报告》显示，截至 2016 年 6 月，我国网民仍以 10—39 岁群体为主，占整体的 74.7%。尤为值得关注的是，与 2015 年底相比，10 岁以下的低龄网民群体占整体网民比例有明显增长[1]，青少年是当前互联网用户的最重要组成，低龄化的特点决定了这些网络用户在接触社交网络的信息时缺乏成熟的判断能力，很容易盲目地进行传播和转发，从而造成这些失实和虚假信息的广泛传播。

2016 年 4 月，中山大学大数据传播实验室联合微信安全团队发布《微信年度谣言分析报告》。报告内容显示，传播最为广泛的五大热门谣言（《请一定转给你身边的女生看，这是最新骗局！》《中南海 1 号档案解密，老毕后悔完了》《这 7 种肉，医生已禁，比砒霜还毒》《家里的这两种液体一旦合体，马上死亡！速速扩散！》和《为姚贝娜、傅彪治病的名医终于站出来讲真话了！和你息息相关》），阅读量均超过 2000 万次，并被多个公众号转发。

中国社会科学院新闻与传播研究所所长唐绪军认为，微信用户的使用过程中，需要不断提升自己辨别真假的能力，第一要做到自己不信谣不传谣，对于一些奇特的有悖常理的信息，要多问一个为什么，对于一些极端化的言论，要多打一个问号，只有保证自己不轻易相信谣言、不随意传播谣言，才能在源头上切断谣言传播的可能性[2]。

的确，传播技术的发展和移动互联网的进步使得人与人之间的传播距离越来越短，即使是普通的民众都能够参与到信息传播过程中，实现自主传播

---

1 CNNIC. 第 38 次中国互联网络发展状况统计报告 [R], 2016-8-3, 链接为 http://www.cnnic.cn/gywm/xwzx/rdxw/2016/201608/t20160803_54389.htm
2 央视新闻.《2015 新媒体》蓝皮书：新媒体多虚假消息微信辟谣难度大 [EB/OL]. 2015-6-29. 链接为 http://m.news.cntv.cn/2015/06/29/ARTI1435576790669526.shtml

和个性传播。但我们也可以看到，近年来随着新媒体载体形式的不断丰富以及媒体开放程度的提升，越来越多的虚假、偏激、不良信息在网络上传播，这对普通的新媒体用户来说造成了极严重的影响，同时也是一种对信息筛选和甄别能力的考验。

信息甄别能力对新媒体时代的新闻工作者来说同样重要。网络的发展使得越来越多新闻来源于网络信息，自网络空间向线下社会发展，但自媒体的开放性和随意性特点也决定了新闻消息源会存在不确定性的特点，也就是说，媒体工作者在这个过程中不再单纯扮演着新闻发布者的角色，尤其是新媒体工作者，他们的工作除了发布一手信息之外，还包括了对网络二手信息的求证和整合，而他们要完成这种工作的一项基础要求就是具有对信息的判断和甄别能力。媒体工作者应该严格做好信息的第一步把关人工作，不盲目转发网络上所流传的信息，尤其是一些夸张的、夺人眼球的、涉及社会敏感问题的信息，媒体工作者不能为了博取眼球和点击率就轻易进行二次传播，而不考虑传播所带来的后果和影响。

此外，在海量的信息中做好信息甄别，也是新媒体时代对政府的一种重要媒介素养要求，这种对信息的更高层次的把控能力，不仅应该体现在突发性的公共事件管理中，更应该成为一项政府常规性的工作内容，体现在每一个政府工作人员，尤其是直接面向公众的、接触舆情管理的以及相关的宣传工作人员等。在民主社会和建设"服务型政府"的理念里，不少政府部门已经越来越重视倾听民众呼声、了解民意的工作，但如何倾听、如何了解，仍然是一项需要深入讨论和分析的问题——网络上所有的意见和建议都应该被充分考虑吗？网络民意必然是善意和理性的吗？不同的新媒体平台上的信息真实性都是一致的吗？如何理性地面对来自网民的"习惯性批评"意见？所有的批判意见都具有价值吗？显然，在政府部门能很好地回答这些问题之前，我们仍然需要重视提升这些管理部门的信息甄别能力，而种种这些，都是政府部门在新媒体传播时代的媒介素养内容。

媒介素养与新媒体传播

接下来，笔者将分别从新媒体用户、媒体组织、政府机构三方面来看看，在新媒体传播时代不同群体的媒介素养分别应该如何提升。

一、新媒体用户的媒介素养

在这里笔者认为需要重点关注青年人的新媒体媒介素养问题。随着社交媒体的发展和对青年群体影响的逐渐深入，更开放、更自由、更多元的网络平台也为一些失实的、偏激的、虚构的信息提供了传播的温床，主体意识极强的青年群体却由于自身生理和心理的不成熟导致其对社交媒体上鱼龙混杂的信息出现了选择迷茫和易受影响等问题。在这样的背景下，社交媒体政治动员工作进行的同时，我们也不能忽略青年人媒介素养教育的重要性，更为重要的是，在社交媒体成为新媒体传播环境重要组成部分的今天，传统的媒介素养教育内容已不能满足当下的需求，提高当代青年人的媒介素养，同样需要结合社交媒体的传播特点。

媒介素养教育是提高公众媒介素养的必然路径，具体来说，可以从三方面来加强公众，尤其是当前最主要的新媒体用户群体——青年人的媒介素养教育。

从高校教育的角度出发，结合政治教育的目标和要求，高校可以设计一些围绕青年学生媒介素养的课程，如将有关社交媒体的知识和信息融入政治教育课程内容里，一方面可以训练学生如何更好地在网络政治信息中进行筛选和辨别，另一方面也可以鼓励学生在社交媒体账户上分享自己关于某些政治议题的看法，只有在不断地交流和学习中，青年学生的媒介素养才能得以提升。

从媒介从业人员的角度出发，尤其是社交媒体工作者，可以适当地在设计媒体账户上发布一些关于信息选择、信息甄别、信息应用和信息挖掘等的专题知识，借助社交媒体自身对青年人的影响力和吸引力，帮助青年群体在使用社交媒体的过程中增强媒介素养。

从青年群体自身的角度出发，媒介素养是一个他们对自己的媒介认知及媒介能力自我教育的过程，青年人必须改变人云亦云的社交媒体使用特征，提升参与程度，增强自己对信息的判别能力，兼听网络上的各种信息，不要简单地因为某段新闻内容而妄下定论，而需要经过一定的信息搜索和归纳过程，并积累关于某个问题的一定的认识后再进行相关的价值判断。

除了青年大学生群体，前文我们也提到，农民工群体的媒介素养问题同样值得重视。媒介素养水平对农民工群体而言，是直接关系到他们能否顺利融入城市社会发展步伐的因素之一。知识结构和媒介参与能力都是影响用户媒介素养的因素，而不少研究发现，农民工群体在这两个指标方面的表现都偏低，在未来，为了提升农民工群体的新媒体媒介素养，根据新生代农民工的媒介接触习惯、信息需求特点、知识结构现状等实际问题，尤其是结合农民工群体所在居住地和职业特点，展开富有针对性的媒介素养培训工作，如制作特色小册子和开展专题社区讲座等，一方面提升农民工群体的媒介使用能力，增强农民工融合到城市新媒体发展的进程中，另一方面增加农民工群体的基础知识水平，使得农民工群体更容易参与到社会问题的讨论中，更好地理解新媒体传播过程中所接触到的各种信息。

低龄化网民是中国当前新增网民群体中的重要组成。这部分网民很难做到自发的"自主信息过滤"，因此笔者认为，要提升低龄网民（19岁以下）的媒介素养，更多地需要学校、家长和社会的共同努力。笔者并不认同"一刀切"的做法——一些学校和家长认为，当前网络的信息良莠不齐，为了避免青少年受到网络不良信息的影响，应该尽可能地阻止低龄用户接触新媒体。显然这并不是改善这一部分青少年网民媒体使用效果的最佳做法，而且会影响到他们在信息化传播时代的传播竞争力，用户低龄化是全球新媒体发展的一个趋势，顺应潮流，并对这其中出现的一些问题进行有针对性的应对措施，采取"引导"

而非"阻隔"的策略，并提供一些具有创意的、适合低龄网民阅读和信息接收习惯的媒介素养教育内容，对青少年新媒体用户来说具有更为切实的教育意义。

二、媒体工作者的媒介素养

媒介素养问题不仅需要用户群体的关注，同样需要媒体人的重视。而从媒体工作者的角度考虑，笔者认为可以在以下两方面着眼提升自身的新媒介素养。

●作为媒体从业人员，新媒体机构应该充分学习和掌握不同的新媒体载体的传播特点和传播模式，这也是面向媒体工作者的媒介素养教育内容。笔者认为，媒介素养教育应该成为一项常规的、普及的内容纳入我国媒体工作者的教育体系中，使媒介素养教育，尤其是新媒介素养的培养成为每一个媒体工作者在学习过程中必须接触的问题，而不是停留在关注媒介应用能力和技术的层面。同时，紧贴国际范围内其他优秀传播媒体在建设自身新媒介素养方面的策略和方式方法，借鉴一些适合自身的做法，使国内的媒介素养教育符合新媒体传播发展实际，而不是流于表面和守旧。

●重视媒体从业人员职业道德素养建设。当前国内的媒体市场环境显然是竞争激烈的，而不少媒体工作者面对这样的竞争压力的时候容易忽视作为一个媒体人最基本的道德要求和社会责任感，"假新闻"、"标题党"等问题屡见不鲜，这一切都源于新闻道德的弱化。因此，为了提升未来媒体人员的新媒介素养，本质上还需要从责任观念和道德教育方面下功夫。

三、政府部门的媒介素养

政府部门的新媒体媒介素养同样需要得到完善和提升。以开放和包容的态度面对新媒体，主动地学习关于新媒体传播的知识和技能，掌握在新媒体上进行信息搜集、信息甄别、信息发布和信息使用等方面的策略和要求，是政府提升自身新媒介素养的第一步。"媒体意识"和"沟通意识"是当前我国政府部门及其工作人员亟须提升的问题。对政府来说,媒体,尤其是新媒体并不应该是"洪水猛兽",而是可以成为令行政管理和社会治理更为便利的"工具"和"资源"。除此之外,政府也应该注意到新媒体传播特点,注意采用双向互动的、形象亲民的、重视倾听和沟通的传播才能有效提升政府的媒介使用能力。最后,为政府官员制订定期的专项培训计划,对政府官员在公共传播和沟通方面的知识结构和操作技能进行有针对性的训练,结合一些具体的案例学习,强化政府官员和新媒体"打交道"的意识,使面向新媒体的沟通成为一项常规化的工作,对在新媒体环境下提升和增强政府及其工作人员的媒介素养都具有重要的意义。

本章思考

1. 对大学生而言,新媒体的出现帮助他们实现智能化的学习和工作,但同时新媒体,尤其是以社交媒体为代表的自媒体使得大学生的生活变得"碎片化"。那么你认为,对大学生群体而言,重视新媒体媒介素养能够在哪些方面帮助他们更好地协调这种关系?

2. 过去十年,由于沟通不当所造成的政府形象危机和信誉危机屡见不鲜,你认为对政府而言,提高媒介素养对他们解决这些危机事件有帮助吗?如果有,政府可以在哪些方面提高自己的媒介素养,尤其是新媒体媒介素养?

3. 根据"知识沟"理论假说,随着时间变化,社会经济地位高的人和社会经济地位低的人之间的知识量差距会越来越大,而这种假说在今天有新的体现——"信息沟",也就是说,随着信息传播技术的发展,社会经济地位不同的群体之间在掌握信息方面存在的差距会越来越大,这种差距在当前中国不同群体之间的新媒体媒介素养问题有着怎么样的体现?

第四章 公共危机管理：机遇更大还是挑战更大？

公共危机管理是当前处于社会转型期的中国正面临的重要问题之一。之所以说公共危机管理议题值得重视，是因为如下三个主要原因。

首先，当今世界，国际、国内局势变幻莫测。任何国家或地区都无法避免突发公共事件的发生。随着经济体制的转轨与社会结构的转型，我国已经步入公共危机频发的风险社会。据相关调查表明，近年来突发事件的发生频率不断提高，乐施会（Oxfam）2007年的报告指出，相比起20年前，全球范围内的自然灾害的发生次数增长了3倍。以我国为例，过去二十年来中国接连发生了包括SARS事件、南方冰冻雪灾事件、汶川地震、禽流感疫情、天津爆炸案等在内的大规模突发公共事件，公共危机频繁发生已经对社会管理生活构成重大挑战[1]。

其次，公共危机的种类越来越繁多。从危机发生动因来看，公共危机主要包括两大类：自然灾害危机和社会危机。常见的自然灾害危机包括台风、地震、自然污染、重大传染病、自然资源枯竭等；常见的社会危机则包括恐怖袭击、经济危机、食品安全事件、社会公共安全事件、社会暴动等。气候变化和环境保护问题（人类对自然环境的破坏活动、过度的资源开取等）是造成自然灾害事件增加的主要原因。而恐怖主义实力增强、全球化程度进一步强化、公共管理能力低下是社会公共危机增多的重要成因。越来越多种类的公共危机使得相关部门的工作难度加大，同时也凸显了公共危机管理这一

---

[1] 汪菁. 我国公共危机管理存在的问题、原因及解决对策 [J]. 科学决策. 2013(01):78-93.

议题的重要性。

再次，频繁发生的公共危机对社会带来了极为深刻的影响，这种影响又体现在三个领域：（1）对社会和人民的影响。公共危机不仅给人民的生产生活带来极大的影响，容易衍生多种灾害，产生很强的连锁反应，对生命财产安全构成极大的威胁，而且也对经济发展与社会稳定产生极大的破坏，甚至有时还会导致政治合法性的丧失，成为公共安全领域的严重威胁；（2）对政府的影响。公共危机的处理结果直接体现了政府的社会管理能力，政府在公共危机管理过程中的表现会被公众、媒体等观察和评价，而这些评价的结果则会影响政府在社会的公信力和公共形象，"信任危机"是当前中国政府面临的一大挑战；（3）对国际社会的影响。如前所述，全球化程度深化使得国家与国家之间的联系日益密切，一个国家发生的公共危机事件影响的不仅是本国，还会对他国带来影响。如2008年的汶川地震，包括美国、日本等国在内的国家都参与其中，公共危机管理的国际化和全球化，是当前公共危机管理问题的一大趋势。

与此同时，我们应该注意到，公共危机管理的难度也逐渐加大，而其中一个很重要的原因就是当前危机传播环境的变化。这里主要指的是危机信息的传播。随着现代媒体传播技术的发展，尤其是过去十年新媒体的普及，以及随着移动互联网传播技术而衍生出来的移动传播终端技术，使得危机传播的速度加快、范围扩大、信息复杂程度加深，政府部门面临着全新的公共危机管理态势。过去五年，以"双微"（微博和微信）为代表的自媒体在公共危机中的表现甚为突出，在公共危机事件的管理中发挥着日益重要的作用，这使得我们不得不关注新媒体传播领域里的一个新问题：新媒体对公共危机管理究竟带来了哪些具体的影响？

在这一章，我们将会讨论新媒体传播将如何影响当代公共危机的管理工作，在新媒体的传播环境下，公共危机传播究竟呈现出什么样的新面貌？为什么我们说新媒体是当前政府公共危机管理工作中的重要工具？具体来说新媒体是如何被应用到公共危机管理工作中呢？新媒体对政府公共危机管理工作所带来的是更大的机遇还是更大的挑战？

新媒体环境下公共危机传播特点

新媒体之所以"新"是相对于"旧"，即传统的报纸、广播、电视等传统媒介而言的。新媒体的主要载体是移动通信与互联网，呈现出信息传播主题多元化、信息数据量巨大、信息传播路径多渠道、信息接收高效便捷等特点。诸如网络电视、网络直播、电子书、手机报纸、微博、微信、手机APP等都属于新媒体的范畴[1]。

笔者在《新媒体环境下政府危机公关探究》一文中提到，以网络媒体、数字移动媒体为代表的新媒体使得媒体与受众之间的关系产生了重大的变化，改变了传统的信息传播模式，而这种新的传播环境对政府危机管理而言，有利有弊。近几年我国公共危机事件频发，而在网络媒体高度发达，移动媒体也逐渐走向成熟的环境下，政府应对危机的方式及其产生的效果必然与以往有着巨大的差别，而政府行为与其在公众心目中的形象和公信力有着必然的联系[2]。

高度的互动性、便捷的共享性、个性化的信息服务、良好的传播效率是新媒体在公共危机传播中有别于传统媒体的优势和特点。从危机传播的特点来看，新媒体传播环境下的危机传播（包括危机事件的传播和危机信息的传播）表现出以下几方面的特征。

一、"双向信息传播"路径要求危机管理公开、透明

和传统媒体相对封闭的传播模式不同，新媒体呈现的是"双向互动"的

---

1 乔晚馨. 新媒体环境下的公共危机管理 [J]. 管理观察. 2016(8):17—23
2 张潮，唐嘉仪. 新媒体环境下政府危机公关探究 [J]. 新闻传播. 2010(12):23—24

信息传播，在这一传播路径里，政府作为公共危机管理部门既是传播者——权威信息发布的主要来源，同时也是传播的接受者和信息的接收者。一方面，在新媒体传播环境下，危机事件中常伴随着谣言和流言，借助新媒体监测工具，政府可以及时跟进与危机事件相关的不实信息，并做出回应；另一方面，通过新媒体政务平台，相关部门可以方便地接收到来自公众的信息反馈。北京外国语大学展江教授的评价是："当草根民众可以比传统媒体更快地传播信息时，社会就变得更加透明了。"

在这一背景下，危机管理必须做到公开和透明，掌握信息的发言权，树立权威信息源的公众形象，一旦失去了危机舆论主导权，公共危机传播容易陷入失控和歪曲的境地。同时，"单向灌输"的信息传播模式并不适合新媒体环境下的危机信息管理，新媒体时代公共危机传播要求公开、透明、真实、全面地信息沟通。

二、开放性传播平台使得"人人都有麦克风"

在网络新媒体时代，人人都是记者，人人都有麦克风，个个都是通讯社。便捷的共享能力和平等的传播权力使得新媒体传播活动"人"的角色和作用复杂化。

距离来看，微博的广泛运用，使传统意义上的受众环境发生了颠覆性的变化，形成自下而上的一种趋向，让"全民记者"变成可能，媒体环境进入"机构传播和个人传播共处的时代"，实现了麦克卢汉"媒介即人的延伸"的理论——每一个个体都可以成为信息的发布者、扮演大众传播中的"记者"角色。只需要一部手机，一张图片，一段视频，一条微博等，每个普通的社交网络用户都可能成为一次公共危机事件的消息源和危机发布者。

进入网络时代以来，传播的便捷性、时效性、开放性让民众的参政议政方式发生了根本性的变革。互联网自诞生以来，通过不断的发展和完善，对我国社会民主的发展起到了重要的推动作用。网络打破了人际传播和公共传播的界限，大大拓展了公共言论空间，使互联网空间成为一个开放的、活跃的、汇集多种观点和信息的"舆论场"。另外，网络还为社会公众创造了一个参政议政的重要平台，群众可以通过网络来表达自身的利益诉求。这些无疑在推进公民意识觉醒、刺激中国民众对公权力与社会事务的监督热情方面发挥着重要作用，使得"大众麦克风"时代更具现实意义。

在公共危机事件中，政府所需要面对的危机信息处理难度也随之增加。在新媒体时代，移动互联网的发展使得"随时随地"的传播成为可能，结合当下流行与普及的社交平台，尤其是微博和微信，危机信息的集散地正发生大规模的转变，基于新媒体平台的社交网络成为公共危机信息传播的主要阵地。这也意味着，公众所能够接触到的与公共危机相关的信息量也大大增加，但这种信息量的扩充是否必然带来更好的公共危机管理，是我们仍需要打问号的问题。新媒体开放性的特点既为公众创造了更多发声的可能性，但同时也带来了公共舆论环境更为复杂、舆论引导更为困难、舆论生态更为多变的问题。

三、"核裂式"传播模式扩大危机传播速度与范围

所谓"核裂式"传播模式主要体现在微博和微信为代表的"双微"自媒体平台。

"双微"平台的这种网状传播结构，与其他传播方式相比，传播的效率更高。通过人际关系网络，用户可以有效地过滤信息，大大改变了人们获取以及传播信息的方式。以微博为例，即使是一个个人化的话题，在微博上通过多层的传播和辐射，都有可能引爆一个社会性讨论的焦点。大用户在微博上的关注、评论、转发、发布等行为，不再是一个私人化的行为，而是作为公共运动中的一个部分，即使做新媒体用户为参与者，只是扮演着"围观"

的角色,一旦参与"围观"的人数足够多,用户群体累积出来的力量绝对是不容忽视的,而这样的传播效果,是其他媒体现阶段所难以比拟的。

"核裂式"传播模式带来的信息传播效果主要体现在两大方面:

● 传播范围的大大扩展:在"核裂式"的传播模式里,信息得以快速实现大范围传播,并摆脱了时空的限制。只要通过一定的网络意见领袖(在公共危机事件中主要体现为著名新闻媒体组织、知名独立媒体人、公共知识分子等),相关信息就能传递给最大范围的受众。

● 传播速度的快速提升:在新媒体环境里,传统意义上的危机管理"黄金24小时"显然已经缺乏说服力。新媒体高速的传播能力使得公共危机信息在危机发生后迅速扩散,信息发布的及时与否决定了事件不同的走向。人民网舆情监测室基于当下媒体环境提出了"黄金4小时"原则。"黄金4小时"指的是新闻发布的及时性,政府要第一时间发声,政府要第一时间处理问题,做突发事件的"第一定义者"[1]。

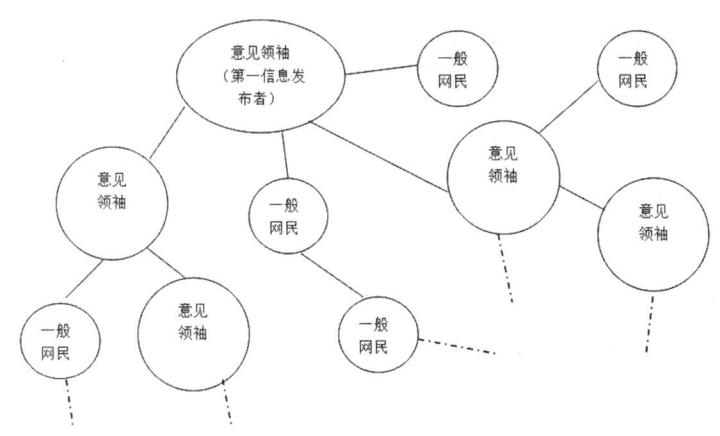

图 4-1 新媒体信息传播"核裂式"过程缩略图

彭兰在《网络传播学》一书中指出,网络使得"每个个体的信息消费行

---

[1] 李鹏.赢得时间就赢得舆论引导权善用"黄金4小时"引热议 [N].人民日报.2010-2-9

为都有可能与他人的行为形成强大的社会效应"[1]。如图 4-1 所示,"裂变式"的传播模式就是形成这种社会效应的重要动因之一。当许多有价值的信息通过微博上的人际关系网络传递给某一受众时,即为信息的聚集;反过来,该受众发布的信息又通过这一人际关系网络往外传播时,称为信息的扩散。信息的聚集与扩散都可以理解为核裂变中的"链式反应",而引爆裂变过程的"中子"则是具有高关注度的新闻话题[2]。

公共危机管理中的新媒体应用

21 世纪是一个高科技飞速发展的时代,也进入了一个危机频发的时代。新媒体尤其是以手机、博客、即时通信、论坛等为代表的自媒体登上了这一大舞台[3]。妥善地处理危机事件是我国构建和谐社会的重要保证,而处理危机事件的关键是传播。政府作为处理危机事件的主体,面对发生在新世纪的危机,需要因势利导,积极利用以自媒体为代表的新媒体优势进行危机的传播管理。新媒体给政府的危机管理带来了全新的挑战。

随着信息技术的不断发展,现代社会已经步入了一个全新的信息化时代,信息技术已经在各个领域得到充分的发展和应用。媒体作为信息传播的重要途径,在信息化时代充分利用先进的信息技术,不断创新突破,以自媒体为代表的新媒体模式逐渐取代了传统媒体模式,以其形式丰富、渠道广泛、发布及时、互动性强、推广方便等特点迅速成为当今社会的主流媒体形式,在现代传媒产业中占据了越来越重要的地位。新媒体的出现也改变了政府在新闻发布和公关上的形式,尤其在突发事件上的报道,传统媒体延迟、拦截、

---

[1] 彭兰. 网络传播学 [M]. 北京:中国人民大学出版社,2009:346
[2] 刘艳美. 微博客新闻传播功能研究 [D]. 华中科技大学. 2010 年
[3] 陆凤英. 公共危机管理视野下的政府形象塑造策略 [J]. 西北师大学报(社会科学版). 2012(03):128-132.

封堵发布消息的形式已经不再适应新媒体环境，这不仅会给政府带来负面的形象压力，还会大大降低广大群众对政府的信任和支持。因此，研究以自媒体为代表的新媒体形式在政府危机管理中的应用价值和应用形式对于新时代政府危机管理具有巨大的现实意义和学术价值。

新媒体正被广泛应用在社会各个领域，其中一个重要的应用体现在公共危机事件的管理工作中。新媒体时代下的政府公共危机信息管理具有重要意义。概括地说，新媒体在公共危机管理中集危机信息发布、危机管理沟通、危机意见反馈和危机舆论监测的功能于一身，在公共危机事件管理中发挥着不容忽视的作用。

应用一：公共危机信息发布

传统的危机信息发布方式主要包括新闻发布会、媒体通气会、报纸／电视新闻报道等，这些信息发布方式在当代的公共危机管理工作中尽管仍然扮演着重要的角色，但毫无疑问的是，基于新媒体传播技术的信息发布平台受到了更为高度的重视和更为广泛的应用。新媒体开放、互动、快速的传播特征在很大程度上拓宽了受众获取公共危机信息的渠道，新媒体由此真正实现了信息的共享。

新媒体公共危机信息沟通体系包括了政府电子政务网站、网络新闻直播、官方微博、官方微信公众号、手机短信系统等。互联网信息容量巨大，对危机管理者而言具备了危机相关信息承载能力优势，而领先的传播速度也是新媒体作为危机信息发布平台优势凸显的地方。

除了信息承载能力和传播速度的优势，作为危机信息发布平台，新媒体还具备了其他方面的过人之处。比如，有别于传统媒体的信息编辑、审查和出版规律，新媒体在信息处理能力和新闻发布流程方面都呈现出明显的优势，尤其是大众媒体组织可以在官方微博、公众号等平台上对危机相关信息进行

"黄金 1 小时"的处理和发布，使广大公众能够在危机发生后最短时间获取相关资讯；再有就是，新媒体平台对信息发布者的"身份"限制较为宽松，只要能接入新闻发布相关平台，任何人都有可能成为危机信息发布者，这样也使得危机事件中的信息，尤其是细枝末节能够进一步向公众公开和开放，然而这种高度的信息暴露对公共危机事件的处理是一种机遇还是挑战，我们仍需要做出思考。

应用二：公共危机管理沟通

在公共危机事件中，政府及相关处理部门需要与危机事件的相关利益者进行沟通工作，这里的利益相关者包括了危机直接受影响者、大众媒体组织、社会公众，在一些重大的自然灾害和社会危机中，利益相关者还可能包括整个国际社会和其他相关国家。在这样的沟通管理过程中，新媒体同样起到了不可或缺的作用。具体来说，新媒体在公共危机管理沟通中的应用体现在：

●政府与危机直接受影响者的管理沟通——以自然灾害事件为例，通过新媒体，政府可以及时对受灾害影响的民众进行情感沟通、慰问、危机伤害了解、获知民众需要等工作，其中电子政务平台、政府部门官方微博和近两年非常热门的政府微信公众号是常见的新媒体沟通工具。

●政府与大众媒体组织的管理沟通——在互联网时代，"新闻通稿"不再简单指代传统意义上的纸质新闻资料，政府可以通过新媒体平台，和来自更大范围的大众媒体组织进行危机管理沟通，其中包括网络记者、网络新闻发布会、网络电视台等，这些都是体现了新媒体特色的媒体信息沟通平台。

●政府与普通社会公众的管理沟通——对于并不是直接与公共危机相关的普通公众来说，政府和相关部门与他们的危机沟通工作仍然十分重要。在这一环节，借助新媒体传播工具，包括网络新闻发布会、政府部门官方微博和危机公众号、电子政务平台、手机短信等，政府能够在最大程度上与社会公众进行危机管理沟通工作。

● 政府与国际社会的管理沟通——随着互联网技术的发展，尤其是移动互联通信技术的完善和普及，通过视像通话、多方视频会议等互联通信技术，政府在面对公共危机事件时可以便捷地、突破时空限制地与国际社会以及其他相关国家实现即时、实时的危机沟通，确保危机管理效率，同时维护本国在危机事件中的国际形象。

应用三：公共危机意见反馈

危机信息传播总的来说包含了两个相互作用、相互影响的环节——危机信息传递和危机意见反馈。

及时了解公众对所接收到危机信息的反馈意见，是政府在处理公共危机事件时不可忽视的一个环节，也是互联网络"双向互动"传播模式的必然要求。公众的意见反馈情况是政府在处理公共危机事件中的重要考量标准之一。

在传统媒体的领域里，公众只能通过类似"意见信箱"、"热线电话反馈"、"读者来信"等范围小、速度慢、效率低的反馈渠道提出自己的意见，这样的反馈路径对于公共危机管理来说是致命的。

而新媒体则在公共危机事件管理中实现了高效的公众意见反馈，相对成熟的信息反馈体系得以建立——借助微博平台、微信公众号、搜索引擎（反映了事件热度）、网络论坛（提出意见和提供讨论空间）等新媒体传播工具，政府能够相对轻松地获知来自社会公众的意见，而这些意见都将对政府如何制定危机管理方案、如何选择危机应对措施、如何推行危机善后工作等具有极为深刻的影响和重要的参考意义。

应用四：公共危机舆论监测

危机舆论监测对危机事件能否顺利解决起着极为关键的作用。成功的舆论监测应该帮助相关危机管理部门实现识别危机信息、控制危机信息、处理危机信息以及消解歪曲信息等。

过去十年，危机事件愈见频繁，而随着自媒体在社会公众中的进一步普及以及对用户生活影响的逐渐深入，网络舆情所能体现的社会态势程度也得以加大。网络舆论的草根化和多元化、多极化和匿名化的交织作用，使网络舆论更加具有不确定性、易爆发性和偏激性，网民道德自律、网络传播行业自律和管理有待加强，网络舆情环境越来越复杂，网络舆情危机频发。可以说，网络舆情在相当程度上对公共危机，尤其是社会危机具有预警的意义。正因如此，对网络舆情的监测，也逐渐成为政府及公共危机管理部门所重视的一个工作环节。

当前，我们可以看到林林总总的网络舆情监测工具及监测平台，典型的包括新浪微博舆情监测平台、百度舆情、人民网舆情频道以及包括 Rank 舆情监测、Goonie、鹰隼、军犬、麦知讯等在内的舆情监测软件系统，借助这些平台和工具，危机管理部门能够收集不同网络舆论声音，及时掌握互联网上反映出来的舆情环境和舆论动态，只要做好及时的分析和预警，相关管理部门就能够在遇到相关社会危机（尤其是舆情危机）时提高舆论引导的速度以及危机管理的效率。

新媒体传播之公共危机管理机遇

一、公开的信息发布有利于提升公众对政府的信任度和好感

在新媒体环境下,如何建立媒体与社会公众之间信息的有效沟通并且获得舆论的支持,成为政府决策者们亟待解决的难题,也成为学者研究讨论的课题[1]。

信任是人与人之间沟通的基础,也是政府与民众之间沟通和交流的基础。有了信任,才会有理解和支持。在公共危机发生的时候,民众更愿意看到的是一个诚信的政府,能够将掌握的灾情、应对措施和处理流程等信息第一时间公布给民众,做到信息公开、公平、公正。而信息的公开不仅可以提高民众对政府的信任,也可以获得民众的支持[2],并提高政府在民众心目中的威望。而新媒体在这一过程中的作用十分明显。

一直以来,中国政府及危机管理部门被诟病的问题之一就是面对公共议题,尤其是涉及危机事件的信息时,所采取的"维稳"、"不公开"、"不回应"的态度。显然,这样的做法在当前强大的互联网络技术面前是行不通的,长久以往,社会公众对政府的信任度和好感也将受到严重的侵害和影响。

而新媒体在公共危机管理中的应用显然改变了这种局面,也为公共危机管理工作带来了新的机会。通过新媒体信息发布、管理沟通、民意反馈等技术和手段,政府及公共危机管理部门在面对社会危机的时候能够更轻松地了解民意、体察民情、并接受来自社会公众和媒体组织的监督,这对于政府,尤其是中国政府来说具有极为深远的意义。

---

1 史安斌. 危机传播与新闻发布 [M].2004. 广州. 南方日报出版社:16-17.
2 刘红. 新媒体支撑我国政府诚信建设的有效路径研究 [D]. 郑州大学,2013 年.

通常情况下，公共危机的发生都具有突发性、危害较大等特点，并且在发生时，民众的无意识性和无能为力使得民众被迫处于弱势地位。而在这种时候，不管之前对政府的管理态度如何，民众都会为了生存而积极配合政府的安排。在这个时候，如政府能及时、有效地引导民族众走出危险，消除民众的恐慌，实施高效合理的处事行为，就会因此赢得民众的信赖，就可能提高政府在民众心目中的威望，为政府在公共危机中的形象建设提供契机。

钱晶晶、史安斌用"情境式危机传播理论"进行研究，发现政府根据危机的具体情境制定危机传播策略，获得媒体正面报道的概率较高，并结合中国的本土化特点，指出把握受众的文化心理，掌握传播的主动权，危机传播策略与危机管理的策略保持同步等是政府进行危机传播的有效策略[1]。

如前文所述，新媒体，尤其是依托于移动互联网技术的自媒体、社交媒体等正在广泛应用于公共危机事件中的信息公开中，通过这些实时通信技术，危机信息的发布速度得以大幅度提升，公开度和透明度也有了前所未有的改善，如果能把握新媒体的传播优势，充分借助新媒体在公共危机事件中的信息传播功能，对中国政府的公共危机管理工作将会是一个极大的机遇。

数字技术推动下出现的新媒体，能够为公共危机事件管理提供快捷的信息传播渠道、开放性的沟通平台以及超链接等服务，在很大程度上满足了公众的知情权，保障了公众作为公民社会一分子的信息和媒介接近权，同时还能作为政府与民众沟通的桥梁，为公众提供表达意见的"话语权"，拉近了政府与公众的距离。

二、提升突发事件报道的及时性和准确性

媒体是政府与民众之间交流的桥梁，公共危机以及发生后的一系列消息都是通过媒体传达给民众。而政府要保证报道信息的准确性，不得做任何隐

---

[1] 钱晶晶, 史安斌. 从乌坎事件看政府危机传播在中国的本土化尝试 [J]. 新闻大学，2012(4)：92–97.

瞒与夸大，才能维护政府的形象。例如，雅安地震发生后，在确保记者人身安全的情况下，政府允许新闻记者第一时间进入现场，对现场的情况进行及时准确的报道，并通过电视、网络等媒体进行24小时滚动式的新闻发布，让民众及时了解现场的情况，并伸出援助之手[1]。钟逸提出，在自媒体时代人人都是新闻的发布者，在危机传播中政府有效运用自媒体的议程设置就要选择在权威的媒体平台上发布信息，使公众议程和政府议程相互作用，充分利用自媒体的"传导"效用[2]。

从危机爆发期、危机蔓延期、危机恢复期这三个阶段来看，新媒体在提高危机事件的报道及时性和准确性方面都有着极佳的表现。

在危机爆发期，政府管理部门通过运用新媒体技术，可以建立起有效的信息沟通和多方协调机制，实现有效、快速、实时的多方沟通交流，与各个危机利益相关者形成紧密的联系合作链条，动员多元的社会力量参与到危机管理工作中；与此同时，政府掌握了信息发布的先机，确保在危机事件中第一时间发布出去的消息都是准确、官方、及时、权威的，最大限度地避免歪曲信息、谣言和流言的出现，减少民心动摇、社会不稳的情况。

在危机蔓延期，公众对危机事件容易产生恐慌、不安等心理，而受到危机直接影响的一部分公众的情绪更是处于极度不稳定的状态，即使是没有受到危机直接危害的公众也会对危机事件存在不确定性心理。在这一时间段，通过新媒体的实时信息发布技术，政府能够有效稳定社会公众情绪；此外，通过新媒体发布信息，政府还可以动员公众参与救援，聚集社会力量，促进危机事件的有效解决。

而在危机恢复期，政府通过新媒体可以与公众形成双向互动，收集来自公众的反馈意见，通过社会各界的共同协作和努力，听取来自不同立场、不

---

[1] 吕刚.公共危机管理视角下政府公信形象塑造探析：以雅安地震为例[J].湖北函授大学学报，2013(11)：59-60
[2] 钟逸.自媒体时代危机传播中的议程设置[J].新闻世界，2011(1)：70-71.

同领域、不同专业的人员的意见，为危机事件的后续解决工作提供有效的参考意见，积极改进危机管理工作。同时，政府部门也能在新媒体平台上公布危机后续的处理方案，向社会解释和说明危机事件的善后处置、事故现场清理状况、事故追责等问题，在公众追究和提出质疑之前主动减少公众疑虑，缓解社会的不满和消极情绪，尽快降低公共危机事件对社会造成的负面影响。

三、增强突发事件宣传的真实性

当公共危机发生后，必将引起互联网等网络媒体的关注，民众也能随时通过网络对事件进行了解并给予评论，有的还可以提供事件的发展状况。而民众的发言会由于个人感情因素的影响，带有主观性，在这种情况下，发布的信息就不是那么真实可靠，容易误导他人，产生负面社会舆论。并且还有一些人，利用公共事件，制造虚假信息，抹黑政府形象。毫无疑问，在公共危机面前，信息的真实性和科学性显得尤为重要。

全媒体时代，人人都是信息的发布者，信息传播速度快且传播面广。权威信息一旦不及时公布，谣言就会满天飞，这就需要政府正确运用危机处理5S原则，主动与新闻媒体沟通，在第一时间全面、真实、准确地发布信息，掌握舆论主导权，避免谣言发酵。此外，在事故发生后，当地传统媒体和新媒体都要快于其他媒体发声，要快速跟进播出、报道事故的相关情况，稳定公众的情绪。

而政府如能建立有效的互联网监督管理体系，对发布信息的真实性进行有效的监管，增强突发事件宣传的真实性，提高政府在公共危机中的良好形象。新媒体在这里提供了极佳的机会。例如，在天津爆炸事故发生后，政府部门通过网络新闻媒体等建立天津爆炸专栏，通过政府官方网站、新闻媒体微博、论坛等，将现场状况全景式地播报给民众，并对于新闻等信息的发布保持前后一致，避免信息失真和扭曲。

四、为公众提供参与公共危机管理的机会

方雪琴在《新媒体背景下政府危机传播的新策略》一文中提到,在新媒体环境下,公众成为危机传播的主体,政府要利用新媒体把握危机舆论,掌握话语权的"制高点",让公众主动参与到危机管理中,与公众沟通、协商制定危机决策[1]。

公众参与公共危机管理主要指的是社会组织、个人或单位作为主体,在其权利义务范围内有目的地参与公共危机管理[2]。公共参与不是一个单向的投入过程,而是一个双向的、连续的意见交换和互动的过程。重视公众参与,对公共危机管理来说具有重要的意义,这不仅可以保障了公众的公共事务参与权利,同时也能够调动公众的社会参与积极性,减少政府和公众在公共危机事件管理中的矛盾和冲突情绪。

公民意识的觉醒具有一定的社会背景和时代条件。随着我国社会改革力度的加强,以及进入高速发展和转型的阶段,各种矛盾激化的社会现象加剧,涉及公众利益的公共性事件和社会问题层出不穷,公民的利益在某种程度上受到了损害,这催化了公民参与意识的觉醒;另一方面,以互联网为代表的新兴媒介发展迅速,舆论监督功能愈见重要,公众自觉或不自觉地参与到公共事务的讨论和管理中,其中一部分掌握了新兴传媒技术和能力的知识分子扮演着核心的角色,由公众群体提出的意见和讨论结果,通过"螺旋式"的上升传播,在全社会形成了一股又一股的"舆论漩涡流",使得政府部门不得不加以重视和回应。

笔者在《微博使用与大学生网络参政关系探究——以广州大学城十所高校为例的实证研究》中曾提出:微博、微信等新媒体平台的出现,对促进参

---

[1] 方雪琴. 新媒体背景下政府危机传播的新策略 [J]. 中州学刊. 2009(5):254-258.
[2] 陆红,高晓春,贺彩英. 公共危机管理中的公众参与 [J]. 唐山学院学报. 2010(3):38-40

与意识的觉醒起到了很大的推力作用。

公民参与意识的重要体现是公众在公共事务的参与，而促进这种参与过程的情感驱动因素又被称为"集合情感"。媒介动员对于集合情感形成的四个阶段，经历了"共鸣"——"认同"——"制度化情感"——"冷静"的过程，在一个集体行动中，通过媒介的动员实现情感的演绎，形成相关群体的集合情感（如图4-2所示）：

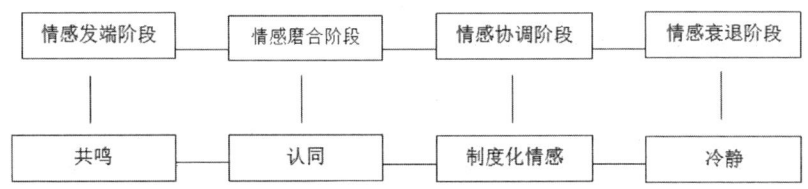

图4-2 公众在公共事务参与中的集合情感形成过程

公众在公共危机事件管理中的参与主要体现在公众通过新媒体来获知同公共危机事件相关的信息，包括危机事件处理的情况、危机对社会和公众的影响、危机善后措施等，同时能够对政府公共危机管理进行有效的民意监督，并通过留言、评论、讨论等方式将自己的诉求反馈给政府。

五、国际社会中地位的影响

国际传播是当前国际对外关系建设的重要议题之一，尤其是在"软实力"被重视的今天，国家形象作为"软实力"的核心组成元素之一，建设负责的、良好的、正面的、先进的国家形象是各国都在致力建设的新外交措施。在国际舞台上，中国的参与程度越来越深，中国政府要彰显我们的国际地位，塑造中国政府良好的国际形象，其中一个重要的宣传渠道和媒介就是各式各样的新媒体平台。

跨文化传播的一个重要难题体现在文化符号的编码和译码上，尤其是在当前以西方国家和西方文化话语体系为主导的国际舆论环境里，中国要进行有效的国家形象和国际文化传播，仍面临着各种各样的挑战和障碍。

当前，随着全球化趋势的不断发展，各国间的交流也在不断地深入，彼此之间的影响更加深远，而公共危机的爆发与蔓延也因此贴上了全球化的标签。公共危机的扩张性极强，一旦发生，并且处理得不得当，很有可能扩张到其他地区甚至全世界，严重地影响到经济、政治、社会生活等方面。一个国家内部发生公共危机，在一定时间内仅依靠内部的力量可能很难应对，这种情况下，国际社会的救助就会显得尤其重要。而良好的政府形象就能够提高在国际上的认可和影响，并在发生公共危机时获得国际社会的救助。

在处理重大公共危机时，通过新媒体，政府在向公民公布信息的同时，也能够及时地进行国际报道，加强国际信息交流，从而在国际范围内塑造良好的国家形象。另外，对中国政府而言，国际舆论常常抨击中国对部分社会问题的解决态度和方式方法，其中一部分更是公共危机事件，而公开的态度和开明的做法却能帮助中国在国际舆论上赢得好评。

新媒体传播之公共危机管理挑战

近年来，无论是人为因素造成的公共交通安全事故、食品安全事故、恐怖主义事件，或是自然灾害引起的地震、泥石流、洪涝灾害等都给政府的形象造成了一定的公共危机，对政府形象塑造构成了严峻的环境。此外，从国际社会的发展和中国目前的社会局势来看，中国正处在快速转型期，通过发达国家的发展经验可以剖析出，中国既处于发展的机遇期，同时也处在社会矛盾凸显期。政府在应对公共危机挑战的应变能力直接关系到政府形象建设的好坏。政府需高度重视，并且加强管理，在信息公开、服务意识、权责统一、应急效率以及诚信度方面努力公关，在中国改革的关键时期，提升政府在人民群众间的公信度,树立良好的政府服务形象,推进中国改革大计的发展[1]。

一、新媒体传播要求政府具有极强的信息处理和危机应对能力

在管理政府公共危机的过程中,完善政府信息公开机制,提升政府诚信度,塑造透明政府是应对公共危机挑战的首要条件。从发达国家应对公共危机挑战的经验可以总结出,一个在人民心目中或者在国际社会上有公信力的政府必须有着良好的政府形象,而且一定是一个信息透明的政府,因此我们在应对公共危机挑战时,必须完善我们政府的信息公开体制。

我们应强化政府公共危机管理者在应对公共危机挑战时的信息公开意识,政府公共危机管理者是解决政府公共危机的承载体。但是当前大多数管理者都有一定的官僚气息,有居高临下的心理特征,他们很自信地认为自己更能够深入认识危机的实质,并且认为自己具备完全独立处理政府公共危机的能力,而认为公众理解不了政府公共危机的本质,加之公知于众容易造成恐慌,妨碍政府公共危机的处理处置,所以在应对公共危机时经常以先入为主的解决模式,在危机管理中过高估计自身能力,不愿对外公布公开信息,因此往往给解决政府公共危机雪上加霜,造成更严重的公共危机。

例如,温州动车事故发生后,铁道部主要利用主流新闻媒体进行宣传,而对于其他的大众媒体在信息交流和新闻透露方面的态度不是很主动[2]。这实际上是政府危机管理者对公共危机的认识不够深入,若想真正地解决政府公共危机,必须依赖政府和公众的共同力量。在解决公共危机过程中必须信息透明化、公开化,及时、有效地对外公布政府公共危机相关信息,塑造透明政府形象,取信于民,依赖群众和管理者的共同力量解决政府公共危机。同时必须建立健全有关政府公共危机管理过程中的法律体系,完善信息公开与

---

1 缪飞. 我国政府公共危机管理能力提升研究 [D]. 新疆大学. 2011 年.
2 周丹. 危机传播过程中政府信息管理:以 7·23 动车事故为例 [D]. 西南交通大学. 2009 年.

传播的有关法律条文，使解决政府公共危机的过程有法可依，有据可查，实现信息及时、公开、快速、准确地传播。

一般来说，在危机发生时，政府的公信力强弱主要与政府的应急反应能力和处理能力息息相关。如何提升政府在公共危机处理时的应急反应能力也是解决政府公共危机过程中的一个挑战。

在处理突发性公共危机事件时，政府必须在第一时间应急部署，统一指挥，快速处置，以使事件的损害程度降到最低，提升政府的公信力。建立完善的危机处理处置系统，保证在危机发生的时候，各部门及各位管理者能够在第一时间拿出对策，迅速实施，协调配合，集所有力量确保在各类危机事件面前转危为安，尽最大可能地确保人民财产安全，树立高效的政府形象，通过行动上和政策上的无缝衔接，有效地解决政府公共危机。

而显然，如果政府及相关管理部门在面对公共危机事件时无法达到这种对信息发布"速度"的基本要求，就有可能衍生出"二次危机"——公众对政府的怀疑和不满。

前文提到过，危机公关传统的"黄金 24 小时"法则（即在危机出现的 12—24 个小时内，政府能第一时间向公众公开信息，并及时回应公众的质疑，控制事态的发展，危机会得到有效解决）已经不适应新媒体的传播环境，当前的危机回应速度应该控制在 4 小时内。

二、新时代的公共危机要求政府提升服务意识

政府在处理公共危机过程中服务意识的强弱直接影响到政府处理公共危机的效果。当下，在一些公共危机事件中，政府管理者的服务意识不足，在危机发生前缺少必要的预警机制，在危机发生后未能及时上报或者隐瞒上报，解决危机过程中未能将人民群众财产和生命安全放在首要位置，危机解决后未进行深入总结反省，严重影响了政府在解决危机时的准确性与即时性，降

低了危机解决效率及效果，同时有损政府形象，对公共危机的解决造成严重负面影响，形成二次公共危机。但如何有效提升政府在公共危机处理过程中的服务意识将是危机管理者在今后工作中所面临的主要挑战。

因此，必须提升政府在处理公共危机过程中的服务意识，将解决公共危机相关的服务意识进行自上而下的宣传学习，提高各级政府对待公共危机的服务意识。与此同时，对在公共危机解决过程中因服务意识不足而耽误公共危机的处理时机和处理效果的管理者进行严格的问责。在此基础上，还需定期对公共危机管理者进行思想教育，改变某些管理者的高傲态度，将服务于民的思想贯彻到每一位管理人员的身上，让每一位政府公共危机的管理人员做到以人为本，服务于民，最高效最快速地解决公共危机，塑造良好的政府形象。

在新媒体传播环境里，公众自身的信息挖掘能力得到增强，所依赖的信息源也大大扩展，政府所发布的信息有时候已经不能满足公众对公共危机事件的求知需求。在危机事件来临时，公众可以通过互联网络平台挖掘和搜索信息，而此时公众对政府的期望自然也会更高。

因此，如果政府不能充分利用新媒体平台的传播优势，尤其是移动互联网技术的移动性、开放性、共享性特点，不能在公共危机管理过程里提供信息发布以外的服务，如危机预警服务、灾害后创伤治疗（生理、心理）、问题解答等，很容易失去政府作为危机管理主导部门的权威性，使得公众转而寻求类似新媒体组织、NGOs、社交媒体平台等其他机构的帮助。

三、新传播时代的危机管理工作要求政府做到"权责统一"

政府机构在行使权利的同时要义不容辞地承担权利赋予的责任，权利与职责相统一，有权利的同时必定要有责任。在解决政府危机过程中实现管理者的权责统一是解决政府公共危机的重要挑战。而权责统一的重要性在新媒体传播时代更是被突显出来。

目前，我们国家尚未建立一套完善的、科学的、准确的官员"权责统一"条例制度，导致政府公共危机加重。一方面，某些政府官员在行使权利过程中出现滥用职权的行为，利用权力满足私欲，损害了公共利益，使得政府形象受损，造成政府公共危机；另一方面，在某些突发公共事件中，某些官员为逃避责任，谎报、瞒报事件的有关情况，造成公共事件处理不及时，大大损害了政府的公共形象，造成公共危机。例如，2012年8月24日哈尔滨阳明滩大桥发生坍塌事故，在事发后，市建委曾发布消息说，该桥的建设指挥部早已经解散，并且该桥的施工单位无影无踪，尽管政府对建委的回应进行了否定，但也没有采取相应的究责措施来服众，这种一味地包庇相关负责人，欺骗蒙蔽公众的做法，只会引起群众的不满，从而损害政府的形象[1]。在旧的传播时代，这种做法或许还能有机会"蒙混过关"，但是在新媒体的传播时代，政府及相关管理部门的一举一动都很容易被媒体甚至是普通的公众所曝光。一旦在社交媒体上形成关注性的话题，很可能造成与政府管理部门相关的舆论危机。

推卸责任、"掩、捂、盖、遮"的做法在现代的公共危机管理工作中绝不适用。只有建立完善的官员"权责统一"的制度，将政府管理者的权利与责任以明确的法律条文规定下来，对政府管理者的行为进行有效的约束、监督和奖惩，通过对政府权力与责任的承担来形成有效的激励约束机制。这样，政府才能有序地、有法可依地进行管理，才能提升政府在人民群众心目中的形象地位，塑造良好的政府形象，有利于高效快速地解决政府公共危机。

但纵观当前中国的公共危机管理现状，尤其是一些地方政府面对公共危机事件时的做法，仍然存在陈旧的观念——妄图通过遮盖事实来维护危机责任方或相关利益团体的不法利益，引起公众的不满和负面情绪，如果未来的

---

[1] 李丽慧：基于公共危机管理的政府形象提升研究[D]. 天津商业大学. 2014年.

中国政府，尤其是地方的危机管理部门不能对这一问题形成足够的重视，则会在公共危机事件面前失去公众的信任和好感。

四、移动开放的传播平台为谣言和流言提供了温床

现代化的传播媒体技术为人们带来了更为便捷、迅速的信息交流和沟通互动，但与此同时，这种开放的传播模式也为现代的公共危机管理带来困扰和问题。以过去五年发展迅速的移动互联网技术、手机通信传播和智能手机 App 应用技术为例，人们通过越来越方便和快捷的方式接入互联网，可以随时随地接收信息，并把这些信息通过社交媒体平台传播出去，形成"圈层式"的传播效应，造成极大的影响。

过去几年来包括"西瓜注射红色素"、"香蕉乙烯催熟有毒"、"海南香蕉中发现类似于人类 SARS 的病毒"和"太湖水致癌物超标 200 倍"等，都是衍生自手机的社会谣言，而且这些谣言的出现更是呈现出日渐频繁的趋势。这些谣言不仅会对人们的正常工作和生活带来影响，有时候还可能严重扰乱正常的社会秩序，形成社会恐慌，造成二次危机。

而更为严重的是，过去几年几乎所有国内外重大新闻事件，尤其是公共危机事件，都会在网络平台，特别是社交媒体平台上引起强烈的议论和关注。特别是针对一些反映社会热点、重点、阴暗问题的事件，更是常常会形成强烈的舆论效应。互联网，尤其是社交网络，成为意识形态的重要战场。在发生公共危机事件的时候，一旦不能做到及时澄清、快速回应，就很容易出现谣言和流言，并极有可能迅速地成为"舆论影响波"，这都将在一定程度上增加了危机信息传播管理的难度，扩大了公共危机事件的影响范围。

毫无疑问的是，公共危机管理中的舆论引导工作难度在新媒体传播环境下相对提升。网络舆情具有形成速度快、影响性大、虚拟性、匿名性、及时

交互性、隐蔽性、偏差性等特性[1]。这些特性都激发了公众在信息发布、信息传播、评论观点等问题时候的随意性和片面性，而这种随意性和片面性的后果就是危机信息传播失真和公众舆论偏激，最终指向的结果就是政府的公信力在公共危机和网络舆情的双重冲击下受到影响。不难看到，这种情况在近年来已经屡见不鲜，且有愈演愈烈之势。

而更为重要的是，当前中国关于新媒体传播管理的法制法规建设相对还比较欠缺，相关法律法规缺乏对新媒体的针对性和适用性，造成了政府在对新媒体进行管理和指导的时候缺乏有效的法律依据，造成很多传播法制管理困境。而缺乏法律法规的限制又反过来诱发了一些网络谣言、偏激性言论等问题的出现。

五、公共危机要求政府提升诚信度

政府解决公共危机的效力与政府的诚信度密切相关，如何提升政府在民众间的诚信度同样是解决政府危机的挑战。

在这个信息传播如此之快的年代，突发事件发生时，群众会通过各种途径了解到不同的信息，因此会直接或者间接地感受到某些威胁，产生认知性的生存安全问题，在心理上受到刺激或者创伤，进而对政府产生不信任和怀疑。如果处置不当，便会严重影响政府形象，使得政府公信力下降，产生公共危机。

在新媒体面前，这样的做法显得幼稚和不合理。因此，越是这种关键时刻，政府越应该树立良好的形象，尽一切努力取得民众的信任和支持。实现政府和群众团结一致共同解决公共危机事件，提升公共危机事件的解决效果和效率。如果不能做到"诚信"这点要求，政府在面对公共危机的时候就很容易受到公众的抨击，这也是新媒体传播时代对公共危机管理带来的另一个冲击和挑战。

---

1 乔晚馨. 新媒体环境下的公共危机管理 [J]. 管理观察. 2016(8):17-23

本章思考

1. 对比国外的实践情况和管理经验来看，你认为在突发性公共危机发生时，传统媒体和新媒体，哪种媒体的作用更显著？哪种媒体更容易为危机管理带来新的问题和挑战？在突发性公共危机事件面前，政府应该有何种应对策略？

2. 你认为，当前新媒体在公共危机管理工作中的应用程度够高吗？随着大数据技术的发展和完善，政府可以通过哪些数据挖掘和应用技术来提升自身对公共危机管理的能力？如何能够最大限度地提高新媒体对公共危机管理的机会，与此同时减少新媒体可能带来的障碍和挑战？

3. 在本章，我们讨论了新媒体环境下公共危机管理工作所面临的机遇和挑战，那么对于企业而言，这种机会和障碍又有着何种体现呢？

第五章 网络舆情：更方便引导还是更难以管理？

关于"舆情"，该词最早出现于《全唐诗》，有民心、民意、民欲等内涵，体现了公众参与社会公众事务及表达利益诉求的意愿和态度。卢梭于 18 世纪就提出了"Public Opinion"一词，并被引入公共管理领域用来表达公众意见这一概念；而学者李普曼则认为"舆情基本上就是对一些事实从道义上加以解释和经过整理的一种看法"[1]。

作为一种社会意识和民意态度的表达，自古以来舆论就是公民生活和国家政治与治理中不可或缺的重要组成部分。诚如梁启超先生在《舆论之母与舆论之仆》中所言："凡欲为国民有所尽力者，苟反抗于舆论，必不足以成事。"社会舆论一旦受到非法干扰或与政府管理等发生冲突时，很容易产生舆论安全问题，并影响到社会乃至国家的稳定与安危。舆论安全和舆情管理问题，已经成为国内外公共传播领域中公认的重要新议题之一。

舆论安全问题是以舆论的形成、传播及对社会人群的影响机制为基础的，而维系这一基础的载体便是媒介。纵观过去十年中国的舆情管理问题，我们不难发现社会舆情逐渐成为学界、业界和政府都高度重视的议题。而这一议题之所以成为社会热议的焦点，很大程度上来源于网络舆情的发展及在网络和社会民主共同发展的过程中所衍生出来的传播和管理问题。

随着网络的发展，网络已经成为继报刊、广播、电视之后承载和反映社会舆情的"第四载体"，网络舆情问题是过去十年中国社会面对的最重要的

---

[1] 董志峰. 面向公共危机预警的网络舆情分析研究 [D]. 武汉大学博士论文，2003 年

公共管理问题之一。网络舆情是一种特殊的社会舆论形态，是以网络为载体的、围绕社会公共事件和热点议题的网络舆论，是网民的表达的对社会问题的情感、态度、看法、观点的汇聚。这里的"公共事件"涵盖了多种类型的社会事件，包括社会冲突、社会活动、新闻事件等。近年来，网络舆情成为公共管理部门及网络传播研究人员高度关注的议题，由网络舆情衍生出来的公共管理问题不容忽视。

目前有关自媒体视域下网络舆情研究的议题主要集中在以下几个方面：自媒体舆论形成的机制和特点；自媒体背景下的新传播现象；网络舆情的引导路径等。当前自媒体语境下研究议题较为丰富，但仍然少有人从舆论安全和舆情管理方面来探讨自媒体对其的影响及如何应对的问题。

网络舆情的表现方式非常丰富，尤其是在互联网形态呈现多种类、多形态发展的今天，包括新闻评论、BBS论坛、博客、播客、微博、微信公众号、聚合新闻（RSS）、新闻跟帖及转帖等都属于网络舆情的表现方式。

近年来，以微博、微信等为代表的自媒体掀起了一阵又一阵的传播热潮，不但从技术层面发挥着新媒体在信息传播方面的积极作用，也从观点表达、舆论形成、民意反馈等各个层面渗透到政府管理和国家治理的方方面面。毫无例外，这一新的传播介质，也将政府推向了民意的风口浪尖，在舆论安全和舆情监测和管理方面不得不采取新的应对方式和管理机制。

美国新闻学会媒体中心的克里斯·威理斯在2003年首次提出了"自媒体"的概念。与传统媒体不同，自媒体依托于以网络为载体的电子媒介，延伸至手机等无线终端，通过文字、图片、音频、视频等多媒体形式在不同时间和空间的不确定人群之间进行观点的交流表达和信息的互动传播。丁柏铨和夏雨禾认为，"自媒体是信息传播技术发展到较高阶段的产物"，其主要特征是"凭借传播高科技，具备一定条件的任何个体，相对自由地披露信息和发表意见"[1],而"一定的条件"具体指"电脑或手机,能上网,会操作"。由此可见,相对于传统媒体,自媒体的准入门槛和对使用者的要求都较低。有关自媒体语境下的舆论研究,近两年来已经成为学界及业界关注的热点。笔者以"自媒体+舆论"为关键词在知网上搜索,已有26,497条研究结果,且主要集中在2013年以后,这与近两年来微信的"爆发式"增长密切相关。

承载着大多数社会公众对共同关心的社会事务看法和认知的舆论,它"既综合了其他社会意识形式的内容,又具有迅速、直接反映和作用于社会的特点,是一种强有力的社会精神动力"[2]。舆论安全问题是以舆论的形成、传播及对社会人群的影响机制为基础的,而维系这一基础的载体便是媒介。当媒介的技术特性、传播模式等发生变化时,舆论安全的形式或特性也相应地发生变化。对过去十年中国乃至全球的舆论发展脉络进行梳理,我们可以看到舆论媒体的传播变迁呈现"旧媒体—新媒体—自媒体"的发展路径。在自媒体语境下,舆论安全的场域从传统媒体向互联网信息安全的方向拓展,而传统的单向式舆论传播模式也被打破。

每一次技术的变革都会带来传播形态和舆论环境的新变化,并且给政府管理和社会治理带来一系列不容忽视的冲击和影响。从传播视角出发,对自媒体语境下的舆论安全和舆情管理进行研究,可在理论层面丰富新闻学、传播学以及舆论学等方面的成果。

随着我国民主化进程的不断推进以及网络新媒体传播技术在社会中的普及和推广,信息流通与发达程度越来越自由,公众对新技术的接纳程度和使用频率也逐渐提高。庞大的自媒体使用群体为民众参与舆论、表达意见提供了极为便利的硬件条件,加之在全球化背景下,公众接触到的西方文化信息更多,而网络更是公众,尤其是年轻人获取这些信息的主要来源,这使得网

---

[1] 丁柏铨,夏雨荷.新媒体与舆情研究.新媒体语境中重大公共危机事件与舆论关系研究[J].当代传播,2012(2):10-14
[2] 赵强.中国国家舆论安全研究[J].政治学研究,2009(2):42-53

络在一定程度上为丰富而复杂的舆论生态提供了丰润的土壤，容易衍生潜在的舆情管理风险。

随着手机使用率的普及，作为网络空间的重要组成部分的自媒体更是占据着民众获取信息和意见表达的主要平台。一方面，加强自媒体平台舆论安全和舆情管理的研究，可以了解和认知自媒体平台的使用和传播规律，从多方面、多角度全面、辩证地看待网络舆情，把握舆论导向，并根据情况积极有效地建立适当的舆论引导机制，为政府公共管理部门及决策者了解民意、进行舆情监控提供借鉴，最大限度地降低因舆论安全而带来的社会风险和不必要的矛盾与冲突；另一方面，由于一些自媒体使用者尚不成熟，对某些言论缺乏理性的认知，加之网络言论本来就泥沙俱下鱼龙混杂，冲动的使用者容易受到一些失实、虚假、片面言论的左右，严重时甚至干预到司法公正。因此，加强对舆论安全和舆情管理的深化研究，即可以及时了解民众的言论风向和思想动态，也能为科学决策提供参考，从而更好地化解社会冲突，减小社会矛盾，维护社会稳定。

网络舆情不仅是传播学、管理学学者不断关注的问题，也是不少媒体的研究重点，尤其是以《人民日报》为代表的官方媒体，在过去十年不断探索和加强对网络舆情的研究。《人民日报》于2008年建立"人民日报社网络中心舆情监测室"，并于2010年更名为"人民网舆情监测室"，这是我国国内最早从事互联网舆情监测、研究的专业机构之一，为我国的网络舆情研究提供了极佳的示范作用。此后全国各地出现了多个网络舆情研究中心，如胶东在线舆情研究室与中科院计算机研究所烟台分所联合组建了"胶东网络舆情研究中心"[1]；不少国内一流的高校也对网络舆情研究给予了非常高度的重视，如上海交通大学建立了"舆情实验室"和"舆情网"[2]、北京大学互联网与社会研究中心参与构建了"中正舆情"（包括"中国舆情在线网"和《舆情决

---

[1] 胶东在线—舆情频道. http://www.jiaodong.net/yuqing/
[2] 舆情网. http://yuqing.sjtu.edu.cn/

策参考》两大平台）[1]等。

由中国人民大学舆情研究所和喻国明教授主编的《中国社会舆情年度报告》自2010年开始对中国社会范围内具有较大影响力的重大舆情事件进行研究和分析，研究发现社交媒体的流行使得中国当前社会舆情的管理重点在于对网络舆情进行更深入的理解和更有效的应对，移动互联舆论场的作用愈见明显。

更为重要的是，近一两年，党和国家高度重视舆情工作，不少地方政府及公共管理部门明确把"舆情管理"列入政府工作重点。例如2015年12月，广州公布"十三五"发展规划，重点强调要"加强信息安全保障，健全网络与信息安全监测评估、联合监管和协调机制"；2016年3月，"两会"议题中，国家领导也密切关注网络舆情，习近平总书记指出，网络空间不是"法外之地"要让互联网在法治轨道上健康运行[2]。可见，政府和管理部门对网络舆论的重视程度，网络舆情的研究意义不言而喻。

尽管我们看到不少由于网络传播的特点所带来的网络舆情在管理方面的难度，网络舆情监测技术也在不断发展和提升。借助信息挖掘技术，在"大数据"和"互联网+"时代，对舆情进行有效的引导和管理也成为可能。

因此在本章，在分析了网络舆情的特点和常用的管理策略之后，笔者将和大家一起探讨一个问题——随着网络的发展和普及，对公共管理部门来说，网络舆情的监测和引导是更容易还是更困难了？

网络舆情的特点

我们已经知道，网络舆情相较于传统社会舆情而言，最主要的特征是网

---

[1] 中正舆情. http://www.zzyuqing.com/
[2] 新华网. 两会关注互联网未来发展业界大佬透视行业趋势[EB/OL]. 2016-3-11, 链接为 http://news.xinhuanet.com/newmedia/2016-03/11/c_135178672.htm

络舆情是一种依托于"网络"传播空间存在的舆论汇聚。因此我们在讨论网络舆情的特点时，不得不联系到网络及网络传播所具有的特殊性。在这里，笔者认为网络的开放性、便捷性和虚拟性决定了网络舆情也具有一些显著的特点。

虚拟性和隐蔽性

网络的普遍匿名性使得网民在网络空间里的身份相对难以辨认，网民以一种"假面"的状态参与网络空间里的公共事务讨论，这在很大程度上决定了网络舆情具有一定的隐匿性和虚拟性。具体来说，通常情况下网络舆情的信息发布主体——网民的真实身份是不可知的。也就是说，网民的社会属性（如姓名、性别、年龄、职业等）并不会直接暴露在网络舆论空间。网民可以选择一个身份"马甲"与其他人共同探讨社会公共事务议题，在整个网络舆情传播过程中，网民处于一个隐蔽的位置。相比起现实生活中的社会讨论，人们无需顾及由于发表某种言论，尤其是批判性、否定性、质疑性的声音而对个人真实生活带来的影响。虚拟的网络舆论空间缺乏强有力的管理规则和限制，网民内心真实的想法有可能无拘无束地在网络上进行发布和分享，使得网络舆情的把握难度也相对较大。当然，这种隐匿性和匿名性并不是绝对的，当前大部分网络平台，包括微博、博客、BBS等都采用了"后台实名、前台匿名"的注册方式，一旦网民的言论存在恶意煽动、制造虚假信息等内容，网络管理部门仍然能够追踪到信息发布者的真实身份。

随意性和丰富性

得益于自媒体的发展和普及，网民接入网络的方式越来越丰富，便捷性也不断提升，通过手机、个人电脑（PC）、平板电脑等客户端，网民可以随时随地地连接到互联网平台，参与网络讨论，成为网络舆情信息发布源的一部分，这使得网络舆情具有明显的随意性——这种随意不仅体现在参与网络讨论的时空相对不受限制，还体现在网民对任何一项感兴趣的公共事务和社会热点问题都可以抒发自己的意见和想法，言论空间更自由、更广阔。不难发现，网络舆情在价值传递和利益诉求等多方面都呈现出显著的多元性和丰富性，代表不同声音的网民都会在网络上进行表达。加之"把关人"的角色和作用在网络空间上被弱化，一些现实社会不能大范围接纳的声音和民意都可能在网络上得到大量网民的支持。五花八门的网络声音使得网络舆情具有强烈的意识形态多元主义特点，几乎任何一种对社会事务的观点都能在网络上找到自己的立足之地，也使得网络舆情会出现个人主义和非理性的倾向——网民在不受舆论束缚的环境里会不加限制地发表意见，不负责任的言论在网络上并不罕见。我们必须明白的是，网络舆情所代表的只是一部分公众，甚至是一部分网民的声音。网络舆情并不意味着必然的真实、客观和理性，情绪化的表达是网络舆情的一个不可忽视的特点。互联网打破了文化传播的地域隔阂，使得一些与传统意识形态相悖的声音在网络平台也极受欢迎，尤其是一些饱含浓烈西方文化和思想主义的内容在网络上相对更容易被接纳，这种表现在社交媒体空间里尤为明显。网络舆情的随意性和丰富性既使得舆情管理的难度加大，也为公共管理部门收集真实的社会舆情提供了更大的可能性，提供了丰富的舆情管理素材。

突发性和即时性

一方面，网络舆论的爆发常常伴随着突发性的公共事件，酝酿时间短，也难以进行准确的预测和有力的把控。公众情绪在网络舆论空间容易突然爆发，只需要极短的时间就有可能形成大规模的网络讨论，形成强大的舆论力量，产生巨大的传播影响。另一方面，互联网即时交互的特点使得网络舆情也具有即时性的特点，在网络平台上，网民只需要短短的几分钟甚至是几秒钟即可完成一次观点的发布和信息的传递。而且这些信息并不一定需要是原创的，通过简单的复制粘贴，每一个网民都能在网络上对公共事务发表自己的意见，传递相关的信息。更为重要的是，网络舆情的传播并不是通过"直线式"的传播路径，而是一种"核裂式"的立体传播结构，任何一个网民个体都可以在网络空间里与其他人形成信息传递关系，网络舆情具有无限传播的可能性，这使得网络管理部门的舆情管理难度大大增加。

互动性和发展性

前面我们已经提到，网络新媒体尤其是近几年发展蓬勃的自媒体具有高度互动的特性。网民可以在网络上和不认识的陌生人进行意见讨论和观点交换，并且在这种"观点交换"的过程中不断改变自己对某个社会问题和新闻事件的看法。网络舆情具有鲜明的交互特征。而交互带来的结果可能是多面的——可能是"非理性—理性"、"理性——理性"、"理性——非理性"、"非理性——非理性"等不同的发展方向。加之在庞大的网民群体内，并不是所有人都具备独立的思考能力和理性的判断能力，网民极容易因他人的观点和意见而改变自己对某一事件的看法和态度。这也印证了网络舆情并非一成不变的，而是处于不断的变化发展状态中的。这里的"发展性"体现在一定时期内，网民对同一个公共事件的看法会随着时间的推移不断变化。这种变化可能由于网民对这个新闻事件和社会热点的认识在不断的观点交流和碰撞中发生改变，也有可能是因为事件本身发生了不同态势、不同方向和不同路径的转变。

网络舆情的管理策略

尽管我们说网络舆情与社会舆情是有区别的，但由于庞大的网民数量和无处不在的网络传播，可以毫不夸张地说，网络舆情在相当大的程度上也反映了社会舆情的概况，而更为重要的是网络舆情在一定程度上也会对社会舆情的发展趋势产生影响。

需要提出的是，"网络舆情"并不简单等同于"网络舆论"，网络舆情并不是无病呻吟式的网络讨论。网络舆情之所以值得关注是因为其往往与社会热点事件和公共事务所联系在一起，通常情况下，在遇到突发性的公共事件时，网络舆论有可能呈现"集中爆发式"的发展态势，成为需要关注的网络舆情。当前中国处于社会转型的发展时期，转型中的社会结构更加多元化，也将带来社会利益结构的多样化的结果。在这一过程中，一些潜藏的社会矛盾，如贫富悬殊、"三农"建设、医患关系、网络管理、公共卫生、食品安全监管等都是广大社会公众高度关注的社会议题。一旦这些矛盾得不到合理的解决，甚至被激化，成为突发性的公共议题和新闻事件，网络舆情也有可能随之迅速出现并爆发，对整个社会产生显著的舆论影响。

除了突发性的公共事件有可能诱发大规模、大范围的网络舆情问题，一些恶意的、虚假的、煽动性的信息也有可能在网络虚拟空间里引起网民的关注和讨论，这些讨论发展到一定规模后，网络舆情同样会对公共管理部门带来工作挑战。前文已经提到，网络匿名性特征使得网络舆情也具有相对的隐匿性，这种特点减少了网民对自身在发表舆论时的道德约束和束缚。有时候只是为了表达个人对生活和社会的不满情绪，有的网民可能在网络上发布和传播一些虚构的、具有恶意煽动目的的信息。对其他普通网民而言，由于网络信息在一般情况下难以对其信息源进行追踪，一旦网民相信了这些虚假和失实的信息，针对这些信息而产生的网络舆情很快就会汇聚一定的力量，成为当前一种独特的网络舆情。这种基于虚假事件而不是真实的社会问题和矛盾形成的网络舆情也被称为"网络伪舆情"[1]。

基于网络舆情的特点和由网络舆情所带来的问题，不少网络舆论研究学

---

[1] 李兰玉. 网络伪舆情的成因及对策分析 [J]. 人民论坛，2013（17）：42-43

者以及舆情管理人员提出了在当前我国传播环境下对网络舆情进行有效管理的对策。总的来说，网络舆情监测和网络舆情引导是网络管理工作的两大重点。结合已有的研究成果，笔者归纳了网络舆情管理的三点工作和应对策略。

完善网络舆情危机预警管理机制，提高反应能力

危机管理早已成为包括我国在内的全球各国政府公共关系和管理的重要工作环节。网络舆情之所以值得被重视，很重要的原因是网络舆情可能引发的舆情危机、政府信誉危机和形象危机等。从这个层面上看，网络舆情管理事实上也是对舆情危机的管理。在危机管理法则中，危机预警是对整个危机事态发展和危机管理工作的实施具有重要影响力的先决因素之一，如果能在危机酝酿期就对有可能出现的危机进行预警和监测，并提前做好应对方案和措施，将使后续的危机管理工作效率大大提高。而在网络的环境里，我们知道信息的传播是以分钟计的，每一分每一秒对网络舆情管理人员来说都具有重要意义。因此，当前不少地方政府以及其他公共管理部门都对舆情危机预警工作给予高度的重视，针对在一定时期内有可能发生的各类型舆情危机，制定相对应的处理和应急预案，并对舆情管理人员进行培训，将网络舆情危机预警纳入常规工作体系中，提高舆情管理部门的整体应对能力，使他们能在面对网络舆情，尤其是负面舆情时能及时做出回应并妥善控制舆情。

充分利用舆情监测技术，及时把握舆情发展走向

得益于互联网应用技术的不断开发和完善，舆情监测成为可能，这也成为当前普遍被接纳和认可的网络舆情应对方法和策略之一。显然，网络世界海量的信息决定了网络舆情的监测不可能单纯依靠人工方法。利用互联网本身的特点和技术，对其传播空间里的信息和舆论进行监测，是各国应对网络

舆情的普遍选择。目前主要采用的网络舆情监控和分析技术主要依赖内容分析法和 Web 数据挖掘，依托于这些技术建立起舆情分析引擎，通过对网络舆情信息进行文本分类、文本聚类、文本总结、关联分析、倾向性分析、主题跟踪、趋势预测、报警提示、生成报告等，形成自动化的舆情监测管理系统。通过这些信息挖掘技术，管理部门能够在监测的基础上实现舆情分析，从而帮助他们更容易搜集到网络舆情，并对这些舆情内容进行内容分析和意义挖掘，并随着公共事态和新闻事件的不断发展对网络舆情进行动态的追踪，确保网络舆情发展走向在公共管理部门的监测范围内。但是我们同样需要注意，尽管当前这种舆情分析工具具备了技术上的可能性，但互联网的发展速度远比技术的发展速度快，尤其是微信、微博等自媒体成为网民发表言论的重要网络平台后，信息的传播呈现更复杂的路径和模式，舆情监测技术和工具仍然处于不断地研究和修正过程中。

深度开放"政民"沟通平台，缓解社会矛盾，从根本上控制负面舆情

笔者在前文提到，网络舆情的生成和爆发主要来源于两方面——突发性公共事件和虚构性网络谣言。针对网络舆情的来源，进一步建设和完善公共信息公开机制和"政民"互动的电子平台，对网络舆情管理具有双重意义。首先，社会矛盾的缓解和社会问题的解决不能完全依赖于政府和公共管理部门的工作。随着民主观念在公众中的进一步推广和普及，不少公众希望能够切身参与公共事务讨论和管理的工作环节中，而显然，网络参政是实现这种公共参与的最直接、最方面途径之一。过去几年，从"PM2.5"事件、网络举报贪污腐败到"二胎"生育政策的讨论，无处不是网络舆情的影子，公众借助网络平台实现政治民主，既体现了广大公众的"民智"、"民慧"，又赋予了网民监督公权力实施的可能性。在这种开放的讨论环境下，社会矛盾得以协调，这也是从根本上对网络舆情，尤其是负面舆情进行管理的路径。其次，

网络传播的"准入门槛"非常低，几乎任何人、任何机构、任何组织都可以在网络上发布信息，而其中不少信息并没经过证实和验证，或是别有用心地为挑起公众对政府及其他管理部门的不满和负面情绪而发布的虚构信息。针对这种情况，除了要对网络舆情进行全方位的监测和分析外，更应建立更全面、更完善的官方信息发布和沟通平台，在遇到这些虚假信息或是突发性公共危机中的谣言问题时，能够直接和公众进行沟通和互动，树立官方信息源的威信和形象，在更大程度上实现政务公开，推动政府工作向透明化方向发展。这对网络舆情实现更有效的管理具有重要意义。

然而，值得注意的是，在新闻和传播学界，网络舆情是否能被"控制"、应否被"控制"的问题本来就存在一定的争议性。有学者认为，从本质上看网络不应该被"管理"，而只能对其监测和引导，因为公众，包括网民的意见和声音不应该被加之强制性的"管理"[1]。对于这种观点，笔者认为具有一定的合理性，然而随着互联网的不断开放，由网络舆情所带来的社会舆情压力势必加大，对网络舆情进行"管理"并不意味着扼杀网民的舆论空间，而只是在增强管理部门应对能力的同时，适当引导公众以更客观、更理性的态度和做法参与公共事务的网上讨论。

而实际上，一个突出的问题是，尽管公共管理部门近年来不断致力于提升自己的网络舆情管理能力，现实却是机遇和挑战并存的——计算机应用技术和能力提升了公共部门对网络舆情的监测能力，自媒体时代"人人都是麦克风"的传播特点却给网络舆情管理工作带来了新的困难和障碍。

网络舆情管理之一：基于技术发展的监控能力得以提升

网络舆情监控的实现在很大程度上依赖于互联网数据挖掘和开发技术。

---

1 闵大洪. 网络舆论 民意表达的平台 [EB/OL].2004-10-22，链接为 http://www.people.com.cn/GB/14677/21966/36358/2937990.html

总的来说，网络舆情监测包括了人工监测和自动监测两种模式。人工监测主要是利用搜索引擎对网站进行人工监测[1]，这种传统的监测方式显然存在一定弊端，如面对信息量大的网络舆情时难以做到准确而深入地数据搜集和信息挖掘、工作效率低且不能进行实时舆情监测等。在当前网络舆情呈现越来越复杂、舆情变化发展速度越来越快的传播环境里，人工监测的方式已经不能满足公共管理部门和相关舆情管理机构的需求。在这种背景下，对自动监测技术进行完善和提升显得尤为重要。

当前，国内的网络舆情监测服务机构主要包括三类：（1）由主流媒体牵头建立的网络舆情监测机构和服务系统。包括人民网、新华网、检察日报社等在内的多家主流媒体已经开始为中国政府和公共管理部门提供舆情监测和分析服务，如新华网旗下的"舆情在线"、检察日报社下属的"正义网"舆情系统、中国警察网舆情监测平台等，都是典型的依托于主流媒体而建立的网络舆情监测机构，这一类型舆情监测平台主要服务于政府，权威性和专业性都相对较高；（2）高校、研究中心和学术机构监测中心。除了前文提到的上海交通大学建立的"舆情实验室"和"舆情网"，国内多家知名高校和研究机构包括南京大学、中国人民大学、中国传媒大学、复旦大学、中山大学、北京交通大学等都建立了各自的舆情研究中心，这些机构一般并不出于商业或赢利的目的，更多的是一种由学术发展需求所驱动的网络舆情研究。与主流媒体舆情监测机构不同，高校和学术机构的监测工作除了了解和研究社会舆情走向外，还会基于舆情分析和研究进行舆情管理方面的学术研究，对网络舆情所带来的社会影响进行深入的探讨和分析，并提出有效的网络舆情管理策略，以"理论"为社会组织进行舆情管理提供支持。（3）由软件公司或专业市场调查机构成立的舆情服务机构。这一类型的舆情研究机构除了服务于政府及公共管理部门，也为大中型企业提供强大的舆情监测支持。当前比

---

[1] 龚建疆，杨沙，张杰文．基于自主搜索引擎的质监局网络舆情监测系统的设计［J］．企业家天地，2011（8）：49-50．

较常用的网络舆情服务软件和机构包括军犬网络舆情监测系统、乐思网络舆情监测系统、谷尼微信舆情监测等。除了专业市场调查公司，当前一些市场化媒体也开始试水开发网络舆情监测软件和工具，百度舆情系统[1]就是一个典型的例子。依托强大的数据挖掘技术和大规模数据处理能力，国内最大的搜索引擎企业百度于2014年开发了包括"专业版"和"用户版"的网络舆情分析平台，除了传统的舆情危机信息监测和预警功能，百度舆情还为企业和品牌提供市场数据分析和行业趋势预测等商业应用性服务。

对网络舆情监测需求的扩大使得当前网络上出现了不少网络舆情监测和分析工具和专业机构，笔者在百度上搜索"网络舆情监测"能够搜索到超过170万条结果，其中排名前五的都是专业的网络舆情监测机构和软件的推广信息。

前文我们已经提到，内容分析和Web数据挖掘是支撑当前网络舆情自动化监测技术的重要原理和方法，也是当前应用最为广泛的网络舆情自动监测方法。事实上这种检测技术正在不断成熟，很多专业的舆情分析机构能够为企业和政府提供全天候、无间断的网络舆情预警和分析服务，包括：（1）有效信息提取和垃圾信息过滤：通过监测产品从相对杂乱的HTML网页中提取文章标题、内容、作者、信息源等信息，并自动过滤无关信息、广告信息、垃圾信息，大大提升网络舆情监测的效率，减少了由于网络信息量巨大而造成的人工监测难度大的问题；（2）借助数据挖掘技术和智能相似文章算法等，根据文章所包含的内容相似度分析同一主题的所有传播形式，包括网站、微博、论坛、搜索引擎等，描绘出网络舆情的传播轨迹和内容特点，帮助舆情管理方对网络舆情进行更全面、更详细、更实时的把握；（3）对舆情搜索素材进行内容分析，将自然语言处理技术应用于网络舆情监控领域，对网络舆情进行精准的自动分类和情感判断、情感分析，且这种内容分析主要由机器技术

---

[1] 百度舆情. http://yuqing.baidu.com/zhengwu/home/Intro/product

来完成，减少由人为因素所带来的内容分析误差，确保整个舆情监测的过程智能化和自动化；（4）专业舆情监测机构还会在对网络舆情进行全面的信息挖掘和语义分析的基础上，以文字、图表等形式直观地呈现舆情特点和舆情发展趋势，包括舆情简报、舆情专报和及时舆情预警报告等。

具体来说，网络舆情监测系统技术对网络舆情管理具有三方面的意义：

首先，自动监测使得网络舆情管理者对舆情的把控更具有主导权和主动性，也更容易发现敏感、虚假和负面舆情信息，使得网络舆情危机预警工作具有更大的技术支持，为有关单位在最短时间内加以控制提供支持，这是传统的网络舆情人工监测难以做到的。

其次，网络舆情监测系统和自动监测技术不仅能够对网络舆情进行实时监测和内容分析，更重要的是通过智能化的算法和数据挖掘，舆情监测工具能够把握网络舆情的发展方向和趋势，并提供详细的、可视化的、图文并茂的舆情分析报告，为舆情管理部门提供辅导决策，提高网络舆情监测效率，大大地节省了网络舆论管理所需要的人力和物力。

此外，网络舆情监测通过对网络信息进行情感判断和情感分析，能够帮助企业和政府管理部门更好地研究网民本身的心理行为以及群体心理行为，了解网络舆情背后的情感动因和利益诉求，从长远来看，对于缓解社会矛盾，从源头上减少网络负面舆情具有重要意义。

一个可预见的发展走向是：网络舆情将成为未来十年中国网络传播环境里最值得关注的议题之一，而且也会对网络舆情管理相关方，包括企业和政府等带来越来越大的影响，在这种背景下企业和政府除了进行传统的常规网络舆情人工监测外，更大规模地与第三方公关和网络舆情服务机构合作，或是以租用舆情监测平台的形式，利用数据挖掘和智能语义分析技术提高自身的网络舆情管理能力，将成为无可避免的趋势。

网络舆情管理之二："人人都有麦克风"时代的管理困境

得益于互联网络开发和数据挖掘技术的不断发展，对网络舆情进行实时的、自动化的监测已经成为可能，网络舆情监测系统和软件也被大规模地应用在商业和政府管理领域。然而这绝不意味着当前的网络舆情管理已经没有了任何困难和阻碍，而笔者认为，其中最主要的一个问题和困境就在于当前整个互联网传播环境处于一个高度开放的状态。随着微博、微信等自媒体的盛行，以及智能手机和移动互联网的发展和普及，自媒体时代下网络舆情将呈现更复杂、更多元的特征，这也将使得网络舆情工作变得更为困难。

研究者蒋明敏指出，在自媒体时代，信息传播主体趋于泛化，其及时性、交互性、主动性和跨地域性等传播特性，使得信息通道更加开放，从而导致舆论风险呈现出突发、高发和并发联动等特点，其产生的破坏性也更大且难以估测[1]，这无疑给舆情管理带来了挑战。网民在网络上的言论往往更倾向于呈现出个人主义的特点，对政府及公权力提出质疑成为当前网络负面舆情的一大要点。在自媒体传播的时代，政府不再意味着绝对的权威，面对网络舆情以及背后所承载的网民心理和利益诉求，政府的舆情管理工作并不轻松。

同时，在从众心理和群体压力的影响下，群体极化性的言论也很容易在网络上形成强大力量，一些网民出于"和大多数人保持一致"的心态，在未对所搜索得到的信息进行核实和理性判断时就加以评论和传播，成为网络舆情传播主体的一部分。然而笔者认为，这里头不少内容和声音所代表的却未必是社会公众，甚至是网民本身对社会事务和新闻事件的真实想法。自媒体信息传播随时性和随意性的特点使得网络舆情的分析难度加大——网络舆情管理的最根本目的是为了了解网民所代表的公众群体对公共管理事务的看法

---

1 蒋明敏.自媒体时代网络舆论风险的特点、成因及其治理[J].西南民族大学学报（人文社会科学版），2015（03）：173-177

和态度，然而非理性的信息传播却使得舆情的内容把握带有不确定性，且高度智能化的自动监测系统的解读基于内容分析和数据挖掘，却很难从更深入的层面判断和解读公众发表的网络舆情的原因和实际想法。

另外，自媒体的使用门槛降低，打破了只有少数人才能参与舆论进行意见和情绪表达的局限性，使得民众真正成为舆论的主动引发者。任何人都可以在网络上发布信息、分享信息，且这种传播速度在某种程度上已经超越了政府和公共管理部门的应对速度，这无疑使得政府在舆论安全和舆情管理中由主动变为被动，使得舆论管理越来越难以控制。如此种种，都为政府在话语权的掌控和舆情管理方面带来不容小觑的挑战。

"人人都是麦克风"的自媒体传播时代之所以为网络舆情管理带来新困境，不仅在于网络信息源多元化的新特征，更为重要的是当每一个人都可以成为信息发布者的时候，网络舆论中信息的真实性也会存在一定问题。尽管大多数网民参与网络讨论的目的主要还是出于对公共事务的热心和公民意识的强化，然而我们无法否认的是这其中也有不少"浑水摸鱼"的情况——凭借网络开放性和相对匿名的特征，在网络上肆意发布虚假信息，对网络舆论安全造成一定的隐患。

在舆论安全问题上，自媒体时代的信息传播形成了独特的舆论传播机制，与之相应的，舆论安全的范畴、内涵、边界等都发生了相应的变化。在自媒体语境中，人们所处的传播情景是虚拟的，网民是以匿名的身份发表言论，他们是"无名的大多数"[1]，现实生活中本该遵守的规范和约束在网络传播中失去了应有的约束力，网民不必为自己的行为承担责任，风险趋近于零。在不需要对言论负责的零风险表达语境下，非理性的网民很容易突破道德的底线而情绪化地表达自己的意见，对舆论当事人甚至政府部门表达偏激的情绪，而当附和的人越来越多时，就会形成暴力事件，严重时甚至会造成民众与政

---

[1] 王欢，胡宝荣. 网络暴力的成因及对策 [J]. 青年记者，2011(2):7-8

府公共管理部门之间的信任危机，使公共管理部门在化解矛盾解决问题中处于被动位置，丧失话语的主动权。

更为重要的是，网络传播并不是单向的、线性的传播，任何一个网民都可能成为公共事件相关信息的信息发布者。这种信源的多样性和不确定性使得传统的"封"、"堵"、"截"不再奏效，尽管这种拦截网络舆情的做法可以在短时间内控制舆情走向，遏制负面舆情向更恶化的方向发展。然而长远来看这并不利于政府和公共管理部门与广大公众进行进一步的沟通和互相理解，从而促进社会深层次矛盾的缓解和社会不同群体共同利益的实现。因而这里对舆情管理部门又带来了一个新的问题：面对当前的互联网传播环境，以及日益多元化的社会利益诉求，如何充分研究自媒体对协调社会关系的影响力，切实利用网络技术的优势对网络舆情进行把控和引导，是一个涵盖了技术开发和社会管理双重能力的工作挑战。

因此，在看待新媒体传播时代的网络舆情管理问题时，我们除了要看到网络舆情监测技术带来的便利和应用可能性外，还需要注意到，网民主体性的特点在网络舆情中得到集中体现，任何人都可以在网络上发表言论的必然结果就是网络舆论生态环境的复杂化和多样化。究竟是数据挖掘和分析技术更强大，还是网民舆论的复杂性更突出，这个问题在未来的实践中仍然值得关注，并需要根据网络舆情及其管理工作的实际发展情况不断调整我们对这一问题的认识。

本章思考

1. 你认为，对网络舆情进行"管理"和"控制"合理吗？"网络舆情管理"是否意味着网络舆论空间的缩小和对网络言论自由的扼杀？

2. 从管理策略和应对措施来看，你认为中国未来在应对网络舆情管理方面的问题时，应该从哪些方面改进工作，从而使得网络舆情，尤其是负面舆情不会成为阻碍中国社会进步和发展的"绊脚石"?

3. 如何理解由于网络开放性、自由性和平等性对网络舆情管理难度方面的影响?

4. 你知道哪些国外的舆情监测和管理案例吗?国外的管理经验对中国未来的网络舆情处理有哪些参考和借鉴之处?

第六章 社交媒体：重视社交还是重视媒体？

社交媒体自诞生以来就对互联网乃至人们的真实社会生活产生深刻而巨大的影响，可以毫不夸张地说，社交媒体的出现和广泛流行是 21 世纪互联网发展最重要的里程碑。

社交媒体拥有超过 40 年的历史。1971 年，科学家发出世界上第一封电子邮件；1981 年在线日记社区 Open Diary 开启了最早的社交媒体形态。在 Open Dairy 上人们可以发布公开或是私密的日记内容，其他人可以在公开的日记内容里进行评论和回复，实现在线互动。此后社交媒体不断发展出新的形态和模式，如拥有国内最大数量用户群的微信和被认为是 21 世纪以后对社会发展起到最显著推动作用的 FACEBOOK，都是社交媒体发展的重要成果。

尽管社交媒体是源于国外的媒介产物，笔者认为对中国的媒体研究来说，社交媒体所具有的意义更大，研究的必要性也更显著。而事实上我们也可以看到，社交媒体的重要性吸引了学者们的广泛关注和研究，笔者在知网以"社交媒体"为关键词进行搜索，可搜到的包含"社交媒体"的研究论文有 1911 篇，其中 2013 年后是社交媒体相关研究的井喷期，单 2015 年一年里关于社交媒体的研究就超过了 550 篇。

中国拥有全球最庞大的社交媒体用户群。根据腾讯发布的《2015 年微信平台数据研究报告》，微信和 WeChat 合并月活跃用户数超过 5.49 亿[1]；2015 年，

---

[1] 199IT. 腾讯：2015 年微信平台数据研究报告 [EB/OL]. 2015-1-27，转自 http://www.199it.com/archives/324845.html

新浪微博发布了第三季度财报,报告显示截至 2015 年 9 月 30 日,微博月活跃用户数(MAU)已经达到 2.12 亿人[1]。从这些数据我们可以看到,大部分网民都在不同程度地使用社交媒体,社交媒体已经成为网民使用互联网的重要活动场所和平台。

然而我们在看到社交媒体呈现蓬勃发展态势的同时,也不难发现社交媒体市场竞争的激烈和生命周期的短暂。如早几年盛极一时的 SNS 社交社区开心网、人人网等,至今几乎已经被人们所遗忘,在社交媒体市场里失去了绝对的竞争优势和市场份额;2010 年,新浪微博、腾讯微博、搜狐微博等微博社区在短短一年时间内吸引了亿万计的用户,然而当前的微博市场不仅只剩下新浪微博一家,自网络实名制推行后新浪微博的新增用户数量也明显减少,用户黏性也被认为有所降低,社交媒体自身面临着未来发展路径选择和竞争策略的问题。

根据中国互联网络信息中心(CNNIC)于 2016 年 8 月发布的《第 38 次中国互联网络发展状况统计报告》,截至 2016 年 6 月,手机网民规模达到 6.56 亿,占总体网民比例 92.5%,手机成为网民接入互联网的主要设备(如图 6-1),手机网民规模达到 6.56 亿,占总体网民的 92.5%;PC 网民正持续地向移动端发展、渗透,仅通过手机上网的网民就达到 1.73 亿,约占总体网民的 24.5%[2](如图 6-2),以互联网为基础的社交媒体、在线教育、网络支付、预约出行等行业初具规模。可以说,移动互联网塑造了全新的社会生活形态[3]。

---

1 新浪微博数据中心. 2015 年度微博用户发展报告(年度)[EB/OL]. 2015-12-16, 转自 http://www.useit.com.cn/thread-10921-1-1.html
2 CNNIC. 第 38 次中国互联网络发展状况统计报告 [R], 2016-8-3, 链接为 http://www.cnnic.cn/gywm/xwzx/rdxw/2016/201608/t20160803_54389.htm
3 CNNIC. 第 38 次中国互联网络发展状况统计报告 [R], 2016-8-3, 链接为 http://www.cnnic.cn/gywm/xwzx/rdxw/2016/201608/t20160803_54389.htm

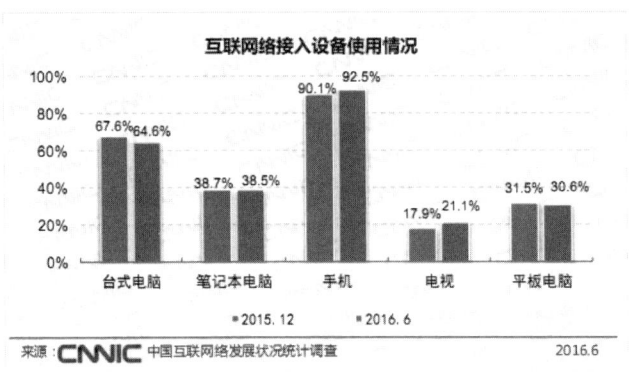

图 6-1 中国互联网接入设备使用情况（截至 2016 年 6 月）

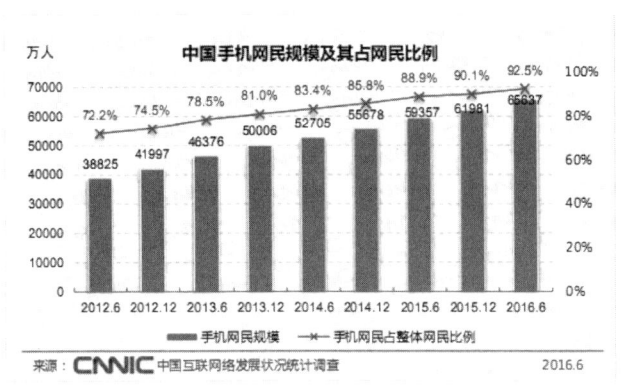

图 6-2 中国手机网民规模及其占整体网民比例（截至 2016 年 6 月）

随着科学技术和传播工具的不断发展，媒介对人类生活的影响和介入程度越来越深。各式各样的媒介开始扮演着人类肢体、感官延伸者的角色。社交媒体的出现改变了人们的社会交往方式，使得人们可以通过虚拟的社交形态实现人与人之间的交往。事实上，近年来随着传播技术的不断发展和新的社交媒体的涌现，社交媒介以及社交平台上的社交形态同样发生着变化，新的浪潮正在发生：移动互联网成为人们接入社交网络的新选择和新方式。在移动互联网的传播时代，社交媒体以及这些平台上的使用活动又将发生怎样的变化？

笔者认为，当我们谈论新媒体、互联网、网络传播等问题时，"社交媒体"必然是其中一个无可避免的话题，且对社交媒体的研究角度非常丰富。笔者相信在未来十年里社交媒体相关的研究仍将是国内外互联网及新媒体研究里的热点和重点之一。粗略地说，对社交媒体的研究可以分为三大领域。

社交媒体与用户研究

根据相关调查报告，社交媒体具有显著的用户年轻化特征，尤其是随着智能手机的进一步普及，"85后"、"90后"、"95后"和"00后"成为社交媒体用户最主要的组成部分，其中大学生群体对社交媒体的使用吸引了不少学者的关注。这一类型的研究主要聚焦在三方面：（1）社交媒体的使用对用户社会交往生活的影响研究。如"对当前的年轻人来说，是社交媒体上的交往还是传统面对面的交流占据着更重要的社交地位？""使用社交媒体进行的线上交往，和传统的面对面交往，哪种更容易让人感到满意？""社交媒体的出现，为用户带来哪些积极的影响和消极影响？"等；（2）用户对社交媒体的使用情况研究。如"在社交媒体中进行横向比较，SNS媒体（如人人网、开心网）、即时通信工具（如QQ、MSN）、微博、微信等社交媒体中，用户各自的黏性如何？""不同群体对同一种社交媒体的使用情况有何不同？"（如"男性和女性对微信的使用有什么不同？""文化结构/文化程度是否影响一个人对社交媒体的选择？"）等。（3）社交媒体对用户的心理、精神、情感等影响研究。如"使用社交媒体，对用户的幸福感、情绪、抑郁感等有何影响？""从'使用与满足理论'出发，社交媒体是如何满足用户的需求的？用户哪些需求还没有被很好地满足？""不同类型的社交媒体使用，分别如何影响用户的精神、情感、心理状况？（对比研究，如对比微博和微信、FACEBOOK和Twitter等）"等。纵观当前的研究，包括社会资本、社会关系、社交依赖、圈子维护等都是社交媒体与用户关系研究的重点关键词。

社交媒体营销研究

社交媒体营销，也被称为"社会化营销"，主要包含了两种含义：一是这些媒体在社交平台上推广自己，为自己做营销；二是利用社交媒体对企业、产品、品牌等进行推广和营销。自 2010 年开始，社交媒体营销成为互联网营销传播领域内的重点关注问题，围绕这一主题的研究也频繁出现。常见的研究主题包括：（1）社交媒体营销案例分析。经典的社会化媒体营销案例常常被用来作为案例分析的对象，研究者通过对这些案例进行分析，挖掘社交媒体营销的两点和优势，如杜蕾斯"鞋套哥"营销事件（2010 年）、"支付宝十年账单"（2014 年）、病毒营销"冰桶挑战"事件（2014 年）等都是近年来被广泛讨论的社交媒体营销案例；（2）社交媒体营销误区和策略探究。从营销管理和互联网传播研究的角度来看，部分学者关注当前社交媒体营销领域里存在的不足和问题，并在此基础上提出未来社交媒体营销管理应采取的策略和措施。如"社交媒体本身应该采用如何的营销策略以吸引用户的使用和企业推广平台的选择？""在中国文化环境下，社交媒体平台上的营销应如何结合实际社会背景和特点进行活动设计？""从企业的角度出发，如何进行社交媒体营销策略的选择和优化？"等；（3）社交媒体营销应用领域及发展趋势研究。为了进一步挖掘社交媒体在商业营销方面的应用价值，不少学者围绕社交媒体应用可能性的主题开展研究，这里的"应用型研究"主要包含两方面，首先是探讨社交媒体营销可以应用在哪些领域，如汽车、名人形象维护、企业品牌传播等，其次是新型技术模型在社交媒体营销中的应用，即为了进一步确保社交媒体能够对营销推广起到更强大的实际作用，创造并提出新的社交媒体营销技术模型，以技术理论支撑实际应用。

社交媒体与社会问题的关系研究

随着社交媒体对人们生活日益渗透的影响,学者开始把社交媒体和社会关系的其他方面联系在一起进行研究,以探讨社交媒体可能带来的除了对用户和对企业以外的社会深层次影响,尤其是社交媒体对政治发展方面的影响成为不少学者展开理论研究的关注焦点。就这一类型的问题,笔者归纳了三点研究主题:(1)社交媒体对政治传播的影响。如"在政治选举中,社交媒体能如何帮助竞选者进行宣传?""政府的政策性议题如何借助社交媒体进一步推广出去?""青年人群体在社交媒体上的参政议政行为如何改变社会的政治生态环境?"等。以FACEBOOK、Twitter和新浪微博为代表,不少研究者都认为社交媒体在不同程度上影响着现实生活中的政治传播问题;(2)社交媒体对公共危机管理的影响研究。如"政府在应对公共管理危机时,应如何处理社交媒体中出现的谣言和流言?""社交媒体的自由性和开放性,对公共危机管理带来了哪些新挑战?""政府等公共危机管理部门如何利用社交媒体进行危机管理?"等都是学者广泛讨论和关注的研究议题。随着危机事件,包括企业危机、个人危机、公共管理危机等越来越频繁的发展趋势,这些问题将持续吸引学界和业界的关注;(3)社交媒体对文化传播的影响。如"社交媒体对饮食文化推广带来的机遇"、"社交媒体中的文化认同和群体身份认同现象"(典型的例子是社交媒体对同性恋群体身份认同的影响研究)、"图书营销如何结合社交媒体进行有效推广"、"社交媒体对观念传播的影响(如环境保护、疾病预防、未成年人保护等)"等。

由此可见,关于社交媒体对人的影响等问题已经有很多相关研究成果,而笔者认为当我们关注社交媒体时,除了考虑社交媒体对社会、对用户所带来的影响以外,还应该考虑社交媒体本身的发展和经营问题。如前文我们提到,除了传统的社交社区如QQ、微信和微博等,不少网络媒体也开始试水开发"社交"功能,而这些社交平台新形态会成为未来社交媒体发展的必然趋势吗?

近年来有学者和业界人士指出,社交媒体未来将发展成超越"社交"服务本身的"功能集合型"网络平台。围绕这个问题,笔者希望在本章和大家一起探讨,社交媒体将会以如何的形态在未来继续对人们的生活带来便利和产生影响;社交媒体应该展现出更大程度的"社交"功能(在拓展和维护用户社会关系方面起作用)抑或是"媒体"功能(在资讯、服务等超越社交活动本身以外的价值);社交媒体在竞争策略和发展趋势上将会有怎样的表现。

什么是社交媒体?

社交媒体(Social Media),主要指那些为人们提供分享关于生活的意见、想法、经验、观点等平台的网络工具和平台。常见的国内外社交媒体包括 FACEBOOK、Twitter、YouTube、新浪微博、微信、QQ、LinkedIn 等。

笔者在《社交媒体与大学生幸福感:对比 QQ 空间和新浪微博》一文中提到,社交媒体彻底地改变了人们的生活和交往方式:一方面,互联网和社交媒体逐渐突破了社会交往的时空界限,更便捷、更开放、更个性化的交流方式使得人们的社会交往更加丰富多彩,人与人之间的联系也更为自由,即使身处异地,也能与亲人、朋友通过社交媒体随时随地地进行交流,大大降低了人的孤独感和疏离感;另一方面,随着移动互联网技术的进步以及各种智能化手机的出现和更新,人们越来越习惯并依赖通过社交媒体进行的人际交往,"人—机"的对话逐渐影响着"人—人"对话的进行,有部分社交媒体的用户更是倾向于在线上而非线下进行社会交往。

根据 CNNIC 发布的《2015 年中国社交应用用户行为研究报告》,QQ 和微信是人们使用频率最高的即时通信工具;QQ 空间和新浪微博则是综合类社交工具里使用率最高的[1]，以 QQ、微博、陌陌、微信等为代表的社交应用占领了中国当前相当一部分的社交媒体市场份额。此外，手机已经大幅度超越台式电脑、平板电脑和笔记本电脑成为用户接入社交媒体的主要应用设备[2]。

总的来说，基于不同的标准，我们可以对社交媒体进行不同的分类，在这里笔者根据两种分类标准，对当前国内外最流行、普及面最广、用户数最多的社交媒体进行分类。

按付费模式分类

表 7-1 根据付费模式进行的社交媒体分类

服务和功能	社交媒体	特点
免费使用模式	FACEBOOK、Twitter、YouTube、Instagram、QQ、新浪微博、微信等	大部分功能免费，不通过收取用户费用而盈利，社交媒体的盈利主要来自广告等收入，有助于吸引新用户注册使用。
付费使用模式	App.net、Ello 等	以用户收费代替广告，号称拥有"纯社交"功能，用户需要付费以实现部分高级功能。
用户盈利模式	Tsu 等	社交媒体付费给用户，用户可以在这些社交媒体平台上赚取利润，社交媒体将付费给现有的活跃用户或成功邀请新用户注册的老用户；广告是社交媒体本身重要的收入来源。

---

1 CNNIC. 2015 年中国社交应用用户行为研究报告 [EB/OL]. 2016-4-8，链接为 http://www.cnnic.net.cn/hlwfzyj/hlwxzbg/sqbg/201604/t20160408_53518.htm
2 CNNIC. 2015 年中国社交应用用户行为研究报告 [EB/OL]. 2016-4-8，链接为 http://www.cnnic.net.cn/hlwfzyj/hlwxzbg/sqbg/201604/t20160408_53518.htm

值得注意的是，这里的"免费"和"付费"并非绝对的分类，在免费社交媒体里也会有一些需要付费的功能，而付费社交媒体也并非所有服务都需要用户进行支付，一些基本的功能如"添加好友"等在大多数情况下依然是免费的。而当前业界人士对社交媒体的"付费"模式普遍存在怀疑——用户受到多年免费使用习惯的影响，对付费使用社交媒体的积极性和意愿并不高，除非社交媒体本身具有不可代替的功能和服务，然而当前很少社交媒体能做到这一点。如何通过建立强大的"不可替代性"服务系统是这些"付费"社交媒体所面对的最主要问题。

然而，笔者看到当前国内拥有付费功能且被用户较好地接受的一类社交媒体是相亲交友类的社交平台，如"陌陌"、"世纪佳缘"、"探探"等，用户通过向社交媒体付费成为"会员"可以拥有一些实用性的高级功能，如查看心仪对象具体资料、匿名留言、高级会员资料查询等，尽管目前免费交友社交平台并不少（如"花田"、"我在找你"等），付费社交媒体模式在相亲交友类平台里仍然颇受欢迎。

用户通过社交媒体实现盈利（"赚钱"）的一类社交媒体在这里主要指那些可以让用户在使用这款社交媒体的同时自动实现利益收入的现象，对于那些由于用户在社交媒体上进行营销活动（如"微商"、"大V广告"、微博上发布淘宝链接等情况）不属于本类型社交媒体的覆盖范围。目前主要的"用户盈利模式"社交媒体主要是一些国外的社交平台，如上文提到的 Tsu。这种通过付费给用户提高用户的黏性和忠诚度、开拓新用户网络的做法能否长远走下去，未来仍需要进一步的考虑和讨论——社交平台需要向用户实现什么程度的付费才能维持用户的使用积极性？从社交媒体的吸引力方面来看，付费给用户是最大的关注点吗？作为付费给用户的社交媒体，其功能和服务方面的实现仍然重要吗？在主要依靠广告实现收益的情况下，社交媒体如何保证用户不会反感这些广告？诸如此类的问题都将是这种社交媒体平台面对的营运管理和平台设计方面的重要议题。

从"是否付费"的角度来看,总的来说无论是国内还是国外的社交媒体仍然是以"免费"使用的模式为主流,尤其是一些市场的新进入者,更倾向于将"免费"作为一种吸引新用户的手段。然而与此同时我们也不难看到,当前社交媒体的市场竞争异常激烈,在同样是免费试用的模式里,社交媒体应该如何实现自身的差异化竞争优势,在 UI 设计、功能和服务、用户使用习惯等多方面进行改进和创新,从而打造出强大的社交媒体品牌,仍然值得探究。

按主要提供的功能和服务分类

根据 KanTar Media CIC 发布的《2015 年中国社会化媒体格局图》[1],以及结合目前中国国内的社交媒体发展现状,笔者归纳了 19 种主要提供不同服务和功能的社交媒体。

表 7-2 根据服务和功能进行的社交媒体分类

服务和功能	社交媒体	特点
社交游戏	腾讯游戏、五分钟、淘米网等	社交和游戏相结合,在游戏中实现社交媒体的"社交"功能,用户之间可能是熟人关系,也可能是陌生人
社交网络	人人网、开心网、QQ 空间等	"社交"是最主要的功能,用户之间多为"强关系"网络,也在基于社交的基础上开发其他娱乐功能

---

[1] KanTar Media CIC. 2015 年中国社会化媒体格局图 [EB/OL], 2015-6-5, 转自 http://socialbeta.com/t/kantar-cic-launched-the-2015-china-social-media-landscape-05-2015.html

服务和功能	社交媒体	特点
商务社交	若邻网、LinkedIn、优士等	基于商务需求的社交媒体平台,用户主要是有着求职等商务社交圈子维护需求的群体,市场空间大
社会化电商	美团网、拉手网、聚划算等	社交媒体上的"社交"只是辅助功能,社交的目的是为了分享优惠信息、购物经验等,用户之间的关系多为陌生人
签到社交	街旁网、切客、微领地等	用户通过位置共享的功能找到附近的朋友、分享生活,也可以发现距离近的新朋友
微博	新浪微博	资讯、社交功能并存的社会化媒体平台
即时通信	MSN、QQ、飞信、微信等	最主要的社交功能是"在线聊天",包括"群聊"和"两人对话"等,同时也具有文件传输等商务功能,应用面广
RSS 订阅	鲜果、抓虾、网易 RSS 订阅等	Rich Site Summary 或 Really Simple Syndication 的缩写,基于"资讯"服务的社会化媒体平台,提高用户的网络使用效率
消费点评	大众点评、口碑网等	与社会化电商类似,用户之间以陌生人为主,通过分享消费经历为用户自身的生活带来便利,部分平台带有消费功能

服务和功能	社交媒体	特点
百科	Wikipedia、百度百科等	UGC 的典型模式，由用户自行生成内容，并通过不断的互动和补充完成信息的网络发布，用户之间多为陌生人
知识问答	知乎、百度知道等	相互之间不认识的用户在社交媒体平台上帮助回答其他人的问题，形成网络知识分享网络，提高工作和学习效率
社会化书签	QQ 书签、Sina 收藏夹、抽屉等	将互联网看作是一本"书"，用户通过添加书签帮助其他用户判断一个网站的内容和信息的吸引程度
视频直播	趣播、美拍、秒拍等	"直播社交"是 2016 年国内最流行的社交模式之一，这既可以是熟人之间的新型社交内容，也可能是吸引陌生人关注的手段，"弹幕"功能增加趣味，仍处于发展初期
音乐分享	虾米、一听音乐、QQ 音乐等	基于"音乐"爱好的垂直社区，用户可能是熟人关系（以 QQ、微信等账户登录）或陌生人关系（新账户）
图片分享	Instagram、Snapchat 等	用户最主要的活动是分享图片，带动了一系列图片社交应用的流行，如脸萌、魔漫相机等，社交网络热门增长点之一

服务和功能	社交媒体	特点
视频分享	YouTube、56网、爱奇艺等	视频分享包含了两方面目的，一是完成视频资料的分享；二是实现个人作品的展示，社交网络热门增长点之一
网络论坛	百度贴吧、天涯社区等	用户之间多为陌生人关系，围绕不同的主题、话题和兴趣点，用户可以形成网格圈子关系。
博客/博客聚合	Blog bus、搜狐博客等	发展最早的社交媒体模式之一，UGC的重要平台，但近年来用户数量呈现下降趋势
相亲交友	Blued、Jacked、陌陌、探探等	(1) 同性交友：用户之间多为陌生人，方便用户减少现实生活中寻找同性伴侣的困难和尴尬 (2) 异性交友：包括约会类和相亲类，部分具有付费功能，对开拓用户弱关系具有显著作用

在上述陈列出的19类社交媒体中，部分社交媒体的归类存在一定的弹性和讨论空间，笔者的划分主要基于其最主要呈现出来的社交媒体属性和功能，如"微信"的功能定位既可以被认为是即时通信型的社交媒体，也可以被认为是社交网络型的社交工具，这一分类标准仅作参考。

与此同时，我们可以看到一个新的趋势是"社交媒体"的定义已经不再仅限于单纯服务于"社交"的媒介平台,包括淘宝、支付宝、QQ音乐等初始设计并不是为了实现社交功能的媒介也逐渐呈现出一定的社交功能,"社交"似乎成为不少网络新媒体必备的功能之一。有人认为,"社交"将成为未来新媒体竞争市场的核心要素之一,任何一个新媒体平台都有提供社交功能的可能性和必要性,"社交驱动"的新媒体发展似乎成了不可逆转的趋势。

而笔者希望在接下来的部分继续和读者们讨论一个话题:对社交媒体来说,未来的发展优势更多地体现在"社交"功能方面,抑或是"媒体"属性方面?"社交"(为用户提供交友互动、话题挖掘、人际沟通等为主)和"媒体"(创造人际交往以外的更复杂、更多元的功能平台,如信息交流、娱乐、知识问答、购物等),哪一个是社交产品面对市场竞争时的核心问题?

"社交"倚向的社交媒体

从 CNNIC 的《2015 年中国社交应用用户行为研究报告》的相关数据看到,当前用户使用社交媒体的首要目的还是"和朋友互动、增进和朋友之间的感情",而"认识更多新朋友"、"发现潜在客户和机会"也是用户应用社交媒体的重要目的[1](如图 6-3),可见"社交"的功能对于社交媒体来说仍然是十分重要的。

---

1 CNNIC. 2015 年中国社交应用用户行为研究报告 [EB/OL]. 2016-4-8,链接为 http://www.cnnic.net.cn/hlwfzyj/hlwxzbg/sqbg/201604/t20160408_53518.htm

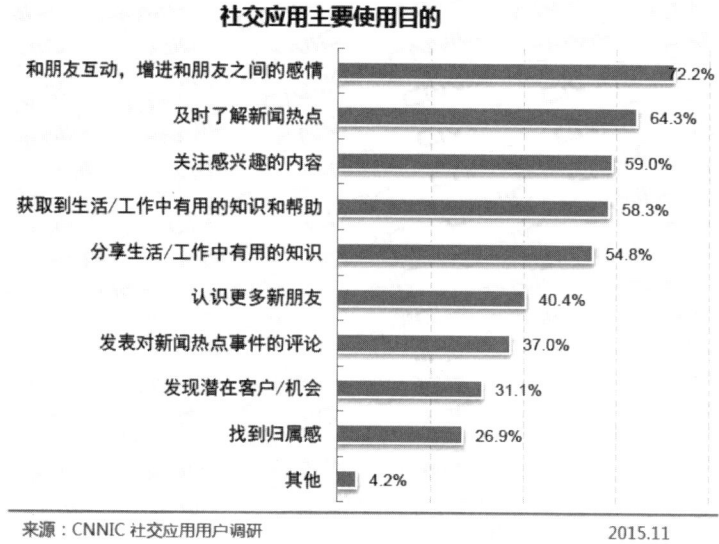

图 6-3 CNNIC 统计用户使用社交媒体的主要目的

基于这种"社交"倾向和需求的社交应用对我们来说并不陌生,以三种不同类型的"社交"关系为代表,在这里重点介绍几种呈现出更多"社交"倾向的社交应用。

"熟人社交"

这是我们最熟悉也最典型的一类社交应用,如 QQ、微信以及近几年热度明显消退的人人网都属于依托"熟人社交"关系网络建立起来的社交平台。

"熟人社交"媒体最显著的特点在于用户之间大多数是现实生活中互相认识的人,社交媒体对于他们来说更多扮演着一种维护社交关系和开拓虚拟社交方式的角色。"添加好友"的程序使得"熟人社交"平台上用户的身份更具可辨识性,用户可以自行决定是否添加身份不明确的人,对社交平台上的用户关系网进行高度控制。

强大的社交功能,如在线视频、语音聊天、多人聊天、图片传输等使得这些社交媒体在很大程度上方便了用户的社交生活，使得长距离社交、隔代社交等成为一种常态化的现象。其中微信功能多样和使用便捷的特点吸引了一批低龄化和老年人的使用，这使得"熟人社交"成为更普遍和更常见的一种社交媒体应用形态。

然而近年来我们看到一个现象，"熟人社交"的发展陷入了瓶颈，即使是微信这种处于行业"领头羊"地位的社交应用，当前也出现了不少用户积极性下降的问题和趋势，尤其是在朋友圈"心灵鸡汤"、"微商代购"和虚假信息泛滥等环境下，这些完全基于"熟人关系网络"的社交媒体的生命力和对用户的吸引力在逐渐下降，如何在未来为"熟人社交"添加新的发展可能性，创造出新的发展空间和关系，也将成为"熟人社交"应用的开拓路径之一。

之所以笔者并没有把"微博"归为此类，主要是因为事实上微博经过六年的发展，其在"社交"方面的功能和属性已经逐渐减弱，与其说微博是一款社交应用，倒不如把它看作是兼具社交、资讯、娱乐等复合型功能的媒体平台。

"职场社交"

笔者认为"职场社交"可以从三方面来解读：首先，职场人员在求职、转换职业时需要一定的关系网络，才能更好地获取与理想职业相关的资讯和招聘信息，这对用户来说是一种职业社交能力方面的考验，而以 LinkedIn 为代表的社交媒体就在满足了这一类群体的需求，为用户在网络上找到和自己所从事的职业相近的群体，帮助他们形成自己的职场关系网络，同时用户自己的信息也能够在网络上被企业发现，减少个人展示成本。

其次，"职场社交"也体现在企业的员工能利用社交媒体开拓自己的业务和市场，使得社交媒体称为他们接触客户、联络客户、拓展客户的重要途径，纵观目前国内的社交媒体市场，在这一块的应用和开发相对薄弱，对于很多企业和市场员工来说，社交媒体（如微博、微信）等只是一个用于营销和广告的平台，而真正能够利用社交媒体进行客户关系维护的成熟社交网络仍具有强大的需求。

第三，利用社交媒体进行职场、职能技巧方面的学习和工作培训也可以视作当前"职场社交"应用的一种。例如当前非常普遍的"在线学习"、"微信课程"等，年轻的职场人士可以通过便捷的、突破时空的学习方式结识相似行业的人，也可以了解和掌握最新的职场技能和行业资讯，如新媒体工作者可以在微信等社交应用上与行业人士交流"大数据"、"互联网＋"应用资讯等问题，统计学工作者也会在社交应用提升自己的知识应用能力和水平等。在这里，社交既是一种人们活动的形态，同样也是用户开展其他活动的载体和基础。

"陌生人社交"

关于"陌生人社交"，国内的观点一直处于比较矛盾的状态，一方面市场和用户对"陌生人社交"的需求非常旺盛，随着人们的工作越来越忙碌，线下结识新朋友的机会越来越少，除了同学、同事等朋友，用户如果想结交和自己距离不远的新朋友，一个非常有效的方式就是使用"陌生人社交"软件。除了结识陌生的新朋友，这类社交媒体还在帮助用户寻找志同道合的人、打发无聊时间、同性／异性社交关系开拓、寻求陌生人以获取社交刺激感等多方面具有明显的作用。

然而另一方面，"陌生人社交"软件也受到了最大范围的误解，其中陌陌是国内最著名也是最"污名化"的一种陌生社交工具。受到社会传统和文化观念等影响，不少人把"陌生人社交"简单地等同于"约炮"，这不仅不利于这些社交媒体吸引新用户和实现长远的市场发展，同时对于正在使用这些媒体的用户心态也会产生一定的影响,当社会舆论普遍认为"陌生人社交"等同于"约炮"行为时,一部分用户对这些媒体的使用积极性也有可能会下降。

当然,除了以陌陌为代表的一类"陌生人社交"应用外,还有一类基于兴趣爱好和共同话题而凝聚起来的在线社交圈子网络,例如豆瓣、知乎,尽管这些媒体平台的功能不全是社交,但"兴趣社交"是这些应用平台上的主要纽带和联结,陌生人在这些社交平台上不仅具有"情感"的关系,而且还有兴趣、喜好和话题等。

事实上笔者认为,相比起上述提到的"熟人社交"和"职场社交","陌生人社交"在更大程度上体现了社交媒体的"社交"魅力——实现无边界的社交,任何用户都可能在社交平台上认识到任何人。如何能够在开拓新的陌生关系的同时,确保用户的信息安全,减少由于用户虚拟身份而造成的安全隐患问题,将对"陌生人社交"类型社交媒体未来的发展至关重要。

"媒体"倚向的社交媒体

从字面上来解读,"社交媒体"本身就是一个"媒体",媒体属性是根植于这些社交平台的最大特点。因此,媒体所具有的功能和特征,都或多或少地体现在社交媒体上。常见的在社交媒体上呈现出来的"媒体"功能包括。

资讯功能

本质上看,媒体最主要的功能在于提供资讯和信息,它是一个内容整合的平台,传递新闻信息、呈现社会热点、提供潮流资讯等,无论是传统媒体还是新媒体都承载的功能。几乎在所有社交媒体上,我们都能够发现这种信息传播和资讯分享的功能实现,如国内我们最熟悉的微博,用户可以在平台上发现新闻、评论新闻、分享新闻,也可以轻松地找到社会热门话题和时事热点。也正如前文所说，笔者认为在一定程度上微博已经不再是简单的"社交媒体"，它对不少用户的意义更主要体现在信息和资讯方面的服务。又例如国外的FACEBOOK，全球最大的社交媒体之一，2013年FACEBOOK推出的News Feed（信息流）功能事实上已经预示着它将在更大程度上向"媒体"转变，而不仅仅是成为一个维护用户社交关系的网络平台。

广告功能

几乎所有媒体的主要收入来源都是广告，对于媒体来说，面向用户的低收费（甚至是免费）意味着他们的生存和经营职能依靠广告主的投入，广告是绝大多数媒体最主要的经营特征之一，这一点社交媒体也不能例外。前文已经提到，绝大部分用户习惯了免费试用社交媒体的模式，也就意味着社交媒体的收入和盈利很难依靠用户的付费（除了少部分付费功能，且总的来说费用并不足以支持社交媒体的发展和运营），广告同样是支持这些社交媒体发展的主要动力。YouTube等视频网站是最典型的例子，借助视频网站的用户数量优势，不少广告商会通过视频广告的方式对自身的企业和品牌进行推广，而这些广告事实上就是支撑视频网站本身运作的主要收益。除了视频网站，包括微信、FACEBOOK、Twitter等社交媒体上的广告现象并不罕见。尤其是在大数据时代，通过挖掘不同用户的使用习惯和信息偏好，这些社交媒体已经能比较好地实现广告的精准投放，如在年轻女性用户的关注页面上推送美容、护肤等广告，在有家庭的成熟男性社交媒体页面上投放家庭商务车、教育保险等广告信息，利用社交媒体上个人的阅读习惯和关注点进行广告推广，事实上早已成为社交媒体的发展策略。而且我们可以看到的是，这种结合社交媒体进行广告推广的形式越来越丰富，例如微信就大大推广了"H5广告"（Html5）的流行，上线了在线邀请函、小游戏、品牌展示、抽奖等广告形式的创新。未来，这种依托于社交媒体进行开发的新广告形式，将会持续影响着社交媒体的运营，也将成为企业和品牌首先选择的广告模式之一。

营销功能

尽管对于传统媒体而言，营销服务并不是其最主要的功能之一，但事实上过去十年，除了报纸和杂志这些印刷媒体由于其自身的读者群特点和媒体形态的限制，包括广告、广播等在内的传统媒体已经不断致力于开发其营销推广方面的服务。至于新媒体更是从开始之初就显示了其强大的营销服务网络和功能，备受企业和营销人员的青睐。笔者在本章开篇之处已经探讨，社会化媒体的营销问题早已是社交媒体研究里头的热点和重点之一。如杜蕾斯的社交媒体营销就被视为社会化媒体营销经典案例之一，利用拟人化沟通方式、借势营销、主动创造热点话题、故事营销、恶搞营销等方式，可以达到传统广告所做不到的效果。随着社交媒体形态的日渐丰富，社会化媒体营销模式也在不断发展，如微信软文、病毒视频、微博购买"话题榜"等已经成为营销业界耳熟能详的操作方式。

因此，从这个层面上来看，社交媒体早已经不是单纯的"社交"应用，而是发展成为一种特殊形态的"媒体"。

而更为重要的是，尽管我们看到社交媒体仍然需要重视其所提供的社交功能，一个不容忽视的趋势是社交媒体所承载的功能和服务已经远远超过"社交"本身。

同样是CNNIC所提供的《2015年中国社交应用用户行为研究报告》，我们可以发现社交应用当前的主要使用功能呈现出多元化的发展特点，包括视频、音乐、图片分享、信息沟通、在线购物、游戏等功能都是社交应用的主要实用功能（如图6-4）。用户使用社交媒体并非单纯地为了实现社会交往方面的功能，人们还会在社交工具和平台上完成诸如签到、付费玩游戏、购买站内商品、电子支付等活动（如图6-5），一些社交媒体在某程度上呈现出一种"功能集合型"的媒体平台,而非简单的社交工具。

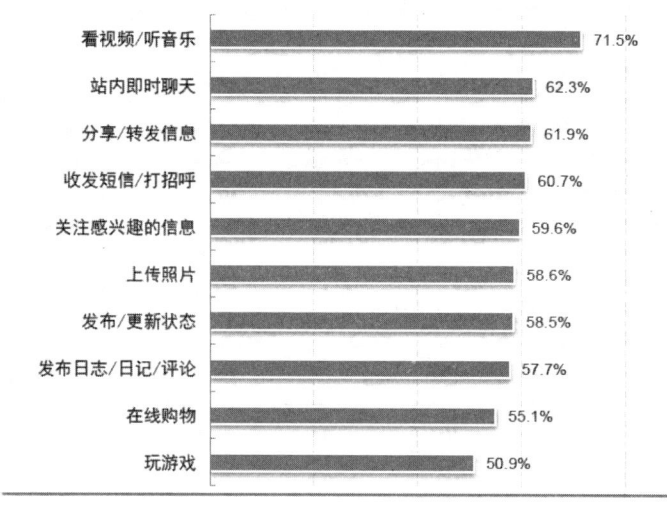

图 6-4 CNNIC 统计社交应用的主要使用功能

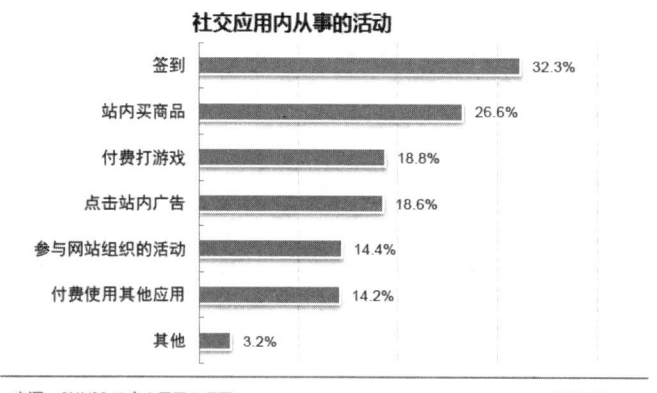

图 6-5 CNNIC 统计用户在社交应用内的主要从事活动

不难发现,在某种程度上,很多社交应用其实正在逐渐演变成为涵盖多功能的"媒体"平台,社交也许是一个核心的特点和服务,但也只是其承载的其中一项功能。两个可以预见的发展方向是:一、网络新媒体在原有的服务功能的基础上开发社交方面的应用，使自身具有社交功能，成为一种特殊的"社交媒体"；二、社交媒体打破狭隘的"社交"界限，对平台的功能和服务做进一步开发，将社交应用转变成功能复合型的新媒体应用平台，以更好地满足用户使用网络媒体的多元化需求。

著名学者李光斗提出——社交媒体的发展，信息快速迭代，移动社交已经渗透我们生活的方方面面，衣、食、住、行处处都需要社交，可以说社交无处不在，那么每个人都不能置身事外，否则就会成为信息的孤岛，被时代所遗弃。移动在线社交从人与人的连接，开始拓展到人与内容的连接，人与物的连接，人与服务的连接，移动互联网时代的在线社交得以从PC时代单纯的聊天消遣式社交蜕变成实用化社交。

其一，在线虚拟社交向线下真实社交的拓展。在移动互联网的诸多革命性技术当中，与在线社交关系密切的要数LBS技术。在线社交依托LBS技术可以有选择地发生地缘关系更近的社交，这种地缘往往可以缩小在数百米以内的范围内，由于地缘上的便利性使得在线社交有了更多发展成为现实社交的可能。这种功能往往在社交软件中以"附近的人"、"附近的群"、"附近的小组"的功能存在，这是对虚拟社交走向现实社交的关键一步。很多兴趣小组就是通过这样的方式线上组建，线下活动。

其二，在线虚拟社交，依托共享经济的模式和在线支付的技术，实现物品和服务的交易。21世纪早些时候，伴随着移动互联网技术的发展与成熟，Lara Srivastava就大胆预测了移动互联网这场革命的到来——移动通信绝对是未来个人生活、发展经济、促进业务、增加日常生活便利的不可或缺的一部分。[1] 移动社交搭载共享经济的模式开始进入人们的日常生活，带来了现实生活中实实在在的便利。以滴滴打车为例，其本质就是通过一种在线社交的方式，对供需双方进行最优方案的配对，从而使得虚拟的社交得以拓展为实

---

[1] Lara Srivastava. The Mobile Makes Its Mark. Katz J. E. Handbook of mobile communication studies [M]. The MIT Press, 2008

用的交通出行方式。此外，微信支付等移动支付方式为共享经济模式下的社交交易行为提供了形成闭环的基础，使得整个过程的体验十分完善。

社交媒体发展新趋势

评价一个社交媒体是否"成功"或判断其在市场中的地位时，用户数量尽管是一个非常重要的指标，但绝对不是唯一的衡量标准。因此对于社交媒体而言，未来的发展不仅应该着眼于提高使用量、下载量、活跃用户等简单而直观的数据，而且应该建立和关注更全面地发展系统和观察指标。

美国 The Next Web（http：//thennextweb.com）提出了"社交媒体的 61 项关键指标"，详细地列出了社交媒体的开发和完善可以从多达 61 个方面进行考虑[1]，其中六项指标尤为值得关注：（1）Activity（活动），即社交团队和社交媒体的产出，也就是说，社交媒体及其团队"做了什么"、向用户提供了什么；（2）Reach（到达情况），即社交媒体的内容和产出是否有效到达受众或潜在受众的问题；（3）Engagement（参与），受众、用户与社交媒体之间的互动情况如何、社交媒体是否很好地满足了受众和用户的需求并引起他们的兴趣；（4）Acquisition（获取），即在社交媒体和用户之间建立起某种"关系"的情况；（5）Conversation（对话），即用户的行动情况（使用、回访、黏性、拉动其他用户等）、社交媒体的销售情况（主要包括面向广告商和面向受众两方面）、结果（社交媒体获得了什么收益、取得了什么成果）等问题；（6）Retention and advocacy（维持和支持），主要考察两方面，包括用户在使用过程中是否感到"满意"和企业、品牌等能否在社交媒体平台上实现商业推广和传播活动。根据这套指标，社交媒体的发展可以从更全面、更多角度入手，当然，对于具体的社交媒体而言，不同的

---

1 Courtney Seiter. 61 Key Social Media Metrics, Defined [EB/OL]. 2015-3-22, 链接为 http://thennextweb.com/socialmedia/2015/03/22/61-key-social-media-metrics-defined/

市场目标、市场地位、市场份额等都会影响着他们对未来发展目标和发展战略的选择，不同指标对他们的重要程度，也自然会有所不同。

根据国内外社交媒体的发展现状和用户的需求特征，笔者认为未来社交媒体发展将呈现出以下三方面的整体趋势。

垂直化和社群化的社交应用将成为社交媒体新热点

"垂直社交"是当前发展迅猛的一股趋势，也就是说，对于用户而言，在线社交的意义不再仅限于与家人好友进行互动和交流，更为重要的是，能够通过社交网络和平台结识志同道合的人，并与之结成较强关系的社交圈子，而这些人本身可能是现实生活中的"陌生人群体"。对于社交市场发展而言，"垂直化"的社交网络是其中一个重要趋势。在微博和微信占据了当前最大部分的在线社交市场时，通过挖掘"圈子"的价值，打造垂直化的社交体系，是当前移动社交市场的一个新的价值点。当前，"双微"已经让一部分人产生了一定的社交恐惧，尤其是随着好友数的增加，信息处理，包括筛选、过滤和回复等的时间成本不断提升，用户对于这种基于兴趣、爱好、活动等建立起来的垂直社交圈子拥有极大的兴趣和热情，而这种变迁尽管还未成为移动社交的主流文化，但其显示出来的生命力和发展态势，绝对值得我们关注和重视。

此外，社群化的社交方式也正逐步成为一些网络用户的选择，社群化的社交网络正在颠覆以往的互联网社交模式，改变人们的生活。具体来说，与垂直社交类似，社群化社交在建立"圈子"方面的能力同样显著。社群化社交并不以广大公众作为目标受众群，它们关注的是细分市场里的"微众"的社交需求，在细小的市场空间里尽可能去满足仍未得到满足的用户需求。社群化社交在更大的程度上显示出互联网络的开放性和自由属性，为一些被标签化的群体如"二次元"、"腐女"、"宅男"、"00后"等提供了极佳的社交环境。前文我们已经提到，移动互联网的主要用户具有明显的年轻化特征，而对于年轻人而言，这些以兴趣搭建起来的社群显然将成为他们在线社交更重要的模式。

市场对"私密型"社交应用的需求将持续增强

无可否认，私密社交的一大问题是用户数量的限制，相比起传统的社交应用如微博、微信，私密社交限定了每个用户的好友数量不会太多——根据邓巴数理论，私密圈子人数不超过150人，超过了这个数量，"私密"的特点将被弱化。笔者也谈到，尽管用户数量不是衡量一个社交媒体的唯一标准，但确实是一个重要的考量社交媒体市场地位以及决定社交媒体未来发展空间的重要影响因素。因此从这个角度来看，私密社交的发展似乎并不光明。

但事实是否如此？

笔者认为，私密社交的未来不仅不会消亡，反而将会成为社交媒体突破性发展的新路径。

首先，当前的"熟人社交"应用已经几近饱和，用户对这些社交媒体的使用积极性和关注热度也出现了减缓甚至是消退的现象，当"群聊"成为一种对日常生活的骚扰，当朋友圈沦为亲戚朋友转发"心灵鸡汤"的重灾区，社交媒体用户在这些平台上所能获取的"社交"快感显然已经逐渐减弱。如果说社交媒体将回归最原始的"社交"状态，那么"聊天"事实上才是用户对这些社交媒体所存在的最强烈的需求，所有的分享、互动行为本质上来看都是服务于"聊天"——人与人之间最直接的沟通。

随着社会的发展和传统观念的不断变化，加之受到西方一些交友文化的影响，不少社交媒体用户，尤其是年轻化、低龄化的用户对于陌生交友的需求越来越旺盛，但很多用户并不希望被熟悉的人发现自己正在使用这样的社交媒体，有一些聊天的信息也不愿意被公布（如微博、FACEBOOK上的评论和留言是向所有用户公开的），面对这种情况，私密社交显然为这群用户创造了很好的空间和社交可能性。如FACEBOOK就推出聊天应用FACEBOOK Messenger，方便FACEBOOK上的好友可以进行私密的聊天，而不会被其他共同好友甚至是陌生人看到。笔者认为，随着19—30岁年龄层用户对社交媒体使用的逐渐深入，这一类型提供私密交友和聊天空间的媒体将获得更大的市场空间。

而且事实上私密社交的功能也远不仅限于"聊天"，一些专属服务于情侣、家庭等极强关系网络的私密社交应用，会结合目标群体和受众的社交需求开发出特殊的服务和功能，如情侣定位、纪念日提示、家庭地图等，笔者相信，相比起大众化的社交媒体，这一类型的私密社交在可预见的将来会受到更大范围的关注和应用。

社交媒体的"智能性"的作用将被凸显

在智能手机和移动互联网高度普及的时代，社交媒体和智能客户端的高度融合早已是不可逆转的趋势，而笔者相信未来的社交媒体将会在更大程度上体现出"智能"的特点，以更加智能的应用能力吸引新用户，并提高忠实用户的黏性。

一方面，社交媒体本身应具备更智能的信息和数据挖掘能力，对用户的社交数据进行分析，从而探寻用户对社交媒体使用的真实想法和未满足的需求，从而不断完善本身的服务能力，为用户开发更多具有实际意义的功能应用。"社交数据"是社交媒体体现"智能性"的主要数据支撑。只有通过这种智能化的数据处理，社交媒体才可能"走在用户前面"，在用户对社交应用感到厌倦和不满之前，创造出新的可能和服务，使用户持续地处于对社交媒体充满热情和积极性的状态中。

另一方面，社交媒体和职能客户端的融合程度将不断提升。从目前的社交媒体开发和设计情况来看，智能手机、平板电脑以及传统的个人电脑都是用户接入社交媒体的主要方式和途径，那么未来为了更充分地体现智能生活和智能社交，笔者认为社交媒体的接入方式可以更为开放、更具想象力，如智能手表、汽车娱乐系统等，都有可能成为用户随时随地连入在线社交空间的渠道。越来越智能的社交媒体及其使用方式，将在更大程度上体现出社交媒体的优势，也将是社交媒体未来开拓新发展的切入点。

本章思考

1. 你最常使用的社交媒体有哪些？为什么这些社交媒体可以吸引你？

2. 你认为，社交媒体最核心的竞争力是什么？

3. 有人认为，随着微博、微信等热度的减退，社交媒体在未来的发展速度和发展空间将会有所减弱，社交媒体在研究价值方面并不如人们想象的那么重要，你怎么看？

4. 请试着用"使用与满足"理论分析你使用不同类型的社交媒体时的需求和目的。

第七章 互联网政治传播：政治偏向还是媒体偏向？

关于政治传播（Political Communication）的定义，国内外学者分别给出了多种回答，在开始探讨互联网政治传播问题之前，我们有必要先了解一些政治传播的基本概念和内涵。

以美国政治学家卡尔·多伊奇所著的《政府的神经：政治传播及控制的模式》为代表的一系列政治传播研究著作是现代西方政治传播研究的开端。卡尔·多伊奇将政治传播定义为"政治信息在政治系统内的流动"[1]。卡尔·多伊奇认为，通过有效的信息沟通，政治系统可以实现对人类行为的操纵和控制，从而达到政治传播主体特定的政治目的。

政治学者理查·费根从政治本位的角度出发对"政治传播"进行定义：在《政治与传播》（Politics and Communication）一书中费根提出"政治传播指的是政治系统内以及政治系统与其所在的环境之间的所有传播行为，包括传播网络、传播形态及影响传播活动的相关社会、经济因素等都是政治传播研究的范畴"，"政治信息的传播具有政治系统的功能"[2]。

英国学者布莱恩·麦克奈尔认为政治传播就是"关于政治的有目的的传播活动"，所有在媒介上涉及政治行动及行动者的新闻报道、媒体评论和政治性议题讨论都属于政治传播[3]。布莱恩·麦克奈尔把政治传播的主要功能归

---

[1] Deutsch. Karl. W. The Nerves of Government: Models of Political Communication and Control [M]. New York: Free Press,1963:316

[2] Richard. R. Fegan. Politics and Communication [M]. Little Brown,1969:20

[3] 布莱恩·麦克奈尔. 政治传播学引论 [M]. 殷祺译. 北京：新华出版社.2005:21-22

纳为五方面：（1）告知民众；（2）教育民众；（3）提供公众讨论的平台；（4）曝光政府及政治机构；（5）宣传政治观点。

中国体系化的政治传播研究始于 20 世纪 80 年代，并于 2000 年后进入蓬勃时期。目前比较经典的国内政治传播研究著作包括：谢岳所著的《大众媒介与民主政治》（2005 年）《大众传媒与民主政治：政治传播的个案研究》（2005 年）、李元书的《政治体系中的信息沟通：政治传播学的分析视角》（2005）、张昆的《政治传播与历史思维》（2010 年）、段鹏出版的《政治传播：历史、发展与外延》（2011 年）等。

总的来说，中国学者对政治传播的定义可以大致分为两个方向。

一种是从政治本位出发，把政治传播定义为具有传播功能的一种政治性活动。如李元书（2005）在《政治体系中的信息沟通：政治传播学的分析视角》中对政治传播的定义是"由政治系统的结构和功能导致的政治信息的传递与处理过程"，李元书认为政治传播的主要功能体现为八个方面：（1）传播政治信息；（2）设置政治议程；（3）影响公共舆论；（4）促进民主；（5）政治社会化；（6）塑造政治形象；（7）监督政府；（8）政治控制与稳定[1]。

另一种则是从传播的角度出发，挖掘传播对政治活动所具有的功能和作用，把政治传播看作是传播活动的一种类型。如鞠丽华（2007）在《政治传播的三种模式的解读与启示》一文中对政治传播做出定义："政治传播是一定的政治传播主体（民众、政治家、政府或政府组织）运用有意义的符号，通过大众媒介与政治传播对象之间进行的政治信息传递、接受和反馈的行为和过程"[2]，政府、媒体和公众是政治传播过程中的三个基本要素。

按照在政治传播的过程中的"公众"所处在传播主体和客体的地位差异进行分类，笔者认为可以把政治传播大致分为两大类型：一种是以公众作为

---

[1] 李元书. 政治体系中的信息沟通：政治传播学的分析视角 [M]. 郑州：河南人民出版社，2005：41-47

[2] 鞠丽华. 政治传播的三种模式的解读与启示 [J]. 齐鲁师范学院学报, 2007, 22(3):92-95

传播客体的政治理念、政策议题、制度建设等宣传，转播的主体主要是国家、政党、政府等公共权力的象征和拥有者；另一种是以公众作为传播主体的政治诉求表达，客体是与政治传播问题相关的任何对象，主要是政治公权力的拥有者——党和政府等公共管理者。

值得注意的是，根据不同的分类标准，"公众"又可以做出不同的解读和定义：（1）按照地域范围来区分，公众可以划分为"国内公众"和"国际公众"两种，涉及国际公众的政治传播也同属于国际传播或是国际政治传播的研究领域；（2）按照公众类型来区分，可以把公众归纳为"组织公众"和"个人公众"两类，组织公众包括企业、NGO（非政府组织）、NPO（非营利组织）等，而个人公众指的就是一般的公众个体。不同类型的政治传播其传播目标、传播内容、传播特征和传播影响等也不尽相同，关于政治传播具体的议题分类笔者将在下一部分详细分析。

政治传播作为一个社会热点议题，早已经成为高校等研究机构重点关注的问题之一。截至 2015 年底，中国拥有包括中国传媒大学政治传播研究所、西北大学政治传播研究所、中国青年政治学院政治传播研究中心和华中师范大学两岸四地政治传播研究中心在内的四个专门研究政治传播的机构[1]。此外，不少新闻传播类的高等院校更是把"政治传播"作为一门单独开设的课程甚至是独立的学科对学生进行培养。如中国传媒大学、中国政法大学、华中科技大学等高校设立了政治传播博士点；开设面向硕士研究生和本科生的政治传播专业和课程数量就更多了，如中山大学传播与设计学院就开设了面向传播学专业研究生的《政治传播》课程和面向本科生的"政治传播"方向培养方案。可以说，政治传播早已经是当前中国传播领域中一个最突出、最热门并且不断持续升温的专业问题。

而结合网络而开展的政治传播也被称为"网络政治传播"，或是"互联

---

[1] 荆学民, 邹迪. 2015 年中国政治传播研究盘点 [N], 中国社会科学报, 2016-1-6

网政治传播"。贾哲敏（2015）提出，网络政治传播模式可以概括为"表达输出—决策输出"的过程，即政治需求通过网络表达向政治系统输入，经过政治系统内部的活动，产生具有决策性意义的行为并且不断循环往复的过程[1]。王蓓茹在《网络时代的政治传播策略及效果——以奥巴马从竞选到执政的受众态度为例》一文中提到："如果说小罗斯福是'电台总统'，罗斯福是'电视总统'，那么奥巴马则可以成为'网络总统'，奥巴马在美国总统选举中的获胜被认为离不开对新媒体的运用。"[2]可以说网络以其开放、便捷、平等、互动等特点在吸引力一大批用户的同时，也承载着极大的公共传播功能——政治传播方面的作用和效果是其中最显著的一点。

事实上中国互联网传播空间里最常见、最受关注、最重要的议题类型之一也正是政治性的传播问题，而笔者认为，这一现象和特点与中国特殊的历史文化背景和社会发展现状密不可分。

首先，自新中国成立以来，民主政治的发展一直是社会的焦点问题之一。与过去几千年落后的社会制度和政治特点相比较，新中国成立六十多年来，我国的社会主义民主建设问题在不断发展，与政治相关的问题如法制建设、公民权利、政府执政能力、公共政策的制定和施行、公权力与公众利益的矛盾与协调等问题不断牵扯着广大公众的敏感"神经"。在网络出现以前，政治问题也一直是传统媒介传播领域中的其中一个主要议题，而事实上政治问题与经济、文化问题一样，都是形成每一个国家基本发展状况和发展动力的一项要素，在某程度上来看，对政治问题的关注反映的是对国家整体发展状况的重视和关心。

其次，互联网的特点之一是开放，"去中心化"的特点使得很多现实生活中难以被广泛讨论的"敏感"问题，在互联网的公共领域内可以找到生存空间和发展的"土壤"。在相当长的一段时间里，中国的主流传播领域被《人

---

[1] 贾哲敏. 网络政治传播模式及其优化 [J]. 理论探索，2015（3）:67-70
[2] 王蓓茹. 网络时代的政治传播策略及效果——以奥巴马从竞选到执政的受众态度为例 [J]. 新闻记者，2010(06):81-85

民日报》、《新华社》、中央电视台等被贴上"党媒"和"官媒"标签的媒体所占据,受到出版规律、审查制度、媒体定位等因素影响,中国公众通过传统媒体进行政治表达和政治参与的机会并不多,传统的政治表达和政治参与途径存在"广泛性"不足的问题。网络政治是现实政治问题和政治状况在虚拟空间里的一种体现和映射,网络技术对政治制度、政府工作、公共管理、国际关系、政策制定等等都带来了新的影响,网络在相当程度上改变了传统的政治生活和政治传播生态环境。一方面,网络开拓了公众进行政治话语表达的渠道和途径,在移动互联网和智能电话等移动网络客户端流行的今天,公众接入网络的成本被不断降低,加之微博、知识互动社区、网络论坛、微信等社交平台的处在百花齐放的环境下,民众的政治表达成本越来越低,相对应地公众的网络政治表述热情和参与积极性也会增加;另一方面,随着网络基础技术的发展和普及,以及网民数量的日益庞大,网络所展现出来的影响力也越来越大,网络政治传播不仅是学者关注的问题,也早已经成为普通公众甚至政府组织习以为常的一种表达方式和传播渠道,网络化的政治传播沟通逐渐发展成为政治话语表述的新常态,互联网政治传播塑造了"政民"关系、国际关系、国家形象、社会和谐、公共管理等领域中的新型管理模式和形态。

另外,如图 7-1、图 7-2 所示,根据 CNNIC 发布的《第 38 次全国互联网发展统计报告》的统计报告,青年人是网络使用者中最重要的组成,我国网民整体以 10—39 岁群体为主,大约 74% 的网民都处在这个年龄段内,其中 20—29 岁的网民所占比例最高,超过 30%。从职业结构来看,中国网民里占比最高的群体是学生,人数占比例约为 25.1%[1]。青年学生一直是推动社会政治发展的一个重要力量,随着改革开放后西方政治文化的交流和融入,以及互联网世界里各种各样纷繁的公共信息,青年人的世界观和价值观不断在发生变化,对社会政治民主的希冀和期待也在不断改变,对政治表现出相对较

---

[1] CNNIC. 第 38 次中国互联网络发展状况统计报告 [R], 2016-8-3, 链接为 http://www.cnnic.cn/gywm/xwzx/rdxw/2016/201608/t20160803_54389.htm

高的热情和关注度是青年人的一大特点,中国网络环境中网民的结构组成是网络政治传播议题备受关注的另一个重要原因。

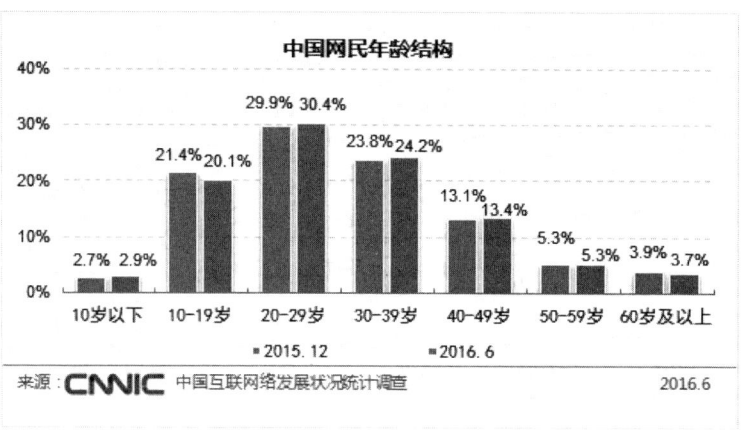

图 7-1 中国网民年龄结构(截至 2016 年 6 月)

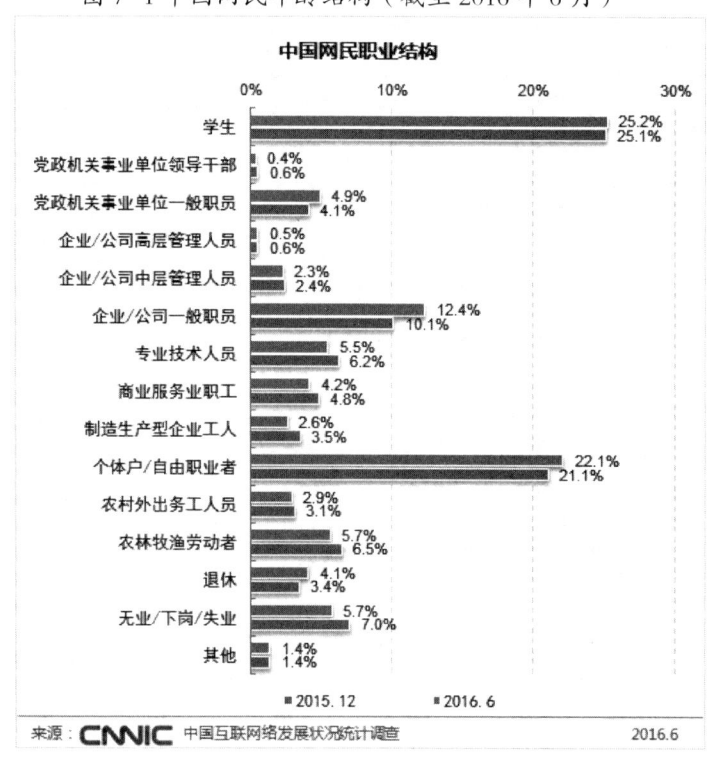

图 7-2 中国网民职业结构(截至 2016 年 6 月)

最后，中国当前处于社会转型的特殊时期，自改革开放以来的三十多年里，中国经济获得了飞速长足的发展，然而与此相对应的社会政治文化等建设相对不能匹配，在政治领域里不少议题被放到一个更开放、更透明的环境里被透视——如经济发展带来的新问题却得不到合适的法律法规支持、公权力的使用和执行是否有相对应的监督机制、地方政府执政存在渎职和腐败问题、社会不同群体之间的利益矛盾得不到合理的解决、中国的崛起对西方国家带来的影响等问题都是网络政治传播领域中备受热议的代表性问题，在社会发展的过程中，社会各群体之间的矛盾在一定时期内被激化，而这些矛盾一旦被激化，网络就是他们宣泄情绪和表达不满情绪的其中一个渠道，使互联网成为各群体之间政治诉求和政治利益交相互动的一个重要平台和空间，也使得互联网政治传播成为一项被广泛讨论和关注的问题。

在这一章，笔者希望探讨的问题并不限于政治传播是什么或者政治传播的影响等理论性问题，而是结合互联网的传播特质和政治传播在中国的实际发展情况而言。在全媒体的传播时代，在中国的语境里，未来的中国网络政治传播将走向哪个方向——以"媒体"为核心的传播还是以"政治"为核心的传播？也就是说，网络政治传播将在更大程度上满足公众的"传播"诉求抑或是"政治"需要？在讨论这个问题之前，我们先来看看网络政治传播究竟覆盖了哪些领域、什么是网络政治传播所讨论和关注的问题。

网络传播环境中的政治传播

政治传播涵盖的领域非常广泛，总的来说，中国网络传播环境中的政治传播议题可以大致分为以下几类。

公共政策沟通

公共政策的制定和施行是政府和其他管理部门日常公共管理工作中与公众接触最频繁、和公众联系最密切、最受公众关注的议题之一,同时也是政治传播的一项重要内容。无论是政策设定(Policy Agenda Setting)、政策辩论(Policy Debate)还是政策通过(Policy Approval)的阶段,政治传播活动通过收集社情民意、协调公众利益和传播政策意义等方面都起到重要的作用。近年来以公共政策沟通作为主题的政治传播活动越来越常见,尤其是结合新的传播媒介和平台所建构的政策讨论议题,在公众政治参与主体意识增强的今天,成为公众参政议政的一种重要途径,而与此同时,公共管理部门通过与公众讨论和交流关于公共政策的问题,既提高了公共政策本身的科学性和代表性,同时也是构建新的"服务型"政府和塑造负责任的"公权力"形象的有效举措。

政治观念传播

政治观念指的是"个人或群体对政治的看法和态度",具体包括个人或群体的政治理论观念、政治态度观念和政治行为观念等。政治观念的传播主要是国家和政府及相关管理人员向公众进行的关于政治理论、政治态度和政治行为方面的信息传播。政治观念是一个国家或地区社会公众政治文化的重要体现,具有一定的稳定性和流行性。处于社会转型期的中国面临着来自包括经济、政治、文化等多方面的矛盾和问题,在这样的特殊阶段里,公众,包括个人和群体的政治观念处于相对不稳定的状态,极容易受偶发性、突发性的政治事件影响,形成或塑造新的政治观念,而这些观念未必是理性的、合理的。更重要的是,社会公众的政治观念对一个国家的政治发展根基影响深远,缺乏向心性和积极性的政治观念将不利于国家政治生活的稳定发展。

因此，政治观念的普及和教育是中国政治传播活动中最重要的内容之一。

群体利益协调

人口数量庞大、区域间人口发展水平不均衡是我国人口问题最大的特点。截至2015年末，中国人口超过13.7亿，其中城镇人口约占52.57%，乡村人口约占47.42%。随着城市化进程的加快，流动人口超过2亿，庞大的流动人口对政府的社会管理和公共服务工作带来极大的挑战。而人口流动现象带来的是新的社会特殊群体的出现，包括"农民工"、"外来人"、"留守儿童"等群体利益诉求成为社会普遍关注的问题。国家和政府在协调社会不同群体之间的利益时需要赋予他们充分表达的权利和途径，而这也是当前中国政治传播的一项核心议题，群体之间的利益冲突能否被协调，不仅影响了社会群体本身的利益满足问题，还将对社会稳定和社会整体发展水平造成影响。

政府形象建构

政府形象是一个国家和政府"软实力"的重要组成，而"软实力"可以说是新世纪国家最重要的一项无形资产和政治资源，无论是对内的政府公信力打造还是国际范围内的国家竞争，以政府形象为主要内容的"软实力"都是一种无形力量的体现。可以说"塑造良好的政府形象已经成为国内外各级政府的普遍共识[1]"。政府形象建构也是政治传播的议题之一，而这种形象包括对内和对外。从对内的角度来看，地方政府腐败、行政改革效果不理想、突发性公共危机管理能力偏低等残存的社会问题使得中国政府的形象受到一定的负面影响，而消极的政府形象又会造成政府公信力、执行力等问题；从对外的角度来看，由于中西方文化、历史、意识形态等差异，以及近年来中

---

1 塔娜，廉萌. 论当前我国政府形象的塑造[J]. 学理论，2013(5):5-6

国经济腾飞和崛起的国际实力，中国对外同时也面临着关于人权、信息不公开、"中国威胁论"等形象问题的挑战。在这里，关于政府形象的对外塑造问题也可以归在政治传播活动中的"国际议题传播"范围。

意识形态塑造

意识形态涵盖了人们观念、观点、概念、思想、价值观等要素的总和，是人们对社会事物的认识和理解的反映。意识形态的塑造和传播存在于任何一个国家和社会的政治传播活动中。不同的文化历史和社会制度下，人们的意识形态有着明显的差异，而这种差异并不存在普遍的"好"、"坏"之分，但一定社会背景下的意识形态的一致性是政治稳定的基础，也是政治传播能否顺利开展的影响因素。关于政治传播话语中的意识形态问题，专门研究政治传播的北京交通大学教授施惠玲做出不少探讨。施惠玲（2014）认为，政治话语的表达实现了意识形态的本质功能，意识形态通过政治传播中政治话语的表达可以使受众接受和认同现实的权力关系[1]。

政治生活动员

美国政治学家Karl Deutch在20世纪60年代首次提出了社会动员（Social Mobilization）这一术语，认为社会动员是"人们所承担的绝大多数旧的社会、经济、心理义务受到侵蚀而崩溃的过程；人们获得新的社会化模式和行为模式的过程"[2]，而政治动员是社会动员活动的一个重要组成，政治动员的主要目的包括实现政治认同、提高社会政治凝聚力和向心力、形成社会政治力量等。

---

1 施惠玲. 政治传播中的政治话语与意识形态 [J]. 青海社会科学，2014(1):8-11
2 (以)S. N.艾森斯塔德. 现代化：抗拒与变迁 [M]，陈育国、张旅平译，中国人民大学出版社，1988：2

政治动员的实例非常多,包括抗日战争时期中国共产党对公众的参与动员、"文革"时期的社会动员以及改革开放时期新的"思想路线"确立和宣传等都是中国特定时期政治动员的经典事例。事实上我们可以看到,政治动员和政治传播的目标是高度一致的,这也就不难解释为什么关于政治生活的社会动员会是政治传播的一个主要议题。

国际议题传播

国际传播学专家罗伯特·福特纳认为,"从某种意义上说,所有的国际传播都具有政治性,都带有政治色彩,政治因素更是其本质。"[1] 在全球一体化的今天,没有任何一个国家可以独立于国际社会之外而存在,同样的每一个国家的政治问题和政治诉求也和全球社会息息相关、紧密相连,与经济、文化、体育等活动一样,政治活动是国际关系中一种重要的载体和形式。国际传播是当前政治传播领域里的一个热点问题,包括国家形象传播、外交与国际关系、国家公关活动、国际竞争与合作等都属于政治传播中的国际传播研究范畴。

互联网政治传播倾向

结合互联网的传播特点以及中国现实的网络政治传播发展现状,笔者归纳了互联网政治传播的几个主要倾向。

网络信息发布与回应

传播的最基本功能之一是信息的传递,"信息"是任何一种传播活动的基本内容和基础元素。同样的,互联网政治传播最主要、最基础的内容和任

---

[1] 周培源. 政治传播研究:概念、辨析与整合 [J]. 青年记者, 2014(17):29-30

务就是政治信息的传递和沟通。这里包括了两项内容：政治信息的发布和政治问题的回应。一方面，利用互联网传播平台，政府或是公众都可以向政治传播的客体进行政治信息的发布和表达，而事实上互联网凭借开放性、即时性和扁平性等传播特征，已经成为政治信息发布的一个重要渠道，相比起传统媒体冗长的信息生产和发布过程，网络在时效、开放等方面具有显著的信息发布优势；另一方面，开放的网络传播平台意味着任何人都可以在这个空间里发布与政治问题相关的任何信息，这使得信息组成变得复杂，甚至真假混杂，对政治传播的生态环境造成负面影响。因此，为了促进政治传播活动可以在网络空间里实现良性的开展，传播主体利用网络回应网络上关于自身的任何信息甚至质疑，尤其是面对谣言和流言时进行有针对性的回应，同样也是网络政治传播的一项基本内容和功能。

网络社会动员

新媒体是社会动员的一股重要力量。凭借传播速度、传播范围、传播形态等特点，新媒体赋予了公众"不服从"的可能性，并为公共事务参与者搭建了一个表达和传播自己观点的平台，通过开放性的新媒体传播路径，公共事务信息得以在不同的网络社群中流传，从而起到了动员组织的作用[1]。在当前全球化浪潮下，传统媒体如报刊和广播等对公众的开放性仍然相对较低，而新兴媒体的动员能力凸显。新媒体正和传统媒体表现出一种"交叉"的动员作用，新媒体技术的发展为社会问题的有效解决带来了许多创新的处理手段，社交媒体，如微博、微信、网络论坛等在打破媒体传播垄断、开放性接入、赋予公众参与权和话语权等方面具有显著作用，也是当前中国网络政治传播主要的功能体现之一。

---

1 陈舒一. 新媒体的社会动员与组织：结构、机会与框架——以"3·18太阳花学运"为例[D], 西北大学硕士学位论文，2014

网络参政议政

网络参政议政在这里主要指的是"对政治及公共议题的关注和讨论"。前文笔者已经提到,政治传播不仅包括国家和政府等管理者向公众的政治信息传递,还包括了公众向国家和政府进行的政治表达,而互联网,尤其是自 2010 年微博在中国流行以来,社交新媒体所表现出来的赋予网民和公众参政议政新渠道的能力越来越明显,而且这种政治表达的内容和议题范围越来越广,影响力度也越来越大。以网络参政议政为代表的公众政治表述已经成为社会普遍认可和接受的政治生活参与方式和政治诉求表达的一种途径,同时也构成了当前公众网络政治传播生活的重要部分。

网络舆论研究

网络参政议政的发展使得互联网舆论空间上关于国家和政府以及其他公共管理问题的政治信息越来越多,研究价值也得到彰显。对社会管理者而言,研究这些在互联网话语空间里的政治表述和政治舆论同样具有相当的意义。传播学者 W. 施拉姆在 20 世纪 50 年代就提出了"反馈"是传播过程的重要环节,也是传播在双向循环的信息互动过程的明显反映。因此,社会管理者,包括国家、政府及其工作人员对网络舆论的研究同样是网络政治传播的一种过程和工作,而且这种政治信息和政治意见的收集方式比传统的社情民意反馈更高效、更直接。这不仅是当前中国互联网政治传播的重要内容,在未来,笔者相信对网络政治舆论的研究将成为网络政治传播中更核心的一部分。

网络国际传播

笔者在前文提到国际议题传播是政治传播的功能和任务之一，而利用互联网平台进行国际传播，则是当前网络应用和政治传播的一项新趋势和新发展。笔者认为，网络国际传播的主体同样包括以国家和政府为代表的"公"传播和以普通网络用户即网民为代表的"私"传播。对前者而言，网络媒体是国家形象传播的重要渠道，对西方国家而言，FACEBOOK、Twitter 和 YouTube 等已经成为在社交网站、微博和视频网站领域里实现国家形象传播和文化观念推广的平台，而这些社交媒体在全球拥有数亿用户，传播影响力巨大。对中国而言，利用社交媒体等网络媒体进行国家公关活动，推广国家形象、宣传国家理念、扩大国际影响力等，都应是新媒体时代网络政治传播的内容；而对后者而言，这种传播影响事实上可能不是显著的、直接的，但影响却是巨大的。例如，网民在网络上对社会议题的关注程度反映了该国社会公众正在关心国家哪方面的发展，网络舆论表达和网络信息传播的过程中，网民的行为和言论其实也是国家和国民形象的一种折射。以 2016 年里约奥运会中中国网民集体向澳洲游泳运动员要求"向孙扬道歉"的行为为例，这不仅反映了中国公众公共表达意识的增强和国家荣誉感的提升，也在某种程度上反映了中国网民素质有待提高的问题，而网民的这种行为表现事实上已经是网络政治传播中影响中国和国民在国际上的形象的表现。

基于"政治偏向"的网络政治传播

政治传播是一个跨学科的研究问题——既是政治学关注的问题，也是传播学研究的范畴，基于互联网传播平台而开展的网络政治传播同样也是。因此，在网络政治传播领域里，西方学者很早就提出了一个疑惑：从本质上看，政治传播的发展应该在更大程度上体现出"政治"的内涵还是"传播"的功能。

荆学民和施惠玲在《政治与传播的视界融合：政治传播研究五个基本理论问题辨析》一文中提出，一方面，从"政治"本身的内涵来看，"传播"本身就是政治天生包含的一种内容和功能，传播是实现任何一种政治愿望和政治目的的途径之一，没有脱离传播而存在的政治；另一方面，在"传播"所包含的各种类型中，以政治诉求和政治目的作为核心内容的传播活动是其中一种重要的议程，抽离了政治内容的传播也是无意义的[1]。

事实上笔者认为，从广义的传播来看，几乎所有的传播活动都或多或少地带有政治性内容和政治特质，如以奥运会为代表的体育赛事传播，我们也能从中挖掘出耐人寻味的政治性内容——如2016年里约奥运会中夺得铜牌的中国游泳队选手傅园慧的"爆红"原因，是向公众展现出与传统中国运动员不同的生动、活泼、接地气的形象，被认为是精英群体对举国体制、金牌至上、宣传"套路"的批判性表达；媒体对奥运"难民队"（Refugee Olympic Team）的关注事实上是借助国际体育赛事对政治和战争的艰难抗争，把公众对国家战争、内战、非战争的政治对抗以及行政流程等各种政治因素和议题投射到国际性的体育赛场上，借此获取更大范围的关注和促进各国对难民问题的重视并促使问题的解决。所以说，我们认为传播在本质上也是具有政治作用的，政治是传播所进行表达的最重要和最常见的议题之一。尤其是在中国当前的社会背景和传播环境下，社会议题、非政治议题的"政治化"传播成为一种极为普遍的现象甚至趋势，而政治传播本身所拥有的传播空间、传播工具和信道都大大增加了。

而在互联网的传播语境下讨论这一问题，无疑将会更具意义——网络在更大程度上实现了传播主体的政治赋权，网络的特点及其所营造出来的传播氛围使其成为普通网民、组织甚至国家更现实、更具影响力的一种传播工具，那么互联网的政治传播能够实现、需要实现、应该实现的究竟是更显著的政

---

[1] 荆学民，施惠玲. 政治与传播的视界融合：政治传播研究五个基本理论问题辨析 [J]. 现代传播，2009(4):18-22

治功能还是传播功能？在这一部分，让我们首先来看第一种观点：基于政治偏向的网络政治传播。

总的来说，基于当前关于这一问题的相关研究和业界观点，笔者归纳出支持网络政治传播在更大程度上体现"政治偏向"的原因和理据。

● 在全球媒体高度市场化发展的今天，为了得到更多读者的关注和市场份额，媒体倾向于选择以一种博取眼球的策略和方式对新闻事件进行报道，其中政治化的表述无疑是一个可行的选择和媒体偏好。事实上网络媒体的这种特质和表现更加明显。网络媒体的准入门槛较低，几乎所有人都可以成为网络传播媒介的一个环节，尤其是在自媒体高度发达的移动互联网传播时代，传统的主流网络媒介在公众中的影响力也出现了消减的现象，为了迎合这种市场竞争的特质和公众对更多公共信息的需求，网络媒体开始以"另辟蹊径"的方式对新闻事件进行包装。在网络传播世界的关注度拉锯战中，以"政治"作为新闻热点和社会问题的切入点，是由媒体天生的特质所决定的。

● 事实上我们不难看到，"政治传播"的概念边界和外延不断扩张，"政治"所包含的内容也不再是简单的社会制度、意识形态、民主发展等传统的议题，几乎所有网络媒介上的热点事件和热门话题都可能成为网络政治传播内容的一部分，包括一些传统意义上我们称之为娱乐新闻、民生新闻等的内容。随着传播平台越来越开放和公众接触公共信息量越来越大的趋势，加之一些所谓的"网络意见领袖"和"公知"在互联网平台上以一种透析社会现象、吸引公众探讨政治的形象出现，造成一种新的网络传播环境特点：几乎所有话题在网络上都可能呈现政治内涵，而政治传播活动本身也难免呈现这样的基于政治内涵而开展讨论的传播发展走向。

● 最后，从大众的角度出发，"政治传播"呈现更多的"政治偏向"具有一定的群众基础，也是满足公众信息阅读和传播习惯的表现。一方面，与政治参与相对，近年来"政治冷漠"成为西方青年人中的常见现象。"政治冷漠"主要体现为公众对政治问题不关心、政治参与热情低甚至出现对政治话题和政治活动的冷漠感和疏离感。在政治冷漠的社会环境下，公众对流行文化、娱乐新闻等关注度远高于政治话题和政治新闻，最终可能导致社会政治精英化和草根阶层远离政治的结果。尽管目前中国传播语境内的政治冷漠现象仍不明显，但随着互联网的进一步开放和发展，纷繁的网络信息难免会吸引和转移部分公众对政治的关注度和注意力，为了避免政治冷漠成为中国国民的普遍现象，网络媒体或者政治传播的主体在进行网络政治传播时难免会更重视以"政治"为侧重点的网络传播。另一方面，受到现实传播制度和传统媒体接触难度的限制，中国公众的媒介接近权一直没有得到很好的实现，而互联网的出现和发展显然改变了这个现象。对于那些积累已久的对于社会的看法和意见，公众更倾向于在网络平台上进行发表和传播，尽管他们当中一些人的传播能力和传播技巧相对较低，但是以网络作为传播的"窗口"已经是中国网民进行政治表达的一种普遍路径。与此同时，他们也对网络上的政治信息非常敏感，这也在一定程度上影响了以政府和媒体为传播主体的政治传播活动的走向，即在更大程度上呈现出"政治"偏向的传播内容和传播活动。

基于"媒体偏向"的网络政治传播

从"政治宣传"到"政治传播"，中国语境下的政治议题表述问题事实上已经经历了一个"单向传递"到"双向互动"的发展过程。恩格斯曾这样评价文艺复兴："我们生活在一个需要表达，也确实充分进行着表达的时代。"实际上这也正是我们当下传播环境的真实写照——每个人都渴望并且切实参与到实际的声音表达的传播活动中来。中国7.1亿网民所构建出来的是全球最大的网络舆论场，可以毫不夸张地说，未来的十年、二十年里，中国的互联网舆论生态将在更大程度上影响着全球的舆论走向。中国的舆论环境和传播机制正在发生重要的变化，而这些变化都将对政治信息传递的活动产生深刻的影响。我们之所以普遍认可"政治传播"比"政治宣传"在某种程度上更具政治方面的意义和价值，最重要的一个原因就是双向的政治传播实现了政治活动主体和客体之间的直接对话，使得代表不同利益的群体之间可以实现意见交流和互动，并且在这种多元观点碰撞的过程中寻求共识，从而获得政治共同利益，也正因如此，网络政治传播所承载的"传播"功能决不应该被忽视。

而笔者观察发现，网络政治传播的发展可以基于一种"媒体"偏向或"传播"偏向的观点主要受到以下几方面的影响和支撑。

●网络政治传播是一个既属于媒介系统，也属于政治系统的公共传播议题，而与普通的政治传播不同，网络政治传播是一场生长、发展于网络空间的传播活动，网络的特点决定了网络政治传播应该在更大程度上聚焦"传播"的作用和意义。首先，网络的低成本和开放性特点决定了参与网络传播活动主体多、杂、散的特点。在网络政治传播过程中，任何个人、群体或组织都可能同时扮演着传播主体和客体的角色，每个人在网络政治传播的不同节点上都可能产生特殊的作用。事实上，整个网络政治传播过程是一种全新的传播模式，而这种传播特质并不一定会因为不同政治议题的特殊性而变化，因此研究网络政治传播时，可以尝试探索出其中可能存在的共性和普遍模式。其次，如前文所述，中国公众对政治话题天生地具有一种敏感的触觉，尤其是相比起传统的传播语境，网络舆论生态造使政治传播活动具有活跃性和焦点性的特点。因此，在这样的传播话语氛围里，如果忽略传播的功能和特点，实际上将很难适应网络传播的特点和背景要求。另外，从普通网民和公众的角度来看，网络政治传播之于他们是一种政治生活参与的新模式和新途径，而这种途径对于他们来说是提供与人民代表大会制度、政协制度、信访制度以及游行、集会、示威等传统政治表达方式截然不同的尝试和可能性，而最大的不同在于几乎每个人都可以在这个表述渠道中通过一种相对匿名的、低成本的但影响力广的方式实现自己所代表的群体或组织的利益诉求表达。但"表达"并非他们在网络政治传播中的唯一和最终目的，所有网络政治表述的本质要求都是希望能够改变他们所代表的群体面临的现实存在的政治或公共问题，因此"反馈"乃至实际生活的变化是网民在网络政治传播活动中的终极目标。显然，无论是"表述"或是"反馈"，都离不开"传播"。

●事实上我们可以看到，不仅网络媒体，传统媒体也已经抛弃了老式的政治宣传方式，而转向关注政治传播的作用和效果。从"宣传"到"传播"的转变，体现了政治活动开展的一种整体趋势，而这里最大的变化在于"传播"的作用被放大。以央视和《人民日报》为例，自微博等自媒体平台流行以来，这些媒体在政治话语方面发生了明显的改变：一方面他们会选择公众更感兴趣的话题作为切入点对新闻事件进行剖析，而不是传统传播时代的"高大空全"的政治表述，需要建立新的政治话语体系以适应自媒体传播时代的开放性和互动性特点。在这样的传播背景下，任何逃避、隐藏公众关注焦点的传播内容将很难实现广泛的关注度，从而降低网络政治传播的实际效果；另一方面，尽管政府等公权力部门希望通过新媒体塑造一种全新的政治沟通模式，但这种模式并非完全颠覆传统的政治权威，而是开创了新的提升政治凝聚力和向心力的方式。在这个过程中，重视"传播"的作用，在不断地和公众互动沟通的过程中探索出可能的政治引导格局，将会是网络政治传播的工作重点和难点。

●最后，从中国具体的国情和社会实际来看，"传播"偏向的网络政治传播或许更符合社会现实和传播要求。从国内的传播语境来看，社会不同群体之间的利益矛盾日渐突出、由经济发展而带来的社会政治等发展不协调问题、公众对政府等公权力部门的不信任甚至质疑现象等越来越普遍，而这些恰恰都是网络政治传播中常见的议题。网络政治传播的意义在一定程度上也是为了满足公众的政治参与和政治表达需求，拓宽社会表达的通道，从而促进根植于中国社会的深层次问题的解决，而这一切的解决实际上又离不开传播本身所具有的沟通和互动作用。而从国外的传播语境来看，传播的意义显然更明显。一方面，受长期以来"闭关锁国"历史特点的影响，改革开放之前的中国社会相对来说和世界各国的接触较少，除了传统文化如饮食、四大发明、武术等西方各国人民认识较多的领域外，很多西方国家和人民对中国的发展现状和政治进步情况并没有充分了解。未来，中国在国际范围内的政治传播，尤其是国家形象的塑造和国家利益的维护方面，都离不开主动的传播和积极的接收反馈，也就是说，在网络上进行国际传播，"传播"是一个落脚点和核心要求。另一方面，由于中西方文化差异，尤其是语言、历史和文化背景的不同，对于一些具有中国特色的政治化表述，西方国家常常会感到难以理解甚至是做出错误的解读，如"韬光养晦"、"和平发展观"、"中国梦"等积极的国际政治话语建构和表述，西方国家，尤其是这些国家的人民很难通过简单的新闻翻译和外交活动对中国的政治态度和国际立场等有深刻的认识和理解。这种现象又将导致国际舆论对中国越来越强大的综合国力存有"中国威胁论"等误解，从而进一步影响中国在国际社会的形象和声誉。在相当长的一段时间里，中国的国际形象被西方国家及其媒体描绘成专制的、不负责的、侵略性的等等。这种情况并没有因中国参与全球化的经济发展而得到改善，相反，有研究发现，随着中国国家实力的增长，其国际形象却在下降[1]。根据BBC在2013年的一份调查，在25个受访国家里，超过一半的国家及其国民对中国持有负面的意见和态度，中国的国际形象也是过去10年里最低的。包括法国、德国、日本、韩国、美国、澳大利亚等在内的国家都对中国持有负面态度，并且中国的国际形象在这些国家的眼中都大幅度下降了[2]。西方国家及西方媒体对中国及中国国民的非客观描述使得中国领导人不得不意识到，尽管中国作为全球最大的经济体之一，来自中国自己的"声音"还是被严重忽视了。尽管国际对一个国家的看法和态度并不至于对一个国家

---

[1] Lye Liang Fook. China's Media Initiatives and Its International Image Building [J]. International Journal of China Studies. 2010, 1(2):545-568

[2] BBC Polls. Attitudes towards Countries [EB/OL]. 链接为 http://www.globescan.com/news_archives/bbc06-3/

产生类似军事打击一般的直接影响，但是这反映的是一个国家的国际形象及"软实力"，而这些都将直接或间接地影响一个国家的国际竞争力。为什么经济发展和中国国际影响力的塑造并不成正比呢？其中的原因是复杂的——例如，中文还不是国际上通用的语言，不同的语言文化使得中国对国际事务的观点和价值主张难以完整地用英语翻译和表达出来；同时，大多数具有国际影响力的媒体都被西方国家所操控，如英国的 BBC 和美国的 CNN，出于政治和意识形态等原因及国家利益的考虑，这些媒体对中国及其国际主张本能地存在偏见，这使得它们在涉及中国的国际新闻报道上难以做到绝对中立，也常常习惯于用较为负面的态度和观点对中国进行包装。由此可见，中国推行国家公关是具有必要性和迫切性的，通过更好的传播策略和更丰富的公关活动形式，中国能将自己的声音更好地传递到世界各地中，掌握更多舆论先机，更积极地融入世界传播系统中，提升自身的国际形象。而这一切都离不开国家公关整体战略中极为重要的一个环节——政治传播，其中依托于互联网传播技术而开展的网络政治传播将是一项具有深刻影响意义的议题和工作，将对外政治活动和工作的重点放在"传播"上，无疑对中国政府和中国人民来说具有显著的积极意义。

西方网络政治传播实践案例

以互联网作为政治传播的主要渠道，进行政治宣传和政治表述，并不是中国独有的经历，西方各国也有丰富的网络政治传播事件的经验，然而我们可以从不同的网络政治传播实践案例中发现不同的影响结果。

案例 1 奥巴马的"新媒体竞选"策略

继 2008 年在美国总统大选中全面利用互联网后，奥巴马在 2012 年的续任竞选中大规模增加了社交媒体的使用。2011年4月，奥巴马在Twitter上发布："今天，我们将填写参选资料表格，启动2012年总统竞选活动。"随后正式宣布参加2012年总统竞选。此后奥巴马也在其Facebook账户上公布这一消息。而除了利用社交媒体公布参加次年总统竞选的消息，奥巴马团队还通过电子邮件向支持者公布了该消息，并在邮件中发布了一段奥巴马宣布参加2012年大选的YouTube视频，利用新媒体全面开展奥巴马的竞选宣传工作。而实践的结果证明，互联网对总统选举这一政治传播活动具有巨大的影响力和积极的推动作用。

案例点评

●社交媒体在美国拥有庞大的用户数量，以奥巴马的Facebook账户为例，拥有1900万"粉丝"的奥巴马团队在Facebook上发布的每一条信息，都将在短时间内接触近2000万人，积极的社交媒体开发利用帮助奥巴马开拓新的选举宣传渠道，而这种传播方式的成本和效果的"性价比"比传统的宣传模式具有明显的优势。

●利用社交媒体和选民实现"零距离"的沟通和交流，既塑造了一个亲民的形象，获得公众的好感和信任，又使得奥巴马和网民之间的信息流动更顺畅，网民更愿意表达自己的观点。这有利于奥巴马团队在竞选过程中不断调整宣传重点，以符合公众的诉求和兴趣，也只有这样，政治传播活动才会开展得更具有针对性和影响力。

●更为重要的是，社交媒体用户中有相当一部分是年轻人，近年来年轻人的政治参与热情，尤其是在竞选中投票的热情有所下降是西方国家的普遍现象，如何吸引年轻人关注政治、参与政治活动中，成为不少国家和政府都在关注和努力解决的问题。以社交媒体作为宣传平台，选择年轻人习惯的、喜欢的传播模式和话语特点进行竞选宣传，可以在一定程度上提升这部分选民的关注热情和参与的积极性。同时，这种传播不应该是短期的、暂时的，而应该是一项持久而频繁的议题发布，因为在信息量巨大的互联网世界里，日新月异的信息随时可能将网民的注意力和焦点转移，"持久战"是网络竞选宣传传播活动的一个重要策略。

● 如果说在2008年的总统选举中奥巴马利用新媒体进行宣传是一项亮点，那么到了2012年这种传播策略已经是不少竞选活动的"标配"，没有任何人或组织可以拒绝或否认新媒体对政治传播活动可能造成的影响力。夸张地说，有时候影响竞选结果的可能并不是不同候选人之间的选举纲领或政治手段，也许只是对新媒体技术更高的运用能力，这就足以改变一次政治选举的结果。

● 2012年11月，奥巴马竞选成功后在Twitter上发布的一条配以和妻子深情相拥图片的推文"Four More Years"（再干四年），获得超过81万次转发，创造了当时Twitter的转发量记录。可见以Twitter为代表的社交媒体在当代选举中的政治影响力十分巨大，充分结合传统的传播工具和社交新媒体，将会是未来以选举活动为代表的政治传播活动制胜秘诀之一。

案例2 美国旧金山的"311"服务平台

在美国加州的旧金山，政府建立了一个名为"311"的科技服务应用平台，把城市管理的权利和责任的一部分下放给旧金山的市民。"311"是北美很多城市设置的公共热线电话。"911"热线的主要功能是解决市民遇到紧急事情时候的求助，与其不同，"311"主要是市民遇到非紧急问题或是向政府和公共管理部门提出城市管理中的问题，如交通堵塞、公共卫生问题、公物被破坏等等，市民可以通过手机把这些问题拍摄下来，借助一个名为EveryBlock的手机应用告知311，加上手机GPS定位数据把发现的问题和对城市管理的工作建议一并发送给市政府，同时其他市民也可以实时更新汇集在平台上的信息，看到其他市民提出的问题和意见，提出自己的解决方案。

案例点评

● "众包"思维在美国旧金山的"311"政务服务平台得到了充分的体现。在"311"管理案例中，市民作为政府管理城市的一个重要"传感器"，由市民自己参与到城市的公共管理中，公众意见和建议在一定程度上是民智和民慧的集中反映。新媒体平台上的政治传播中的一项重要内容在于向社会和公众提供公共管理方面的服务以及政策和政府工作信息的宣传。旧金山"311"平台利用新媒体在美国市民中具有的较高流行度，吸引了广大市民参与城市管理工作，真正体现了"科技改变生活"，也体现了新媒体作为城市管理和政务传播、政务服务开发和应用手段的巨大优势。

● 将城市管理权力的一部分"下放"给公众，让市民可以享有公开发表对城市管理的意见和建议，实际上也是旧金山政府进行公共服务和城市管理工作改革的一部分。在"311"平台上，任何市民都可以看到其他市民提出的问题和意见，城市管理和公共服务工作变得更加透明和开放，对旧金山政府提高在市民中的好感度和信任度也有极大意义。

● "311"平台处理的不是城市深层性的管理问题，而是与市民生活息息相关的日常生活工作问题，而这些问题如果没有"311"平台上市民的"爆料"和"出谋划策"，就需要大量的公务员去进行巡查才能发现，不仅降低了政府发现和处理城市管理问题的效率，也需要一笔比较大的人员经费投入，对城市管理来说是一项负担。而"311"平台则利用科技手段减轻了城市管理者的工作压力，把一部分发现问题和解决问题的工作交给市民。这样既可以提高市民在城市管理中的"主人翁"感受，增加对城市的感情和责任，同时也可以借助科技减轻城市管理开支，为政府"减负"。

● "311"平台对旧金山政府的意义不仅在于协助政府开展公共管理和城市服务的工作，也是塑造城市形象的重要手段和策略。旧金山地处美国科技发展前沿——硅谷附近，在技术开发和应用方面享有极大的优势，旧金山政府在策划和开展"311"在线政务服务平台计划的时候不仅考虑了市民的参与度,也"外包"了一部分给硅谷的科技管理公司和高校科研团队,最大限度地借助和利用硅谷科技的优势。同时,以"311"应用为代表的旧金山在线政务服务系统和政务传播平台为旧金山塑造智慧城市、科技城市、智能城市奠定了良好的基础,有助于塑造旧金山在美国的科技发展和应用走在前列的城市形象,长远来看对旧金山吸纳更多优秀的科技人才、劳动力和高新技术产业进驻有极大的帮助。

中国网络政治传播的走向和出路何在?

值得注意的是,尽管全球各国的网络政治传播具有一些普遍性的特点,但当我们深入分析和探讨中国网络政治传播问题时,我们仍然需要将视角聚焦在中国特殊的社会环境和宏观背景之下,才能使这种对网络政治传播的关注更具有现实和针对性意义。总的来说,研究中国网络政治传播问题,最主要的一个社会背景就是中国所处的社会转型期的社会特点,总的来说这种特点可以概括为以下几点。

社会转型期矛盾突显

经济与社会、政治改革的不同步,与中国社会转型相配套的社会管理制度不完善。相比于经济的快速发展和推进,中国民主政治制度相对落后。尽管经历了三十多年的社会改革,中国在政治制度和社会保障等方面的发展成果显著,但是与经济基础所不能完全匹配的上层建筑,包括政治、制度和文化等发展现状使得越来越多的社会矛盾随之出现。缺乏规范性、法制化的政治体系管理会导致公众群体容易对政府产生不信任的情绪。而这些情绪一旦在网络上以热点事件、网络舆情等状态出现,就有可能引发新一轮的社会问题和公共讨论，传播范围的快速扩大将对中国的现实社会管理工作产生一定的冲击。

身份固化现象呈现

由社会不均衡发展所引发的社会不公平现象有蔓延趋势，新群体的身份固化现象逐渐呈现。长久以来，社会公平的问题一直是中国社会发展中公共舆论最为关注的议题之一。而随着中国城市化进程的加快，关于中国人的"出身"、"身份"固化现象已经随着社会转型发生了深刻的变化，社会流动速度的提高使社会相对底层的人也能改变现状，但这并不意味着社公平的问题已经得到很好的解决。由于户籍制度仍未解冻，"农民工"、"留守儿童"等特殊群体成为社会越来越普遍的问题。新边缘化群体出现，衍生出新的社会群体的利益诉求，而群体之间新的差异和利益方面的矛盾冲突在一定程度上被加剧，且这种新型的群体矛盾仍处于发展初期，社会各界对这些问题和冲突的认识不够深入，缺乏相关的研究成果和应对经验，一旦这些矛盾被激化到不可调和程度，将会产生更大的社会问题。

不对等的社会权利引发社会焦虑、怀疑和对抗等负面情绪

由贫富差距、公权力与公众私权的矛盾、收入不均衡、人口问题的马太效应可能衍生出一系列社会负面情绪，任何一件社会小事都可能引发广大群体的情感共鸣，从而引发社会舆情甚至是群体性事件，如对政府的不信任、对个人未来的迷茫和焦虑、对公权力的愤懑和对抗心理等；而更为重要的是，这些负面情绪和社会矛盾可能会造成相对应的社会犯罪问题，如人口性别不协调和农村发展相对落后的问题可能会造成人口拐卖、针对女性的性犯罪等严重的社会性议题。

除了特殊的社会背景,中国互联网发展的一些新现象也将对网络政治传播造成一定影响。

●视频直播、网络社群等新型互联网社区的兴起形成了新的网络信息传播的舆论场。通过数据挖掘和语义分析等技术,管理者可以对以"文字"形态呈现出来的网络舆情(如微博、网站、媒体报道等)进行监测和分析,但是像直播、视频等以"非文字"形态呈现出来的社会舆情,或是通过"弹幕"等实时发布的公众评论模式,舆情客体很难进行迅速及时的监测。目前使用直播、视频、"弹幕"的最主要群体是年轻人,他们对社会问题的看法会更激烈,虽然他们的公共表达大多数是理性的表述,但也不乏单纯为了情绪宣泄而发表的过激言论。同时年轻网民的语言表达也倾向于质疑权威、怀疑规则、肆无忌惮等方式,由此带来的是网络治理难度的增加,也使政府和相关管理者利用网络进行政治传播的难度随之增大。在这样一个新的网络舆论场上,传统的网络政治传播活动需要做出新的调整,才能适应不断发展的互联网传播生态环境。

●传播的"智能化"和"移动化"趋势下,舆情借势全媒体进一步突破时间和地域的限制,网络政治传播的目标指向力度减弱。移动传播终端的介入大幅度降低了人们使用媒介的门槛,这种影响是双方面的:一方面,移动化的网络政治传播扩大了传播受众的范围,无论是以政府等公权力为主导的抑或是以公众作为传播主体的网络政治传播活动,所能引起的社会关注度和影响力都得到提升,政治传播在网络空间里变得更加迅猛和广远;但另一方面,在任何人都可以接入网络的时代,任何一种声音在网络传播的漩涡中都会经历不断的变形、融合、转换等过程,也就是说,网络政治传播主体一开始设定的传播目标可能在实际传播过程中受到来自不同社会群体和舆论力量的影响,最终走向与传播目标截然不同的方向,传播主体在网络政治传播过程中的"控制力"和"主导力"实际上在一定程度被弱化了。

●"网络翻墙"下的社交媒体使用现象普遍化,不同的意识形态在互联网空间发生交流和互动，公众对政治的认识和理解情况越来越复杂。互联网的生态空间是复杂多样的，其中不少内容是包含了错误的、煽动性的、虚假的信息，尽管当前公共管理部门对互联网的管理力度不如传统媒体，网络传播空间的审查制度仍然相对薄弱，但一直以来通过"监管"、"禁止"、"封锁"、"屏蔽"等做法，政府在一定范围内过滤了对公众可能造成负面影响的信息。然而随着互联网的进一步开放以及人们网络开发和应用水平的提高，越来越多网民通过"翻墙"的方式，即通过国外的代理服务器，登录和使用原本无法访问的网站。在这个过程中，缺乏理性思考能力的一部分网民难免会受到国外网站，尤其是社交网站上关于中国的"别有用心"的言论影响。长期的进行这种网络行为可能会更进一步影响和重塑中国网络公众的政治观和社会观，一旦社会公众整体意识形态发生颠覆性的变化，不仅可能对中国的网络政治传播活动产生影响，还可能动摇社会稳定的基础。

中国互联网政治传播的关注点

综上所述，笔者认为在当前中国特殊的宏观社会背景和网络传播发展现状的共同影响下，中国的互联网政治传播问题至少需要关注以下几个重点和内容。

政府向公众的网络政治传播

立足社会背景和网络传播特点的政治互动。在第一种网络政治传播活动里，政府作为政治传播活动的主体，面对客体，即公众的网络政治传播应该处于不断变化发展的动态过程中——包括政治传播目标、政治传播方式和政治传播内容等都应该随着社会的实际发展状态以及网络传播的背景环境而不断调整。而"传播"相较于"宣传"最主要的特点在于传受双方处于互动交流而不是一方被动接受的关系状态里。同样地，网络政治传播活动应该遵循这一原则，在与公众的互动过程中开展具有中国社会特色的网络政治传播工作。

政府向国际社会的网络政治传播

针对国际社会关注点设定有针对性的传播目标。随着中国综合国力的增强以及在国际社会影响力的逐步增加，世界各国期待中国能够对全球发展，包括政治方面的进步做出更大的贡献，但与此同时国际舆论始终关心"中国能否和平崛起"，也担心中国崛起之后对其他国家带来的影响，夸大中国崛起的影响，甚至炒作"中国威胁论"[1]。受中西方语言、历史、文化等背景差异的影响，很多时候以中国一方作为主导的网络国际传播并不能取得理想的效果，甚至有可能因为并未回应国际的关注点而引起新一轮的负面讨论。因此笔者认为，为了让未来的网络政治传播、国际传播更具有针对性，在设计传播议题的时候可以把国际社会真正关注中国的问题，如政治制度、社会公平、外交政策、人权状况等作为传播的主题，以更积极主动的态度去"传播"而不是停留在"回应"的被动状态，或许将对中国的网络政治传播效果产生意想不到的效果。

公众向政府的网络政治传播

理性的公共表述和多渠道的政治参与。从公众的角度出发，网络政治表达体现了公众作为社会主体的组成，公共参与和权利主体意识的增强。然而自微博兴起后，过去几年的网络政治表述却并不都是理性的参与形态，部分网民把网络平台看作是一个简单的情绪宣泄渠道，非理性、情绪化的网络政

---

1 周蔚华，徐发波. 网络舆情概论[M]. 中国人民大学出版社，2016：219.

治表达屡见不鲜，尽管在一定时间内，这种激烈化的政治表达可能会引起广泛的社会关注，但长远来看并不利于公众网络政治传播的健康发展。作为传播活动的主体，公众一方面要提升自身的媒介素养和公共参与能力，另一方面要注重选择更多元化的表达渠道，除了微博、微信等社交媒体平台，还可以借助电子政务网站、网络论坛等获取政治信息和表达政治诉求。

网络政治传播不仅是一种特殊的传播现象，也是政治活动在互联网空间的体现。因此，笔者认为，网络政治传播在未来的发展并不是要在"传播偏向"或是"政治偏向"中二选一，而应该综合整个传播活动中的"政治内涵"和"传播功能"。首先，网络政治传播相较于网络其他传播活动而言，政治目标和政治诉求是重点和核心，因此任何网络传播活动都应该有明确的政治指向，且这种指向是符合社会实际和宏观环境的，而不是脱离现实而构建出来的"政治幻想"。其次，网络政治传播不同于其他政治活动的主要特点就在于它是依托于网络环境发展起来的公共传播活动，"网络"的传播特质将对整体的政治传播效果起着重要的影响作用，其中网络谣言和网络介质对网络政治传播的影响尤为深刻——网络谣言将深刻影响网络政治传播的走向和实际效果，同时也是当前互联网政治传播领域里的主要挑战之一；网络介质指的是不同的网络平台，尤其是新型网络形态对网络政治传播所带来的影响，如前文提到的网络直播、"弹幕"等，都将是与未来网络政治传播研究相关的重要议题。无论是网络政治传播的主客体或是传播学学界的研究者，都应该就这些新时期的网络政治传播问题进行深入的研究和分析，为网络政治传播提供新的思路并提出可行性路径。

本章思考

1. 你了解哪些互联网政治传播的案例吗？这些案例分别体现出哪些传播特点和影响力？

2. 政治传播和其他传播活动相比,有什么特殊之处?网络政治传播之于其他政治传播活动又有什么特点?

3. 中国的互联网政治传播和其他国家相比有哪些特殊的地方?对中国未来网络政治传播而言,国外的网络政治传播有什么可以借鉴的地方吗?

4. 在互联网的传播环境里,你认为政治传播活动的开展难度是增加了还是缩小了?"政府向公众"、"政府向国际社会"和"公众向政府"这三类不同指向的政治传播活动分别在互联网传播环境里发生何种变化?

第八章 新媒体营销：内容为王还是平台为王？

新媒体营销也被称为新媒体整合营销，主要指的是通过网站、搜索引擎、网络论坛、SNS社区、网络电子杂志、自媒体、手机、App客户端等新媒体平台进行品牌推广、理念宣传、产品介绍、形象塑造等营销工作，从而实现企业、品牌、产品甚至个人的推广目的的活动。

与新媒体营销相对应的是以公关推广和广告宣传为代表的传统营销方式。一般来说，传统的营销在更大程度上关注的是覆盖率和到达率的问题，即所发布的信息能够被多少公众所接触或接收，例如一个电视节目的收视率有多高、一份报纸的发行量有多少、一场发布会的媒体关注度和参与人数如何等。这种模式体现了营销方在"Reach"维度上的作为，也是相当长一段时间内国内外企业和品牌最重视的一种营销手段。但从本质上来看，这样的营销方式只达到"宣传"而非"传播"的效果，公众或目标受众在这种营销过程中的参与程度极低，更多时候公众是否真正"吸收"、"接受"而非单纯的"接收"营销方所发放出来的信息，并不能在传统的营销过程中得到很好的计算和衡量，这对于营销效果的评估会带来一定影响。

而新媒体固有的特点显然使得新媒体营销具有与传统营销方式截然不同的场景和模式。尽管笔者并不否认以宣传的方式开展营销活动，在特定时期和特定议题上具有快速和特殊的影响力，但是进入新媒体传播时代，单纯地将公众看作被动接受推广信息的营销观念显然已经过时了。公众的实际参与情况是改变和影响整个营销活动甚至最终影响效果的重要指标，而单单通过观察报纸杂志的销量、电视节目的收视情况或者媒体的报道数量等，已经不能很好地描绘出整个营销活动所处的环境和营销信息的传播情况。新媒体营销更加关注和重视的是公众在这其中的地位和参与度，比如公众讨论的情况、公众对哪些话题更感兴趣、公众的反馈等等，这也体现了本质上看新媒体营销是新媒体传播领域里的一种特殊活动，"传播"而非"宣传"是新媒体营销的实质。

新媒体的营销问题在管理学和传播学都拥有超过十年的研究历史，为更好地了解当前国内学者对新媒体营销的研究情况和成果，截至2016年9月，笔者在中国知网中搜索得到标题包含"新媒体营销"的文章1234篇，最早的文章出现于1999年，其中出自北大核心期刊的文章数为596篇，收录在中文社会科学引文索引（CSSCI）中的文章有219篇。总的来说，当前国内对新媒体营销研究主要集中在如下几个方面。

新媒体营销的特点和模式研究

在新媒体营销发展前期，学界和业界对新媒体营销问题的认识还比较浅显，不少关于新媒体的理解和策略都是参考和借鉴国外的做法，但显然国内的营销环境，包括企业环境、媒体环境和消费者环境等都具有和国外明显不同的特点，因此新媒体营销在中国的"本土化"要求我们必须有针对中国国内社会现实和营销特点的研究。这一类的研究在目前国内的新媒体营销成果里占据了重要的部分，如北京大学陈刚教授（2007）提出新媒体营销模式的研究应该从技术、原点和平台三个方面着眼，"新技术"要求我们应该结合新兴的数字媒体传播技术开展符合新媒体特点的营销活动，体现新媒体优势；"新原点"指的是企业开展新媒体营销活动时应该把企业网站放在更重要的位置，所有的营销活动都应该起于企业网站，同时回归到企业网站本身；"新平台"则涵盖了由数字技术的发展所塑造出来的企业、社会和消费者之间沟通传播的结构和环境，而所有的新媒体营销活动都应该基于这个大环境而开展,并且对这个大平台上海量的信息加以整合[1]。

不同行业的新媒体营销发展现状研究

新媒体营销并不限于理论研究,更为重要的是如何把新媒体营销的观念和策略具体应用在各行各业,而随着新媒体的进一步普及以及营销人员对新媒体营销重要性的认识逐渐深入,关于包括"快消"行业、旅游业、饮食业、图书出版、奢侈品、房地产、影视文化等几乎所有行业的新媒体营销发展状况都成为学者对新媒体营销研究的一个重点。如王鸣捷、龙思薇和张雯(2012)的研究以体育营销为例,调查了新媒体环境下国内体育营销的发展情况,研究指出,利用推动技术(Push)、增强现实技术(AR)、近场通信技术(NFC)、人脸识别技术等新型的数字新媒体技术,体育营销可以实现更多的可能性并开发新的模式,而且用户在这种营销活动中可以获得更好的体验,营销效果也可能得到优化和提升[2]。此外,媒体利用数字新媒体开展新时代的营销活动,也是当前新媒体营销研究的重点之一,尤其是一些像报纸、杂志和电视台等传统媒体,如何利用新媒体开展有助于自身发展的营销活动,成为媒体研究的热点话题。

新媒体营销价值和策略研究

自新媒体出现后,社会开始关注这一类型的媒介形态能为包括营销活动在内的社会发展提供何种帮助和机会,但与此同时,对新媒体的质疑声音也从没消除。因此一部分学者专门就新媒体究竟具有何种营销价值以及应该如

---

1 陈刚. 新媒体时代营销传播的有关问题探析 [J]. 国际新闻界, 2007(9):22-25
2 王鸣捷,龙思薇和张雯. 新媒体背景下我国体育营销的发展现状与趋势 [J]. 现代传播:中国传媒大学学报, 2012, 34(9):161-162

何具体开展新媒体营销活动展开探讨，并且总结出不少成果。如李晓慧（2009）归纳出新媒体营销的八大优势和价值，包括互动性、分众性、精准性、可衡量性、多媒体传播、体验性、消解时空和综合性，同时，她认为新媒体将成为未来整合营销活动中的核心环节和整合营销传播的主流媒体[1]。李彪和张舒媛（2013）则聚焦社会化媒体营销环境下事件营销的传播策略问题[2]，总结出在社会化媒体平台上开展事件营销的五大传播策略，包括建立品牌个性和情感关系从而获得消费者的情感共鸣、立足消费者视角并挖掘网民社会心理、选准社会热点话题从而"引爆"营销热点、注意话语表达的话语选择、坚持道德操守和营销底线等。刘英贵和李海峰（2013）则提出如何在新媒体环境下开展精准营销的策略，精准营销的概念要求广告投放等活动并不是无的放矢，而是基于特定的消费者群体并针对他们的实际需求和习惯进行营销推广，从而提高营销效果。刘英贵和李海峰的研究主要探讨了以微博为营销主体的跨平台精准营销模式，认为用户在微博平台上都是根据自己的喜好关注特定的博主，而每一个博主都具有比较鲜明的个人风格和特色，广告主可以根据博主的微博风格进行特定的内容设计，减少用户接触广告内容的不适感[3]。

新媒体营销的专业教育问题研究

不少学者都指出，为了更好地认识和理解新媒体营销的作用、特点并扩大其应用层面，围绕新媒体营销相关问题开展有针对性的专业教育是一条必然路径，常见的研究类型包括新媒体营销教育的内容和策略、新媒体营销教育现状、新媒体营销教育模式等。然而也有学者的研究指出，尽管新媒体研究已经成为国内外一个普遍认同的营销重点和热点，新媒体营销的教育问题

---

1 李晓慧. 新媒体的整合营销传播价值探析 [J]. 华东经济管理, 2009, 23(10):125-126
2 李彪, 张舒媛. 社会化媒体背景下事件营销的传播策略研究 [J]. 编辑之友, 2013(8):48-50
3 刘英贵, 李海峰. 新媒体传播中精准广告的营销方式研究 [J]. 当代传播, 2013(4):86-88

仍然面临着不少挑战和困境。初广志和李晨宇（2013）的调查发现[1]，中国新媒体营销教育主要面临的问题包括专业教师匮乏、课程体系陈旧、教育观念滞后、教育方式落伍等方面，而且新媒体的发展速度大大超过相配套的教育教学内容的革新速度，这也将大大影响国内新媒体营销专业教育的质量。

新媒体营销存在的问题和对策研究

我们也发现，在十多年的发展里，一方面新媒体营销被广泛应用在各行各业的营销推广工作中，另一方面也出现了如营销内容和营销平台不匹配、营销方式过于单一、营销效果难以测量等多种问题，而学者们同样对新媒体营销当前存在的问题以及应该如何做出调整进行研究，并提出相对应的对策和建议。如张洁梅（2013）认为我国出版企业的新媒体营销存在不少问题，包括缺乏系统的认识、出版企业对新媒体营销工作不重视、从事出版企业新媒体营销工作的专业人才缺位、企业难以满足目标顾客的诉求、缺乏对版权和相应的市场运作的保护[2]等。王婉婷（2015）的研究以陕西省旅游局为例，关注地方政府等旅游管理者如何利用新媒体对旅游地开展有效的推广和营销，提出旅游地的新媒体营销应该做到新旧媒体相结合的整合营销、借助大数据技术开展有针对性的精准营销计划以及建立营销效果评估机制[3]等策略。

新媒体营销之所以吸引了包括学界和业界在内的广泛关注，笔者认为除了因为新媒体营销的方式方法和传播模式等大大不同于传统的营销方式，为了更好地利用这一种营销方式，我们有必要对这种营销模式加以关注和研究，从而探索出这种模式的应用方法以及与其他营销方式进行整合的战略策略。

---

1 初广志,李晨宇.中国的新媒体营销教育：挑战及对策——基于广告学专业教师的调查[J].现代传播：中国传媒大学学报,2013(3):139-142
2 张洁梅.我国出版企业新媒体营销存在的问题及对策[J].出版发行研究,2013(9):69-71
3 王婉婷.旅游新媒体营销中存在问题及对策研究——以陕西省旅游局为例[J].旅游纵览月刊,2015(5)

除此之外，新媒体营销的发展历史虽然相对较短，但是比起历史久远的传统营销模式，在短短十几年间就实现了极广的应用面和影响力，这使得我们不得不高度重视这种新媒体时代的特殊传播活动。无论是政府、企业或是个人，似乎都可以通过新媒体营销的手段实现一定程度的宣传和推广目的，而且以新媒体为平台的营销活动在形式和内容上都具有极高的灵活性和开放性，一些"前所未有"的营销活动都可以在新媒体平台上找到生存和发展的土壤。更为重要的是，依托"新媒体"这个特殊的传播介质开展的新媒体营销活动，而新媒体本身显然是处于不断的变化发展过程中的，也就是说任何关于新媒体营销的理论和认识其实也应该被不断更新和调整，包括上文提到的新媒体营销内涵、特点、模式、策略等研究内容，也应该随着新媒体的发展而不断深化认识。因此笔者认为，对新媒体营销相关问题的探讨和分析可以说是一个永远都不会过时的话题，至少在未来十年中，这仍应该是新媒体传播领域中的一个重点话题。

显然，智能手机和移动互联网传播时代的到来使得新媒体营销进入了一个全新的阶段，同时衍生出新的营销模式、内容和特点。以手机短信为主要渠道的营销方式是传统时代利用手机开展营销活动的最主要模式，而随着智能手机的出现、发展和普及，新的营销形态已经呈现雏形。有业界人士指出，未来在移动互联网进一步发展的影响下，移动营销领域将发展出显著的"SOLOMO"特征，即 Social（社交的）、Local（本地的）、Mobile（移动的）。之所以说新媒体营销在智能手机和移动互联网时代下迎来了新世纪最大的营销革新，是因为我们可以从三方面去认识和理解：（1）移动互联传播时代在很大程度上丰富了营销的模式，开拓了一些"传统"的新媒体营销所不能实现的功能，一些更具有针对性的营销和服务都有可能被更好地实现。例如简称为 LBS 的基于位置的服务（Located-Based Service）就是近年来备受关注的一种新型营销应用方式，随着移动终端技术的发展和应用的普及，企业和品牌等可以通过精准的定位向用户提供所处位置附近的信息和服务，在更大程度上使用户的工作和生活等变得更加便捷。除此之外还有移动应用App推广、微信公众号营销和朋友圈广告等都是移动互联时代常见的、新兴的、特有的新媒体营销模式；（2）在移动互联网环境下，每一个用户接入网络的难度越来越低，使用互联网的时间很有可能增加，尤其是当用户"碎片化"的生活时间被花在网络应用上时，企业等组织进行新媒体营销的机会也随之变大。一方面营销方所发布的信息有可能被更多的用户接收，另一方面用户对信息、服务等需求也在扩大，如果能针对目标客户和潜在客户进行精准的营销内容设计和营销活动开发，那么有可能会带来更优化的营销效果；（3）就具体的移动电子商务发展情况来看，智能手机和移动互联网为企业创造的机会和带来的营销空间无疑是值得人惊喜的。通过移动电子终端，如手机、PDA、平板电脑等客户端，可以实现包括B2B、C2C、O2O等多种形式的在线营销活动，以京东、淘宝等为代表的传统电子商务在移动互联网和智能客户端的支持下无疑实现了市场的扩大和营业额的增加，而更为重要的是移动新媒体营销还促进了如在线外卖、服务到家、买卖易货等多种新型企业推广或个人营销的新形态。充分利用移动设备实现更大的企业利润已经成为包括中国在内的全球零售业积极开发的新领域。除了移动购物，近一两年以"微信钱包"和支付宝为代表的手机支付发展极为迅猛，在短时间内就形成了极广范围的渗透，甚至在全社会逐渐形成一种消费习惯。笔者相信在未来基于手机等移动支付的模式将进一步改变人们的生活，从而对整个新媒体，尤其是移动新媒体营销格局带来影响。

尽管新媒体营销这一话题所涵盖的内容非常多，但是为了使讨论更聚焦，在本章，笔者将重点探讨的是当前新媒体营销应用领域中一个颇具争议性的议题——就新媒体的具体开展形式来看，在未来我们要进行新媒体营销的活动和策划时，应该在更大程度上关注"内容"的重要性还是"平台"的重要性？营销工作人员是否可以在"内容为王"和"平台为王"这两条路径中发现并整合出第三种可能？这将是本章最重要的两个问题，也只有回答了这两个问题我们才可能在新媒体发展日新月异的今天更好地将新媒体营销变成一项实践性而非纸上谈兵的营销策略。而在此之前，我们简单地回顾一些新媒体营销领域里的经典问题，包括新媒体营销的具体模式和形式、新媒体营销的策略和优势等，并在此基础上选取近年来经典的新媒体营销案例进行介绍和点评分析，以供读者更好地认识和理解新媒体营销的特点、魔力和常见困境，从而获得对新媒体营销最基本、最重要、最受关注的问题的了解和认识。

新媒体营销：当代营销的整体趋势

随着新媒体对社会生活介入程度越来越高，基于新媒体平台开展营销推广工作是一个不可抵挡的整体趋势。从不同的营销平台（营销推广的渠道）来看，新媒体营销涵盖了七大领域。

搜索引擎营销（Search Engine Marketing, SEM）

利用搜索引擎进行网络营销和推广的方式。搜索引擎营销核心的思想在于帮助用户发现信息，并通过搜索点击进入网站/网页，以进一步了解他所需要的信息，而对营销网站/网页而言，需要通过搜索引擎获得更多用户的关注和点击，吸引他们通过搜索引擎进入特定的页面，并接触到传播方传递的信息。一方面，搜索引擎营销使消费者或用户降低了获取有效、有价值信息时所需要的时间和成本，信息在新媒体传播过程中的获得性大大减少，从而优化了自身的新媒体使用过程和体验；另一方面，搜索引擎拥有巨大的用户访问量和使用量，这对企业等营销推广主体而言无异于是挖掘潜在客户、接触目标用户、传递营销信息的一种相对低成本、高效率的手段。总的来说，搜索引擎营销的模式又可以分为搜索引擎登录、竞价排名、搜索引擎优化（SEO）和关键词广告四种。值得特别关注的是，当前不少企业、网站在进行搜索引擎推广时只关心排名情况和网站点击率，但忽视了自身网站所展示的内容质量或是点击率背后所反映出来的和目标用户的匹配度。要知道，让更多的公众"浏览"网站只是一个过程而并非最终目的。笔者认为，为了开展更具有针对性和实际效果的搜索引擎营销，企业或网站本身都应该更加关注两个问题：（1）网站所获得的浏览情况是否有真正转化为用户实际的认知、情感、态度和行为等方面的变化——例如企业在公众中的知名度和好感度是否随着点击量和浏览量的升高而变化？企业是否真正能够通过这些点击量和浏览量实现潜在客户开发、目标客户联系、忠诚客户关系维护等目标？（2）重视网站本身的设计和用户体验——如前所述，获得点击量只是为了和公众和用户进行有效沟通的一个渠道和中介，但假如用户通过搜索引擎进入网站后所看到的并不是他们所需要的信息或是信息浏览和网站的使用体验非常糟糕，这将在极大程度上损害了用户对企业或品牌的好感和印象，而这都是企业在营销推广中最不希望看到的。

微博营销

在微博/Twitter平台上开展的企业、个人营销推广活动，主要通过在微博发布特定的内容，和公众进行交流或是通过构建某些特定的公众感兴趣的话题，引起公众的大规模讨论，从而在微博平台上形成一定的关注度、话题量和影响力，借此达到营销目的的推广方式。微博营销已经成为国内外企业进行新媒体营销推广的常见路径，也是最主要的形式之一。事实证明，微博的确成为不少企业和个人有效提高知名度、关注度、好感度等的有效途径。对企业和个人来说，微博营销的目的和手段是不同的：对企业而言，提高企业或品牌知名度、增强和公众之间的情感互动并且最后获得商业利润，是企业开展微博营销最主要的目的；而对个人而言，微博营销主要是一些社会名人、明星等"网络意见领袖"借微博平台进一步扩大自己的知名度和关注度，从而保持较高的社会"热度",并塑造鲜明的个人形象。自 2010 年以来,几乎所有知名企业、媒体和名人都在微博上建立自身的"官方账号",这对他们来说是一条有效的、直接的、低成本的和公众进行交流和接触的推广方式,通常为了增加账户的吸引力以及建立"亲民"的形象,运营这些账号时会使用拟人化的沟通方式,例如杜蕾斯的官方微博自称"小杜"、飞亚达手表的官方微博自称"表哥"、新浪自身的昵称为"小浪"等,这些拟人式的表述在微博世界里为企业和名人这些平日看似"高高在上"的传播主体变得可以接近,任何"粉丝"都可以在自己感兴趣的、支持的微博下留言,这无疑是其他营销方式很难做到的特点和优势。值得关注的是,除了企业和名人,政务类微博同样展现出一定的"营销"功能。当然对政府部门或官员来说,商业利润并不是他们进行微博营销的目的,但微博也为他们扩大了和公众沟通的渠道,为打造"政民互动"新模式等提供了重要的平台。常见的微博推广运作模式和营销策略包括事件炒作、名人(在微博上也被称为"大V")转发、原创话题推广等。

社交网站营销

社交网站营销也被简称为"SNS 营销",即 Social Network Site 营销,即利用社交网络、社交网站等平台建立与企业、品牌和产品相关的群组,并在这些群组上发起讨论、举行活动、利用 SNS 可"分享"的特点进行病毒营销等的营销方式。SNS 营销的最主要理论支撑是哈佛大学的心理学教授 Stanley Milgram 于 1967 年提出的"六度分隔理论"(Six Degrees of Separation),即每一个人和任何人都是可以通过一个不太长的人脉链就能连接到一起的,也就是说,每个人最多通过六个人就可以认识任何一个陌生人。根据这一理论,社会网络被重新定义,任何人都可以通过其他人认识、联系到世界上的任何一个人,而具体应用到 SNS 营销领域,企业或品牌也可以在社交网络平台上通过人与人之间的分享、转发、联系等把自己的信息以一种低成本、高效率、大范围的模式实现最大的传播效果，其中"互动"是 SNS 营销里最核心的一项驱动因素。过去十年里，中国典型的 SNS 网络包括人人网、开心网、猫扑大杂烩、139.com、51.com 等，而国外最经典的 SNS 网站可算是 Facebook——全球最具影响力的社交网站之一。在实践发展中 SNS 营销体现出与其他新媒体平台所不同的特点：（1）SNS 网站拥有相对丰富的用户资源，而且用户之间不是独立存在的个体，而是相互间存在转发、评论、私信、分享等联结关系的群体，尤其是近两年比较火热的垂直型 SNS，用户以一种基于兴趣和爱好而建立起来的网络社区，用户之间尽管更多是陌生人，在线社交的意义也不再仅限于与家人好友进行互动和交流，更为重要的是能够通过社交网络和平台结识志同道合的人，并与之结成较强关系的社交圈子；（2）互动性强势 SNS 最大的一个优势，丰富的互动模式包括投票、发起话题、"圈人"等，不仅普通的 SNS 用户可以参与这些互动，企业和品牌等营销方也可以在 SNS 平台上进行话题发布和产品讨论等；（3）SNS 使精准营销更加便捷，每一个用户在 SNS 上都需要通过注册才能使用，相对来说大部分用户所登记的信息都是比较真实的，这就帮助企业和品牌通过对目标受众按照地域、收入状况等进行用户的筛选，精准地向目标受众和客户推广信息，尤其是在大数据挖掘技术的支持下，结合 SNS 开展的精准营销事实上已经成为现实可能和普遍趋势。然而近五年来，我们不难发现中国国内 SNS 发展呈现出来的疲弱态势，自人人网和开心网的热度减退后，缺乏具有强大影响力和用户数量的新 SNS 网站出现，这对 SNS 营销来说无疑是一种重大的打击。未来 SNS 营销能否继续发挥新媒体营销主要平台的功能和作用，将受到 SNS 平台本身的发展和企业营销模式开发两方面因素的限制和影响，能否开发出具有创意的、互动性强的内容，是影响用户是否感兴趣、是否会参与活动的重要因素。

网络论坛营销（Forum Marketing）

网络论坛营销就是利用贴吧、论坛（BBS）等新媒体平台进行的营销活动。国内目前常见的网络论坛包括天涯论坛、百度贴吧、猫扑、凯迪社区、豆瓣社区等。总的来说网络论坛可以分为综合类论坛和专业类论坛两种：综合类论坛所涵盖的内容更为广泛，网民几乎可以在这样的平台上找到所有类型话题的帖子，信息丰富、话题广泛是综合类论坛最大的特点；专业类论坛则是聚焦在某一个领域的细分性网络社区，例如情感社区、军事社区、教育专题社区、文学社区等。专业类论坛以一种"专题"的形式呈现，用户在这些社区上能够与一些志同道合、有着相同兴趣的网民进行意见交流和信息分享，专业类论坛最大的特点在于内容的细分，可以帮助用户减少信息搜索的成本并强化话题的影响力。借助网络论坛，企业和品牌通过发布文字、图片、视频、声音等企业产品和服务信息，对公众进行相对针对性的信息发布和营销推广，从而在用户中形成一定的关注度和知名度，并增强企业或品牌和公众之间的情感联系，提高公众对企业或品牌的好感度。网络论坛的优势主要体现在两方面：（1）由于网络论坛上的信息和普通网站不同，基本以分类和专题的形式出现，即使在综合类的网络论坛中，用户仍然会寻找自己感兴趣的贴吧和帖子，也就是说如果企业或品牌能够找准目标用户关注的点，可以精准地进行信息推广，而且这些用户相比起搜索引擎的点击量统计会更有意义，因为这些都是实际对信息感兴趣的"有效用户"；（2）网络论坛的信息量巨大，而且门槛较低，网民在网络论坛上的发言并不需要具备过高的文字表达能力或媒介素养，有时候甚至一个符号、表情就可以成为一条留言、一个帖子，尤其是在"表情包"聊天成为常态和流行趋势的今天，企业或品牌如果能够抓准用户和网民的论坛使用习惯，发布"对口味"的信息内容，就很容易在网络论坛上获得关注和网民的好感，并且通过口碑效应和病毒营销的方式扩大营销影响力，而且有时候网络论坛上形成一定影响力的话题和事件还可能会被其他媒体平台关注，形成新一轮的推广传播流。

微信营销

微信营销是网络传播新时代中企业或个人等利用微信这一平台所开展的营销方式，主要依托于安卓系统、苹果系统的手机或者平板电脑中的移动客户端，这是继微博之后又一流行的新型营销渠道。常见的微信营销方式包括朋友圈广告、品牌服务号或订阅号推广、微信公众号软文等形式。和微博相比，微信营销所体现出来的移动性和精准性更明显。微信营销经过短短几年的发展，已经显现出自身极为显著的营销优势。首先，微信庞大的用户数量为微信营销提供了极好的用户基础和市场空间。根据腾讯发布的数据显示，截至2016年第一季度，微信的月活跃用户数量超过7.6亿，这一数字即将赶上国内第一大通信运营商中国移动集团的全部用户数，这7.6亿的用户无疑为不同行业、不同类型、不同风格的企业和个人都创造了极大的商机，在微信平台上几乎所有企业都可以发现自己的目标受众和潜在客户。其次，与微博不同，微信的社交功能更明显，互动性更强，随着用户对社交生活日益发展的需求变化，"重资讯轻互动"的营销模式已经不能满足大多数用户的需求和习惯，基于强关系网络的微信平台构建出来的是用户与用户之间相对亲密的关系，信息之间的相互分享和传播频率更高，因此营销信息在微信平台上更有可能实现"二次传播"。而对营销方来说，后台留言、用户评论等在微信广告和推广信息发布中常见的用户参与都是商家收集公众意见的极佳手段，用户反馈以一种新的形式出现在微信平台上。第三，"推送"的信息传递方式为营销方创造了一种全新的沟通模式，用户接收信息的成本进一步降低，信息的获取在微信平台上并不以用户的主动搜索为主要途径，而是通过"订阅"的方式定期获得来自企业等营销方发布的信息内容。更为重要的是，用户在微信上所接收到的公众号信息都是自己主动订阅而非像广告短信和在微博"刷屏"的广告推广,垃圾信息在微信平台上得到很好的过滤,这不仅有利于优化用户接收营销信息时的体验,还能够减少无效信息的发放,更准确地计算出所发布信息被目标受众的关注和接受情况。

App 营销

App 是"Application"的缩写,即应用程序,App 营销指的是在应用程序平台上开展的营销活动,平板电脑、手机、PDA 等移动客户端都是应用程序的主要使用平台。当前主要的 App 版本有四种:苹果系统版本 iOS、安卓系统 Android、微软系统 windows phone 和塞班系统版本 Symbian,其中 iOS 和 Android 系统占据了 App 市场的主要份额。总的来说我们可以从两个维度来对 App 营销的内容进行分类:第一种是指企业、个人等利用 App 开展的营销推广活动工作;第二种则是指 App 本身的营销,即通过营销推广的方式扩大 App 的知名度、市场份额和影响力等。在这里我们主要探讨的是第一种 App 营销。受移动互联网发展和智能客户端包括智能手机和平板电脑等的流行和普及,用户越来越习惯于通过移动客户端而不是传统的个人电脑(PC)获取网络信息、享受网络服务。在这种趋势的影响下,企业,尤其是电商企业,对 App 市场的关注度越来越高,利用 App 实现更大的企业利润已经成为当前国内外商业竞争领域的常见手段。尽管相比起前面提到的营销渠道,App 营销的发展历史最短,但是我们不难发现这种与移动互联网高度结合的营销模式事实上拥有非常明显的营销特点:(1)相对来说,在 App 平台上开展营销所需的成本较低,但可以实现的利润却较高。只要开发出一个本品牌的应用程序后,后续的营销费用相比起传统的报纸杂志、电视广播甚至网站推广等仍然具有成本上的优势。而在移动购物成为一种社会趋势后,不少企业和品牌都已经在 App 上实现了更强大的产品和业务的销售和营销能力,而且这种销售是突破时空限制的，用户只要接入互联网，即可以在任何时候通过 App 购买自己需要的信息、产品和服务；（2）App 不仅可以成为企业、品牌等增加销售量的工具，同时从营销的角度出发，品牌形象的塑造和推广同样是 App 为企业和品牌带来的另一个优势。基本上所有 App 都具有多个功能，也就是说除了实现传统的销售、售后服务等工作外，App 完全可以作为一个展现企业和品牌形象的平台，通过 App 让更多用户了解自己的企业和品牌，形成更大的市场竞争力和企业实力；（3）对很多企业来说，开发属于自己的 App 不再是一个特殊的市场战略，而是市场竞争的基本"标配"。也就是说，在当前的市场竞争环境下，没有一个专属的 App，事实上已经意味着落后了。且不说淘宝、京东、亚马逊等传统的电商企业或是近年来新兴的大众点评、团购网站等，当前几乎所有大中型企业和网站都有相匹配的 App。而事实证明，这些 App 在更大程度上帮助企业实现了自身营销和商业目标，包括市场开发、销售提升或是形象宣传等。笔者认为在未来相当长一段时间内，App 营销将成为新媒体营销领域中最受关注、影响力最大的一种营销形态。

其他新媒体渠道营销

新媒体平台五花八门，除了上述提到的常见的新媒体营销类型外，过去十几年的发展过程中还出现了包括博客营销、短信营销、网站营销（包括网站建设和推广、网站广告、网络调研、网站促销等）、电子邮件营销等形式。尽管相较于搜索引擎、"两微一端"等新兴的媒介形式，这些平台当前的应用面和影响力都有所减弱，但仍然是新媒体营销形态的重要组成部分。而随着数字新媒体技术的进一步发展，正在兴起的其他新媒体营销渠道还包括视频网站营销、直播营销、表情包营销等方兴未艾，而这些新媒体平台也将成为在可预见的未来一段时间里重要的新媒体营销方式。

营销模式

而从具体的营销方式来看，新媒体营销具体包括了病毒营销、事件营销、口碑营销、饥饿营销、知识营销、互动营销、情感营销和会员营销等八种模式。

病毒营销

病毒营销，又称"病毒式营销"、"病毒性营销"等，指的是营销内容和信息像病毒一样实现快速、大范围的扩散和传播，而传播的内容往往对人（即受众）产生相对巨大的影响，且人在病毒营销的过程中发挥着重要的二次传播者的角色和作用。病毒营销常常出现于社交网站、视频网站等以"分享"、"共享"为特点和传播模式的新媒体平台上，近几年典型的病毒营销案例并不少见，如风靡于国内外社交网站的"ALS 冰桶挑战"、梁朝伟"丸美眼霜"广告等。新媒体时代当中，病毒营销更注重的是快速、精准、大规模的传播。信息爆炸的时代，传播事件要有自己的爆点，能够令目标人群产生不断关注，避免在信息洪流当中被其他信息掩盖，这是新媒体病毒营销成功开展的重要基础和条件。

事件营销

事件营销，也称"活动营销"，是企业等营销方通过有计划地策划、开展、传播某个事件或活动，从而在消费者公众、媒体、社会团体甚至政府等个人或组织中形成一定的关注度和影响力，以实现提高企业知名度、提高销售量、改善企业形象和声誉、吸引消费者兴趣、形成社会话题等目标的营销方式。事件营销具有相对悠久的历史，不仅存在于新媒体环境，早在传统的传播时代就已经是企业营销的重要方式和策略，但显然新媒体的传播特点赋予了事件营销新的生命和可能性。首先，基于新媒体平台开展的事件营销所能实现的关注度和影响力会更大，且营销可以突破时空的限制，在降低营销成本的同时获得更好的营销效果；其次，"创意"、"新颖"、"趣味"是事件营销得以成功开展的影响因素，而新媒体显然更适合一些看似"离经叛道"的营销内容和事件。

口碑营销

口碑营销是指企业在建立品牌形象、推广产品、扩大企业市场影响力等营销过程中，通过用户之间的相互交流和传播以实现营销目的的营销方式。"口碑因子"即吸引消费者主动进行信息交流和传播的原动力，这是口碑营销的基石。而传播渠道同样对口碑营销的成效具有重要的影响作用，方便用户之间开展有效的、影响广的信息互动，传播的平台更有利于口碑营销生根发芽，而显然新媒体更具备这方面的能力和优势。社交媒体的出现和流行无疑为口碑营销带来了全新的机遇和营销空间。在社交网络上，用户之间要么是具有"强关系"特点的亲戚、朋友、同学，要么是具有相同兴趣和爱好的志同道合的人，无论是哪一种关系，用户之间的交流和互动意愿都较高，使口碑传播更容易实现。"口口相传"在社交网络上以一种低成本的形态出现，事实上在社交网络平台上开展有效的口碑营销已经成为不少企业当前普遍选择的营销策略之一。

饥饿营销

饥饿营销是常用于产品或服务宣传和推广的一种营销手段，主要指通过减少产量以造成供不应求的假象，从而吸引更多消费者关注和购买，并最终获得商业利润并塑造企业和品牌形象。饥饿营销是一种针对消费者心理的特殊营销手段，一部分消费者对"需要排队的"、"大家都追捧的"、"很难买到的"产品或服务更为推崇，而企业和商家就针对这一种特殊的心理以饥饿营销的方式来构造一种自身或产品珍贵和罕见的现象，而这种现象很可能是一种假象。在新媒体的传播环境下，用户的从众心理得到强化，群体压力和群体效应在新媒体平台下进一步彰显，消费者可能因为一群数量庞大的网民在网络上的评价或推荐而产生购买某种产品或服务的兴趣和欲望，而商家则进一步利用消费者的这种心理特点开展饥饿营销，从而实现自身的营销目的。

知识营销

知识营销是通过知识传播的方式和途径，借助传递与企业有关的知识，包括企业经营理念、企业科研成果、企业社会责任实施情况、企业品牌和产品介绍、企业文化和企业环境等，在社会公众中形成一定知名度、美誉度和影响力的营销方式。知识营销的关键在于如何有效地把企业希望向社会和公众传递的信息和知识传播出去，实现较大的传播效应和影响力，而新媒体往往是帮助知识营销开展的一个重要平台。总的来说，知识营销可以分为企业内部和企业外部两个方向的营销。从企业内部营销来看，企业内网的建构情况将影响知识营销的开展，而随着互联网的发展，不少企业已经建立起包括内部电子杂志、微信群、员工交流QQ群等更方便进行员工互动和企业"从上而下"知识传播的渠道；从企业外部营销来看，新媒体的作用显然更为突出，通过企业网站、"两微一端"等新媒体推广平台的建构，企业不仅可以向外进行有效的信息传播，同时可以获取与本企业所在行业相关的最新市场信息，这对于现代市场竞争活动而言意义重大。

互动营销

互动营销是一种不同于在传统媒体平台上开展的全新营销模式，指的是通过网络平台，借助互联网开放性和互动性的特点，在消费者和企业之间建立起活跃的互动关系，并通过这种方式达到企业的某种特定的营销目的。互动营销在更大程度上重视了消费者在营销活动中的参与主体角色，让消费者拥有更多表达的权利，并且在这个表达的过程中获得被重视和被尊重的感觉；而企业借助互动营销则有利于塑造自身的良好企业形象，获得消费者的好感和认同，最终实现自身的商业和营销目标。在移动互联网和智能手机时代，笔者相信互动影响将在更大程度上影响企业的市场营销行为。更多模式、更多类型、基于更多平台的互动方式将会被开发和应用在营销活动中，同时结合大数据挖掘技术的互动营销也将更具有针对性，能帮助企业和目标消费者之间建立起更有效的信息互动。

情感营销

情感营销是从消费者的需求和情感心理特点出发，企业通过设计特定的营销活动和广告内容以唤起消费者的情感共鸣和心理认同，从而在目标消费者中建立起更高的忠诚度和好感度的营销方式。在情感营销活动中，消费者真正"购买"的也许不再是单纯的企业提供的产品或服务，而是一种情感和心理。对企业和商家而言，情感营销的难点和重点在于抓准消费者真实的情感和心理需求，并根据这些特点，设计并提供能引起他们共鸣和满足他们情感诉求的产品或服务，而数字新媒体技术无疑将这个工作变得更简单、更聚焦。一方面，通过大数据挖掘和处理技术，企业和商家可以准确地找出消费者的消费习惯、兴趣爱好、情感表达特点等信息，并根据这些信息结合自身的营销需要和目标来开展营销活动；另一方面，情感营销需要通过特定的方式将"情感"表达出来，而网络平台相较于传统的媒介形态，显然在情感表达和情感互动方面更具优势，尤其是结合视像信息，如图片、视频等营销内容有可能更能打动消费者，从而形成更强大的营销传播效应。

会员营销

会员营销是通过将普通消费者变成会员的方式进行管理的营销手段。常见的会员营销手段包括会员积分、等级制度、新会员推荐、会员优惠等多种管理办法，增加用户对品牌或企业的黏性和忠诚度，甚至有可能通过老会员推荐的方式开发新会员，从而扩大消费者数量，实现更大的商业利润。一般来说，消费者需要登记一些基本的个人信息以成为商家或网站的会员，而一旦成为会员后，企业可以通过后台信息管理技术对每一个会员的消费习惯和消费行为进行跟踪记录，从而更好地了解每一个会员对产品和服务的特殊需求，并且根据这些信息来开发符合每一个会员特定的个人需求的推广活动。尽管会员营销并非新媒体特有的产物，但无疑新媒体为会员营销的发展和应用提供了更多可能性和更大的空间，尤其是在智能手机和 App 被大规模应用的时代，每一部手机都包含了一个会员的庞大数据信息，企业和商家如果能够对这些信息进行更深度的挖掘和更精准的服务开发，将成为自身在市场竞争中的一个重要利器。

笔者认为，之所以说新媒体营销是一个为大家所熟知并且普遍应用的领域，主要是因为新媒体营销本身所具有的优于传统营销渠道和平台的特点。总的来说新媒体营销的优势体现在以下五个方面。

● 以新媒体为平台的营销方式大大降低了营销成本，营销的性价比更高。之所以说新媒体营销成本相对较低，我们可以从几个方面来理解。首先相比起电视、报纸、杂志等广告费用，当前在新媒体上进行广告投放所需的成本较低，加之新媒体竞争市场激烈，新媒体平台日益丰富，对企业而言可以选择的平台也越来越多。而笔者认为，随着互联网竞争市场愈发激烈，为了获得更多广告收入，网络广告投放费用将进一步下降。其次，企业自身的新媒体推广除了可以在其他网站上做广告之外，还可以通过包括建立自己的官网、在微博和微信上开设官方账号、开发App客户端、在豆瓣等网络社区上建立讨论小组等方式进行宣传和推广。事实上，开展这些活动所需要的经费成本低、传播效果好，性价比高已经吸引了很多国内企业的关注；最后，在达到同样的宣传效果的目标下，在新媒体上开展营销所需要的成本，包括时间和经费成本都比传统媒体低，加上前文提到的病毒营销、口碑营销等方式在新媒体平台上极易开展，都使得新媒体营销成为一种性价比优势明显的营销方式。

●新媒体营销突破了时空的限制，使营销活动的辐射面和影响力得以扩大。互联网传播在极大程度上消减了由时间和地域等造成的传播限制。一方面，与报纸、杂志等印刷媒体相比较，互联网具有显著的传播辐射范围、时效性和便捷性等优势；而另一方面，尽管近年来得益于卫星传播技术的发展和帮助，电视媒体也基本实现了全天候、全球范围的传播，但近年来不少地区的电视"开机率"在显著下降，尤其是对年轻人而言，电视对他们的影响力远不如互联网所带来的影响巨大。在数字新媒体技术的帮助下，企业和个人都可以利用网络平台实现更大范围、更长时间、更深影响的营销效应，同样的营销内容在网络平台上可能获得更多的注意和关注，有时甚至可能在社交平台上实现营销活动的国际影响力。"全球性"的影响力是传统媒体难以为企业和商家提供的营销优势，这一点在网络新媒体的营销方面得到较好的实现。而根据前文提到的"六度分隔理论"，任何在社交网络上出现的有趣的、新鲜的、具有创意的营销信息都可能在网络上成为热点话题并形成巨大的传播影响，可以说依托新媒体开展的营销推广在某程度上整合了传统媒体如报刊和电视所具有的营销优势，同时又对这些传统营销渠道的不足进行优化，几乎实现了"无缝的营销传播"。

●精准营销在新媒体技术环境下更容易实现，商家可以借助数字新媒体技术更好地挖掘和了解消费者需求。所谓的精准营销要求企业等营销方所开展的营销活动能够找准目标消费者的消费习惯、消费需求和情感特点等因素，使得营销活动的内容设计具有较高的针对性和相关性，从而提高营销活动的有效性和实际作用。新媒体技术在更大程度上将精准营销的要求和内容变成现实，结合LBS、大数据等技术，商家能更全面地"读懂"消费者，也能帮助商家更方便地寻找和锁定潜在消费者，并对其进行积极的开发。有针对性的精准营销不仅可以降低企业的营销成本，减少不必要的营销投入和支出，改变粗放式的营销策略和模式，为企业在日益激烈的市场竞争中节省市场的经营费用，更重要的是在信息化时代，消费者每天面对的营销信息量巨大，企业如果不能做到有针对性的营销推广，不仅不能有效地将企业所希望传递的信息有效地被消费者接收，甚至有可能因为过度营销而造成消费者，包括目标消费者和潜在消费者的反感，不利于企业长远营销目标的实现。相比起到具有高覆盖率、低到达率的传统媒体，新媒体无疑是新时代开展精准营销的一项重要武器，依托新媒体进行细分的、多元的分众营销将有效帮助企业获得新的市场竞争优势。

●新媒体对趣味性的营销内容包容度更高，更适合创意营销活动的开展。与传统媒体的受众群体的特点不同，新媒体用户本身就呈现出明显的"年轻化"特点，"低龄"是当前网络用户的一个发展趋势。显然，年轻人对新事物的包容程度相对较高，这也使得互联网成为创意营销的一个集中地。除了新媒体用户对创意营销的包容性较强这一因素以外，新媒体更适合创意营销活动的设计和开展的原因主要有三个：首先，新媒体上的信息多样纷呈，可以"挖掘"的创意点也非常多，营销人员可以在互联网空间上找到无穷无尽的趣味内容和创意切入点，新媒体是一个永远不会缺乏创意素材的平台；其次，对营销人员来说，事实上在新媒体上如果希望开展成功的营销活动，"创意"本身就是一项必要条件，因为随着互联网的开放和进一步普及应用，网民所能接触的信息会越来越多,而且随着大众媒介素养的普遍提高,一般的、传统的、陈旧的营销内容已经不再能吸引大量网民的关注,营销人员需要不断推出新的创意才可能在网络上真正实现营销目标;最后,互联网是一个开放的平台,有时候一些营销活动的传播过程并不一定完全由企业等来操作,而可能会在公众的参与和二次传播作用下得到更多的创意内容,从而实现营销的目标。近年来,网络上出现的"网络恶搞"常常被认为是对传统和经典的恶搞,但事实上经过网友无伤大雅的"恶搞",反而可能成为网络"爆款",形成更吸引关注的话题和热点。例如,2015年小米CEO雷军在印度的演讲就被网友加工为"神曲"《ARE YOU OK》,发布后在网络上被网友疯传。这样的由网民主导和参与的创意内容生产,实际上无意中帮助小米进行了一次很好的话题创造,也体现了互联网作为创意营销开展最有效的平台的优势地位。

●消费者在新媒体营销过程中的参与度提升,互动的营销方式营造更好的消费者体验。正如前文提到,互联网是一个开放的平台,网民是互联网传播过程的重要组成和参与力量,任何新媒体营销活动都不可能忽视消费者在营销传播中的作用和地位。赋予消费者更多主体地位,并为更多消费者提供可以参与和体验的环节,是新媒体时代互动营销的必然要求。显然,传统媒体很难为消费者提供这种参与和互动的体验感,消费者作为被动接受信息的"受众",对广告等营销信息的选择性并不强,而新媒体改变了这种情况,既让消费者可以主动选择信息(例如在微博上主动选择关注哪些博主而不关注哪些、在微博上订阅哪些企业的公众号、下载哪款App等),同时也在更大程度上重视消费者的意见和建议。不少商家和企业都会通过新媒体进行公众意见的收集,通过留言、评论、话题参与等形式,了解公众对企业或产品的看法,从而更好地改进商品和服务,这种交流互动事实上不仅是一种营销手段和策略,也是企业长远管理和运营的一项常规性工作。

而事实上,新媒体正在以一种日新月异的速度发展,几乎每年、每季度、每月甚至每天都可能出现影响、改变新媒体内容、策略和趋势的新媒体产物和应用技术出现，对新媒体营销所涵盖的内容和营销方式等方面的认识也同样应该不断更新。值得注意的是，很多新媒体新兴领域和产物仍然没有被高度应用在营销推广的工作中，但同样值得我们关注和开发，例如通过"表情包"、VR（Virtual Reality，虚拟现实）、AR（Augmented Reality，增强现实技术）等开展有针对性的营销活动，理应成为未来新媒体营销推广的重要关注点。

常用的新媒体营销策略

要想开展成功的营销活动，必须对整个活动的各个环节进行整体把握和设计，并且根据不同的营销目标设计特定的营销内容。不同于报纸、杂志、广播、电视等传统媒体，新媒体具有自身显著的特点和营销功能，正因如此，在新媒体平台上开展的营销推广也有自身的一套战略和策略体系。整体来说，当前新媒体营销的常用策略主要可以概括为以下几方面。

整合全媒体营销体系，建立覆盖面广、影响力大的营销媒介系统

"新媒体"指的并非单纯只有互联网，而是依托网络而形成的各种传播介质和媒介形态，包括门户网站、视频网站、社交网络、App客户端、网络论坛、微信等多种传播平台。而对新媒体营销人员来说，这些都是他们在设计和开展新媒体营销活动时可以并需要考虑应用的传播网络。而随着数字新媒体媒介种类的日益丰富和多样，未来网络用户的新媒体应用趋势将会向分众化、垂直化和社群化发展，也就是说受众将进一步细分，不同类型的受众可能会具有使用某种类型新媒体的特定偏好和习惯。比如年轻女性大学生对直播应用的偏好、低领城市网民对手机游戏App的偏好、不同人群具有不同的社交应用软件应用习惯等。尽管单纯地专注于某一个网络平台的营销开发可以"深耕"目标消费者的信息需求，但同时可能在其他领域和人群中失去知名度和

影响力。而如果企业能够打造出一个在全媒体平台上都具有一定覆盖面和影响力的营销传播网络，则能够更大限度地提高营销信息和广告内容在社会公众中的影响力。因为强大的传播网络可以增加营销内容在目标消费者群体中的接触量，而当这些信息的接触量足够多时，企业或商家则能获得更高的知名度，在目标消费者中形成更深刻的印象，甚至可能提高消费者对企业或产品的忠诚度和用户黏性。当然，这里指的"全媒体"营销并不是要求企业需要在所有的流行的网络平台上开展营销，因为这样只会过分增加企业的营销和广告费用，同时也可能造成"无用功"的情况出现。笔者认为，要想做到全媒体营销传播平台的整合，就应该在不同类型的新媒体，包括移动新媒体、网络新媒体、数字新媒体等中找到一到两个具有代表性和影响力的媒介平台，并对其用户进行深度开发，例如视频网站中的爱奇艺和优酷土豆、直播网站中的斗鱼和我秀、社交应用中的微信和微博等，这样既可以尽可能扩大营销传播内容的覆盖面，又不至于浪费过多的广告投放费用。值得注意的是，在整合不同的新媒体平台传播体系时，营销人员还应该注重充分依据不同传播平台的特点进行营销内容的设计，而不是把相同的内容和营销方式应用在所有的网络平台上。尽管重复的、一成不变的内容展现在不同的网络平台上可以降低一部分的营销费用，但是却不能充分利用每一种网络平台的优势，也会在一定程度上耗费消费者对广告和营销内容的兴趣和耐心，甚至可能造成对这些信息的反感和厌倦心理，不利于企业营销活动的持续进行。例如，视频网站的广告不宜过长，因为过长时间的广告可能打扰迫切希望观看视频内容的公众，影响网民的观看体验，但如果是在视频网站上发布的关于企业产品或服务的"病毒营销"类视频则没有这种时长的考虑。2016年丸美邀请梁朝伟和周迅制作的"眼戏"短片《不怕黑》三部曲，观众不仅不会"嫌弃"这样的广告太长，反而会有意犹未尽的感觉。如果企业能够做到一方面打造覆盖不同类型的目标消费者的整合营销传播体系，同时还能兼顾各个传播平台的具体特点来开展营销活动，则将在新媒体营销活动中占据更多先机和优势。

创新意识和创新内容贯穿营销活动的全过程，将新媒体打造成创意生产和创意传播的营销平台

前面已经提到，新媒体是一个开展创意营销的理想平台，而事实上反过来看，新媒体营销的一条制胜法宝和营销战略也正是创意营销。新媒体具有信息生产快速和海量的特点，这一特点决定了在互联网空间里，每一天、每一小时甚至每一分钟都会出现难以计量的新信息，其中不少是企业和商家推出的营销和广告信息，也就是说，对普通消费者和网民来说，他们每天都将主动或被动地被互联网上各种各样的信息包围，但每个人对信息的接收量是一定的，并不会随着信息量增加而改变自己所能记住的信息。在这种环境里，营销信息的传播事实上已经成为一种"注意力"争夺的过程，企业和商家不仅要通过全媒体传播体系来提高自身营销信息的覆盖面，同时也要注意增加传播信息的"接受率"，也就是实际传播效果的改善问题，因为公众所能"接收"到的内容未必一定都是他们真正会"接受"的信息。营销不能单纯地考虑公众"接收"了多少广告信息，而应该更关注他们在多大程度上"接受"了企业和商家希望传递的信息内容。而要想抓住消费者的眼球，使所传递的信息在网络信息海洋中脱颖而出，"创意"和"创新"是一项基本要求，也是必然选择。而具体来看，在创意营销活动的开展上，可以进行的切入点非常多，包括营销内容、栏目设计、平台选择、事件营销、媒介合作方式等等，都可能成为企业和商家开展创意营销的途径。而创意营销之所以是新媒体营销战略中的一个常见选择，还有一个重要的原因就是对营销人员而言，"创意"是一种主动传播的过程，而不需要依赖社会热点或新闻时事等才能进行，只要能开发出符合企业产品或服务定位和特点的创意营销文案和设计，任何时候都可以实施具有趣味性、话题性和创新性的创意营销。当然，创意营销

的难点在于需要营销人员具有源源不断的创意源泉，而创意本身并不是通过大量的经费、时间或人力成本就必然获得。同时，成功的创意营销并不等同于一味地"标新立异"或者"颠覆传统"。近年来，一些营销案例为了成为公众讨论的热点话题，只关注吸引营销方案的话题性和趣味性，却忽视了营销活动本身对社会道德和传统观念所可能带来的冲击和影响，这样的新媒体营销方式可能在特定时间内获得关注，但牺牲道德底线而获得的营销热度有可能对企业和品牌本身造成弊大于利的影响。尤其是在中国的社会环境里，包括婚姻、宗教、性、家庭等等都是具有深厚文化传统的话题，一旦营销活动的"创意"触及这些领域的底线，则可能并不能达到营销的效果，甚至可能对企业本身造成消极影响。以2016年杜蕾斯的"百人试套"直播事件为例，2016年4月，安全套品牌杜蕾斯在网络上就其新产品"AiR空气套"推出名为"百人试戴杜蕾斯"的网络直播活动，在三小时的直播里尽管并没出现越过传播管制底线的内容，但是露骨的宣传语成为网络上风靡一时的热点话题。尽管在短短三小时内获得超过五百万网友的关注，但是却受到业内不少专业人士的质疑和批评。面对这样的"创意营销"，我们很难简单地评判成功与否，但毫无疑问的是，这样的营销活动已经伤害到一部分消费者的情感，类似这样的营销"创意"，可能会随着新媒体开放性的发展和市场竞争激烈化的趋势而不断出现，但每一个新媒体营销人员都应该把握好创意营销中的最基本要求，不要触及伤害消费者感情和社会道德的"底线"，在一定的范围内开发趣味性和创意性的新媒体营销方案。

充分利用新媒体的开放性特点和优势，和目标消费者展开深度而持续的互动沟通

无论企业在什么环境和平台上开展营销活动，都应该高度重视与消费

者之间的沟通和互动,尽管顾客未必一定是上帝,但是顾客,即消费者在企业市场竞争和经营中的核心性地位应该是毋庸置疑的。除了对趣味和创意性内容的包容,"互动"的特质也是新媒体作为理想营销平台的一大特质和优势,甚至可以说是区别于在传统媒体上开展的营销活动的最大不同。互动(Interaction)是新媒体营销最重要的法则之一,如果当一个企业选择了新媒体作为营销平台,却依旧采用"单向发布"而非"双向交互"的信息传播方式,那么毫无疑问,这样的营销活动将极大程度地消减新媒体对营销本身带来的优势和机会。总的来说,笔者认为"互动"在新媒体营销中主要可以从三方面着眼:(1)挖掘消费者需求,从而开发更符合消费者实际需要的产品或服务。互动的新媒体营销并不是空谈,也不是形式化的东西,而应该将"互动"转化为能实际促进营销效果的手段和途径。而对企业来说,倾听消费者的意见,做消费者的"知心朋友",并对消费者的想法进行挖掘,是市场开发工作中的一项基本要求。只有企业能做到"想消费者之所想",并且能够满足消费者还未得到满足的消费需求,才能真正在市场营销和商业竞争中处于主导和主动的地位。(2)通过快速直接的意见收集方式,更好地改进企业的产品质量和服务水平。以前企业如果想要了解消费者对自身的意见和看法,可能会通过电话访问、街头拦访、咨询机构开展市场调查等传统的消费者调查方式来进行。尽管在今天这些仍然是企业开展市场调查的重要手段,但是在新媒体的帮助下,更快速、更直接的意见收集方式已经可以出现,包括电子邮箱、网络问卷、微博留言、公众号评论等,尤其是在移动互联网技术的帮助下,这种互动沟通变得越来越简单,成本也越来越低,企业应该充分借助新媒体传播的这种交流优势,从消费者提供的意见和建议中找出适合自身的方案,不断改进产品和服务的质量,从而提高企业在市场中的竞争力。(3)让消费者有更多参与互动与创造的机会,强化他们与企业之间的情感纽带。一般情况下,人们对自己参与设计或构建的东西总是会带有某种特殊的情感,尽管这个产品的质量未必是最佳的。常见的比如说自己做的饭、自己参与设计装修的房子、自己亲手制作的小礼物等等，而这种心态放在营销活动中同样适用。从营销人员的角度来看，将更多主导权赋予消费者实际上就是在消费者和产品之间培养感情的做法，通过留言、设计方案、提意见等互动方式，消费者可以在产品和服务的设计方面贡献更多的力量。不少业内人士也认为，未来的产品和服务设计将呈现出一种"半成品"主导的模式——即任何产品或服务的设计只有一半是由企业完成，另外一半可以供给消费者来自主设计和参与，在这样的模式下，消费者对企业的品牌记忆和对产品本身的忠诚度都将大幅提升。除此之外，在互联网上，与消费者开展互动并不需要过高的成本，交流也是便捷的、开放的，并且随着数字技术的进步，笔者相信更多不同模式的"传受互动"将在互联网上得以实现。

根据竞争市场、品牌定位和目标消费者的综合定位来开展精准营销

所谓的精准营销（Precision Marketing）观念兴起于二十世纪末、二十一世纪初，是一种主要通过网络传播技术来实现的营销手段。而精准营销的实现主要依托于企业营销传播策略的设计，"精准性"的体现应该包括三大方面——对企业所处的竞争市场环境的分析、对自身品牌和产品定位的差异性定位、对目标消费者人群的精确把握。也就是说，新媒体营销如果要实现精准的目标，同样需要根据对这三者的综合分析才可能完成，这里的"精准"并非某一元素的准确定位，而是三种元素综合起来的整体把控。具体来看，企业在竞争市场上所处的地位将在宏观上影响新媒体营销活动的开展。因为一方面企业需要了解市场内主要竞争对手的主要营销战略和广告特点，从而制订出具有针对性的整体营销战略；另一方面，企业根据竞争对手所制订的传播战略需要与自身所处的市场地位相一致。例如市场初入者的营销战略不需要针对市场主导者的营销活动来设计，因为营销活动的开展需要一定资金、时间、人力等资源的投入，适合自身经营实际和市场地位的营销方案

是"精准性"的第一点要求。其次，从品牌定位来看，真正精准的新媒体营销应该在更多方面体现品牌的特点，与品牌的风格和气质相符合的营销设计是精准营销的另一点要求。举例来说，不同的汽车会有不同的气质，宝马是动感与运动、奔驰是豪华与舒适、福特是经典与深邃、英菲尼迪是活力与个性、本田是精致与流畅等等，而品牌的这些气质特点也将影响着它们营销内容的设计，假设奔驰的广告呈现俏皮可爱的风格而英菲尼迪的广告却是沉稳而典雅的，则会很容易让消费者产生不适应的感觉。同样地，在精准营销的理念指导下，这些品牌的风格和特色也将对新媒体营销平台的选择、沟通口吻等造成影响。最后，对目标消费者的把握和选择是精准营销理念里最核心的一个环节和要求，找准与企业、品牌和产品（或服务）相对应的目标消费群体，将为企业节省可观的营销开支。减少在非目标消费者和非潜在消费者群体中的广告投放，同时把精力集中在对目标消费者需求和习惯的挖掘上，既可以节省营销成本，又可以加强企业和消费者之间的情感联系，建立稳定的、重视的客户群，并利用LBS、大数据等传播技术深耕消费者需求，对客户进行更全方位的开发，充分借助网络传播的优势，在不同的网络平台上针对目标客户群进行信息挖掘和广告推广。除了传统的网络营销平台如"两微一端"、门户网站、搜索引擎、视频网站等，新兴的网络社区包括直播平台、知识问答社区、社交应用等都可能成为企业开展精准营销的渠道，尤其是在一些社群化和垂直化明显的网络社区，企业更容易找到具有某些特定气质、消费习惯和兴趣爱好的用户，从而使营销信息的传播更具有针对性。

具体的营销策略需要符合新媒体传播特点

"4P"是最经典的营销策略理论，具体指的是"产品策略"（Product）、"定价/价格策略"（Price）、"渠道策略"（Place）和"促销/推广策略"（Promotion）。由于新媒体传播媒介平台具有与传统媒体所不同的特点，新媒体的营销策略实际上也应该与传统的营销活动和营销设计不一样。具体来说，4P策略在新媒体传播的语境下也有着特殊的规则和操作特点：（1）新媒体营销产品策略。随着市场竞争环境的不断变化发展，营销理论中的"产品"所涵盖的内容也变得越来越丰富，除了传统的"实体"产品，将人们的生活变得更便捷、更舒服的服务体验也是当代营销中的重要"产品"，这一点在互联网市场竞争中尤为明显。从产品策略的角度来看，新媒体营销应该在挖掘用户想法方面下更大功夫。因为总的来说，当前国内的营销市场基本形成了"供过于求"的整体环境。对消费者来说，可以选择的产品和服务都非常多，如果想要真正获得足够的市场竞争力，单纯的价格优势或"广告轰炸"并不一定奏效，营销人员必须更深入地了解消费者的真实想法和消费需求，力图提供真正满足消费者需要的产品和服务，并且利用互联网的优势，在便捷性、时效性、互动性、开放性等着眼，同时互联网营销市场中提供的"产品"不应该是千篇一律的，而应该根据每一个消费者特定的需求进行个性化组合和设计，从而让消费者在整个营销活动和享受产品的过程中实现更优化的体验，以增加消费者对企业、品牌或产品本身的忠诚度和黏性。（2）新媒体营销定价／价格策略。新媒体营销中的定价策略大大区别于传统营销渠道的定价问题，在这里，笔者归纳出关于新媒体营销中定价（或价格）策略的三大注意事项：首先，同样一件商品，由于基于新媒体的营销省去了门店、中间商分成等成本，具有更大的浮动空间，所以对于大部分利用互联网开展电子商务的企业和商家而言，适度的低价策略更适合应用在互联网营销平台上，当然，低价的定价并不适用于所有品牌，尤其是一些定位在中高端的企业和品牌，需要在定价时考虑产品的品牌性，哪怕是在互联网的营销平台上，过低的定价依然不利于品牌价值的体现；其次，消费者之所以选择网络作为购买产品或服务的平台，很重要的原因之一就是网络所具有的便捷性优势。而企业和商家同样应该充分利用这种便捷的优势，对产品或服务进行"捆绑式"的出售。捆绑定价的特点在于用户可以以低于分别购买 N 种产品（或服务）的价格一次以组合式地购买得到这 N 种产品（或服务），例如，在某条裙子的推广页面可以增加一个"裙子＋围巾"的捆绑价格介绍，让消费者看到如果一次过购买这一组合，将比分别购买一条裙子和一条围巾的价格更优惠，以吸引消费者购买可能没有想到购买，但存在潜在需求的产品；最后，对于服务类的产品定价，在互联网上可以充分利用定制定价，或个性化定价的策略，也就是说，对同一项服务可以设计多种价格定位，其中不同的价格所包含的内容会有所不同，但是保证最低级别的价格（甚至免费）也能体验到部分或基本的服务内容，在吸引更多用户的基础上再将其转化成购买更高价格的资深或高级用户，在利用低价策略开发新用户的同时通过个性化的中高价服务为忠诚用户提供更高级和更全面的服务。（3）新媒体营销渠道策略。我们都知道新媒体具有非常丰富的媒介种类，而不同类型的媒介平台显然又具有各自的传播特点。对企业来说，如何在尽可能达到更广的传播平台覆盖面的同时，控制广告投放成本，是当前新媒体营销渠道建设管理工作中的一大难点。而笔者认为，新媒体营销的渠道策略可以大致归纳为四个字："多"、"精"、"新"、"准"——"多"指的是尽可能在更多不同类型的平台上进行营销推广，包括门户网站、App、微博、微信、网络社区、直播网站、视频网站、网络游戏等等，都可能是企业推广的平台；"精"指的是尽管我们会选择尽可能多的媒介类型，但具体到每一种类型里我们不需要涵盖全部的平台，例如在门户网站中可以选择一到两个、深耕某一个网络社区而不是在所有网络社区上进行"渔翁撒网"式的宣传；"新"要求营销人员能够把握当前最流行的媒介类型，并借助其在社会上一定时期内的影响力形成话题，获得热度，从而得到社会和公众的关注；最后的"准"要求营销渠道的选择应该做到符合企业定位、符合目标公众群体传播习惯、符合推广目标和预算等，一味地追求热门传播渠道，可能并不适合自身企业和品牌，有时候不仅不能对营销活动带来帮助，还可能造成营销经费的浪费。（4）新媒体营销促销／推广策略。关于新媒体营销中常见的方式，笔者在前文已经提到，这里就不再赘述新媒体营销的推广问题，如病毒营销、知识营销、会员营销、事件营销、饥饿营销等，都是新媒体营销人员应该关注并了解的营销推广方式，充分利用这些营销方式在新媒体平台上开展企业、品牌和产品的营销推广，能帮助营销活动获得更多地关注度和更大的影响力。而当前最为普遍和常用的新媒体促销策略则包括交叉促销、节庆促销、会员促销和借势促销四大类型。交叉促销又可以分为内部交叉促销和外部交叉促销两种，内部交叉促销主要是借助企业和品牌已有的资源，对新开发的平台、产品或服务等进行推广宣传，充分利用企业现有的影响力在新开拓的市场中形成影响；外部交叉促销则主要通过"强强联合"或"以强带弱"的方式，与一些在行业内具有较高知名度和较大影响力的传播平台或企业品牌进行合作，尤其是目前新媒体行业内一些具有重大影响力的传播媒介，如微博、微信、优酷土豆网、斗鱼直播、知乎等等，如果企业能够与这些平台进行深度合作，则可能借助它们的社会影响力促进自身的营销推广。节庆促销并不是新媒体领域才出现的促销策略，但是在新媒体平台上实现了更强大的生命力。从"天猫双十一"到"京东家电节"再发展到几乎每个月都能够在各大电子商务平台上看到促销节庆日或节庆活动的情况，通过主动创造话题，在消费者中形成"节日＋消费"的习惯和模式，是当前不少企业利用新媒体进行促销推广的一项重要策略。会员促销是新媒体会员营销策略中的一个常用手法，消费者只需要购买一定数额甚至任何数额的产品，即可成为该企业或品牌的会员。通常来说，这个会员制度的"准入门槛"会比线下传统的渠道要低，而企业和商家也会定时或不定时地向会员发布一些专属的优惠信息，或是通过积分制度等管理方式，吸引和刺激消费者在网络平台上进行消费。最后，借势促销是一种特有的"线上话题＋线下活动"相结合的促销模式，一般情况下，企业和商家会结合一定时期内的社会热门话题或焦点新闻事件，或者与当下最受关注的公众人物合作，对品牌或产品进行"借势"的包装宣传，这样的促销方式不仅相对减少了营销投入的费用，省略了创造话题的过程和环节，同时也能够保证营销的内容和社会热点的契合度，从而确保营销活动能够获得相对高的关注度。

"内容为王"在新媒体传播时代过时了吗？

"内容为王"是媒介传播领域最常听到的一句话，是传媒业内最广为人知的理念之一。简单来说，"内容为王"指的是高质量、原创、符合读者和公众需求和情感特点的内容是媒体经营和发展的最重要的支柱。媒体要想在市场竞争中获得竞争优势，应该在内容上进行深耕，优质的内容是媒体最根本的竞争力，也是媒体的核心价值所在。"内容为王"的原则要求传播者所提供的信息资源应该是稀缺的，并且对受众而言具有较高的价值，从而让公众在选择不同的媒体、产品和服务等过程中会优先选择具有这些高质量内容的平台。

随着网络媒介的不断发展，这一理念受到一定的冲击。有人认为，"内容为王"的理念并不适用于新媒体传播的环境，尤其是在"碎片化"信息传播环境下，新媒体用户对内容的需求相对减弱；也有人说，当前是一个"网红经济"的时代，人们追求的是网络热点、社会潮流，而不再对网络所传播的内容感兴趣，只要能吸引眼球的就是优质的、成功的、有趣的，忠实用户的获取不再需要通过内容，"快餐式"的传播文化成为网络传播内容的代名词，诸如此类的关于"内容为王已经过时了"的讨论到处可见。

与此同时，支持"内容在什么时代都应该为王"的观点也占据了主流声音的一部分，在这里，笔者总结归纳出之所以"内容为王"在新媒体传播时代仍然是营销活动中的重要法则的四点主要依据。

新媒体营销时代的"内容为王"的要求是要向用户和消费者提供有价值的稀缺信息

在网络新媒体环境里,人们可以接触到的信息量越来越大,因此整个新媒体营销传播过程其实可以被看作是一个"注意力"争夺的过程——谁能争夺到更多消费者的注意力,谁就能在新媒体营销时代得到竞争优势。而更为重要的是,不同于传统传播时代用户只能被动地等待和接受来自传播者发出信息的情况,在新媒体传播环境里,消费者可以"主动地"获取信息的,自然地他们也可以自主决定要关注或是不关注某个信息。也许在一定的时间内通过标新立异的标题、大批量用户使用可以造成的"从众效应"和群体压力、"快餐式"传播内容等可以实现关注度的提升,但随着互联网的深入发展,缺乏核心竞争力内容的营销平台和营销信息势必被消费者厌倦和抛弃,长远来看将影响企业所开展的新媒体营销活动效果。事实上我们可以看到当前新媒体营销行业内的一个困境和矛盾:一方面,各种网络平台上海量的广告信息,包括门户网站、视频广告、公众号"软文"、微博"营销号"、直播"网红"推荐产品等几乎占据了新媒体用户所有的视野,无论在哪个网络平台上,我们似乎都可以看到来自不同企业和商家的营销推广信息;然而另一方面,在这些纷繁复杂的信息里,我们真正可以看到的具有强大吸引力、能体现企业、品牌和产品的核心价值的内容非常少,很多时候,这些信息其实只是被用户"看到了",但并没有做到被"关注了"或是"记住了"。因为消费者很难分辨出某一个企业的营销信息和其他企业的有什么明显的区别,缺乏品牌辨认度和品牌特色的新媒体营销很多时候容易造成"无用功"的现象。这样的效果与传统的营销方式并没有多大区别,新媒体营销的优势也并不能得到体现。如果企业的新媒体营销无法做到内容上的特殊性和价值性,那么这种营销将是资源的浪费。在这方面安全套品牌杜蕾斯一直是新媒体营销界的"翘楚"之一，以杜蕾斯在社交媒体上的广告推广为例，我们可以看到杜蕾斯的新媒体营销内容不仅坚持原创，而且也会通过借势营销、事件营销、互动营销等方式在网络平台上展开有趣的、和消费者沟通交流的信息传播。在当前很多人都认为微博的公众影响力明显下降的环境下，杜蕾斯的官方微博依然能够获得大批粉丝的关注，而杜蕾斯在微博平台的营销更是被不少企业当作学习和借鉴的经典案例，其实我们可以看到，如果一个企业和品牌能够真正做到关注内容的创新和挖掘用户对信息的需求，使其在新媒体平台上的营销内容体现一定的独特性和稀缺性，就能够在新媒体营销中能取得优势和长远的生命力。

"内容"的含义在新媒体传播时代得到延伸，"内容为王"指的不仅是营销信息的价值体现，还包括所有由企业等创造出来的所有"产品"

在新媒体营销时代，好的内容可以是一次优秀的创意、一个新鲜的产品、一场别开生面的网络直播……对媒体来说，"内容为王"也许只是指媒体需要通过为读者提供原创性的优秀的内容来获得用户的支持，"内容"指的主要是文化产业中的阅读内容，文字性的内容质量是媒体最关注的要点。但是在新媒体营销时代下，需要考虑"内容"的远不止媒体，企业和任何需要在新媒体平台上开展营销推广活动的组织甚至个人都应该重视"内容"的价值。除了营销信息的质量要高，还需要找准目标消费者和目标读者（或用户）群的信息关注需求。重视内容还包含了更多方面的要求。首先，从定位的角度出发，企业等营销组织都应该在新媒体平台上树立自己清晰的定位，新媒体平台上的信息获取主要是由读者"主动"的筛选和选择来进行的，每一个读者都会根据自己的兴趣爱好和阅读习惯选择关注或不关注网络信息源，而影响读者做出这些选择的重要因素之一就是这些网络账户的定位和风格，而更为重要的是，如果缺乏一个清晰的、符合企业和品牌实际情况和气质的定位，后续的信息推广和内容发布也将很容易出现杂乱无章的现象，只有找准合适的定位，并且在营销信息的推广和发布中充分体现和尊重这个定位的特点，营销活动才能真正做到"有的放矢"，营销的信息才能体现出内容的价值。其次，在新媒体传播语境里，"内容"绝不仅仅等于"信息"，事实上我们可以把新媒体上的营销活动看作是企业新开拓的一个市场，在这个市场里，所有与发布的信息相关的东西都是新媒体营销的"内容"，也就是上文笔者提到的，也许是广告创意、广告设计，也有可能是语言风格、网络账号形象等。新媒体营销人员如果把"内容"的含义和概念进行调整，会发现只要是需要营销人员进行设计才能投放的东西，都应该被看作是"内容"，而毫无疑问这些内容都是具有价值的。除此之外，如果我们从逆向的思维来考虑，假设在新媒体营销中不需要重视内容，就意味着忽视并放弃了所有在新媒体营销活动中的主动权和积极性。如果内容是不重要的，只需要考虑平台的话，那么可以将所有的信息原封不动地复制粘贴在不同的网络平台上，我们可以想象一下，假如一个企业在微博、微信、直播网站、视频网站、搜索引擎、门户网站等所有的营销信息都是一样的，那么我们会认为这是一种成功的营销吗？答案显然是否定的，因为无论在任何时代、任何平台，内容的价值都不应该被忽略。

只有当营销信息内容是有价值的时候，消费者才会主动分享，从而实现营销信息的"二次传播"

网络之所以成为一个重要的而且特别的营销平台，很重要的一个原因在于网络传播结构所呈现出来的交互性和分享性的特点，在网络平台上，尤其是具有分享互动功能的社交网络中，用户并不仅仅是信息的接受者，更是信息的二次传播者——当看到一则有趣的信息，用户会跟自己的好友在社交网络上通过留言、转发等方式进行分享，而使原本可能看不到这则信息的用户也能接收这样的内容；而更重要的是，这样的二次传播并不需要由企业等营销人员来进行，面对趣味性的、具有价值的信息，用户会自发地进行信息传播和分享，这样一来，不仅扩大了营销信息的影响力，还大大节省了营销成本。但是我们也要注意，在信息泛滥和信息爆炸的时代，人们对信息质量的要求越来越高，人们对一般的信息内容的分享积极性已经大大降低了，只有那些质量高的、原创的或者在某些方面满足了消费者特定信息需求和情感特点的内容才可能在网络上被人广为传播。也就是说，如果企业等营销主体希望自己传播的信息能够在网络上被网友广泛地开展二次传播，那么这些营销主体必须保证信息的质量。在二次传播过程中，营销主体不仅可以实现信息传播的更大影响力，还可以通过用户之间的信息分享和互动，挖掘一些新的潜在用户。当用户接收到由好友分享的一则信息时，如果他认为这个信息发布者的内容是具有价值的、能让自己感兴趣的，那么他可能会主动地关注这个信息发布的账号，主动成为信息的接收者（即网络平台上被称为"粉丝"的用户）。而这对于企业等而言无疑是非常重要的——通过原有用户主动的信息传播实现新用户的获取，这在传统的营销平台和渠道上很难做到。而要想达到这样的效果和目标，还需要回归到原点——为用户提供优质的、稀缺的、他们切实需要并感兴趣的信息内容。因此，从这个角度来看，新媒体营销仍然需要关注内容的质量。对内容的深耕不仅影响了维护已有用户关系和吸引其注意力的问题，还会对开发新用户、实现更大的辐射范围等产生影响，缺乏有创意、有价值的营销内容很难在新媒体营销竞争市场上得到长远而持久的生命力和竞争力，尤其是在当前一个重视"粉丝数"、"用户数"、"阅读量"、"转发量"等数据的时代，单纯的信息复制和"标题党"并不能帮助营销主体在相对长的时间段内形成市场影响力，这一点无论是对于处于移动化转型期的传统媒体来说，还是立足新媒体市场的媒体方，抑或是希望在新媒体平台上开展营销推广的企业和个人来说都值得重视。而对于以用户自主生成信息为主要的信息生产方式的网络社区来说，积极吸引优质用户，同时积极开发其他用户的信息生产积极性，是体现这些网络社区"内容"价值性的重要方式。以当前热门的知识问答型社区"知乎"为例，在这个社区里几乎所有信息都是由用户自发性地进行创作和发布的，而其中我们不难发现其中包含了一些具有趣味性的营销信息。那么对这些社区来说，网站本身不生产信息，如何做到吸引那些具有高质量信息生产力的用户进入这个网络社区，并将其发展成为资深和忠诚的用户，同样是网站重视"内容为王"理念的一种体现。

创意营销和趣味营销要求营销内容必须具有原创性和高质量的特点

新媒体营销的一大优势在于有利于开展创意型的营销活动，因为新媒体平台具有天生的创意性和趣味性的特点——无论是从其传播结构特色或是用户群的属性来看，新媒体相较于传统媒体而言对"有趣"信息的包容性更大。但反过来看，要想真正实现趣味营销和创意营销，根本的要求还在于能够提供切实"有趣"的内容。当前我们已经进入了一个"泛娱乐化"的传播时代，尽管人们同样关注社会热点话题和深层次的社会新闻，微博的出现也曾经让网民在一定时期内成为"希望改变中国深层问题的思考者"这样的角色，但是现实的发展情况是我们不得不重视的——中国网民结构呈现的低龄化和职业结构复杂的趋势，决定了在相当长的一段时间内，网民媒介素养仍然处于一个相对中低端的结构层次。笔者认为，从中国国内的环境来看，娱乐化、趣味化的信息对读者的吸引力已经大大超过社会问题等深层的、内涵的信息；而且随着社会经济的发展，人们面临的生活压力也越来越大，在这样的社会环境下人们希望通过网络构建出来的虚拟空间获得精神的放松和娱乐，对一些轻松、有趣且具有创意的信息内容会特别关注和感兴趣。从这样的角度来看，创意营销和趣味营销的价值也在不断增加，利用数字新媒体技术和各种各样的网络媒介平台，为用户和消费者构建出一个充满创意和想象的网络信息空间，将营销信息以轻松幽默的方式进行包装，并且能够在营销的同时向用户和消费者传递出"正能量"的生活理念和信息，将会是未来互联网创意营销和趣味营销的大趋势。或者我们也可以这么理解，未来整体的新媒体营销趋势所关注的不仅是"内容为王"，而是"创意内容为王"或是"趣味内容为王"，营销主体所创造并提供的信息内容必须体现出更大程度的"创意"——这也意味着新媒体平台上所传播的营销信息既不能是其他平台上已有信息的简单复制，还要做到满足消费者的阅读习惯和心理特点，为自己所提供的信息贴上"与众不同"的标签，但这样的"与众不同"并不一定意味着"标新立异"或"离奇古怪"。"内容为王"理念下的创意营销和趣味营销实际上也可以被视作是一种"内容营销"，也就是说营销主体所发布的这些信息和内容实际上就是他们希望能够传播出去的最核心的内容。企业在这个过程中可能已经不再是单纯地希望为自家的产品或服务打广告，而是希望读者能够读懂他们所发布的一篇文章。而这样的文章可能会以一种极具创造性的方式对企业的理念、文化、历史、成果等其他非产品宣传的领域进行介绍。而当营销主体能够真正掌握更深层次的内容营销，或是创意/趣味内容营销时，企业所能实现的已经远远不止产品宣传或广告推广，而是一次与消费者和目标受众之间的深入对话和交流，这对企业来说无疑具有更大的价值和重要性。

"平台为王"是否成为新媒体营销的制胜策略？

与"内容为王"不同，随着新媒体平台越来越丰富多样，尤其是微博、微信、知乎、直播网站、App客户端等新兴介质出现后，不少人提出一个新的观点：对新媒体营销来说，平台的选择和组合比内容的设计更重要。"平台为王"似乎已经成为新媒体营销领域里另一个被广泛流传的"制胜策略"。尽管"平台为王"这一观念的产生比"内容为王"晚，但是却在短时间内迅速吸引了营销业内人士的关注和认可，不少人对于重视渠道建设和平台选择的新媒体营销策略表示认同，尤其是在媒介融合的宏观背景和大环境下，越来越多的人认为与其在内容上进行大量的投入未必能帮助企业赢得新媒体营销市场竞争，因为内容在当前的传播环境不再稀缺；相反，如何利用有效合理的媒介平台组合，通过强有力的传播渠道对品牌、产品或服务进行宣传和推广，反而可能成为新营销时代的制胜武器。对媒体来说，"融合"与"转型"是当前媒体发展的两个关键词，而这两个关键词毫无疑问都指向了渠道建设管理的方面，这种基于数字传播技术的兴起和进步而发展而来的媒体管理观念积累了越来越多的影响力。对企业等营销方来说，"和最热门的媒体合作"、"选择使用人数最多的社交媒体进行广告投放"等成为一种极为普遍的营销现象，人们对平台选择的关注度越来越高，似乎只要选对了平台，营销活动就必然成功。总的来说，支持"平台为王"观点的主要原因同样可以归纳为四大方面。

平台的选择与组合、渠道的建设与管理将深刻影响内容传播的实际影响力，平台是营销管理中更高层次的关注点

首先，我们可以看到的是，支持"平台为王"的观点并不是绝对否认"内容"对新媒体营销的重要性和影响力，只是认为在两者之间，"内容"相对来说处于一个基础性的地位，而"平台"才是影响甚至决定着新媒体营销实际效果和影响力的深层因素——任何一次营销活动都需要内容的选择和设计，但是在当前的新媒体传播环境下，人们越来越习惯于"碎片式"的信息阅读习惯和模式，内容在某种程度上只是新媒体营销中的基础环节，没有内容就没有营销活动可言，但是内容是否真的起着决定性的影响力呢？也许未必。在一定时期内，以企业为代表的营销主体如果能够选择合适的营销平台和信息发布渠道，内容的重要性可能会相对降低。尤其是在社会化媒体传播时代，在国际范围内以Facebook、YouTube和Twitter为代表的社交媒体"三巨头"

或是在国内范围来看以新浪微博、微信和QQ为代表的三个本土化社交媒体，都在极大程度上包含了大部分的网络用户。也就是说，新媒体营销活动的传播是网民，而相当一部分的网民都是这些社交媒体的用户，因此对于不少企业来说，新媒体营销或多或少已经发展成为社交媒体平台的营销。一般来说，企业如果能够在这些网络平台上有所作为，就已经在很大程度上为自身的新媒体营销工作奠定基础，至于内容的设计和选择，在整个营销活动中可能相对应地会被放在弱化的地位。这一点在名人的营销推广工作中显得特别明显，尤其是一些娱乐明星，在当前的这个"粉丝时代"，用户并不关注自己的偶像发布的什么内容，只要是出现自己感兴趣的偶像的信息，他们都乐于去关注和转发分享。因此我们也可以看到再择业的背景下，不少新兴的个人网络营销平台出现，如2016年在网络上迅速吸引了大批用户使用的"明星空间"App，在这个号称首个"星粉"互动的平台上，无论明星账户发布了什么信息，都可以迅速吸引用户的热议和关注，而在这里，粉丝还可能会有购买明星周边产品、为偶像实现愿望等娱乐经济时代的行为。从这个角度来看，只要找到特定的用户群，营销主体可以构建出不同类型的传播平台，而不需要担心用户数量的问题。（在明星空间正式发布的第二天，就冲入了苹果App Store娱乐畅销榜前十，同时进入了苹果App Store畅销总榜；在小米新锐榜上，明星空间进入前三名[1]。）内容在这样的平台上反而并没有占据重要的位置，重要的是平台所能实现的功能以及平台本身的创造性和价值性。同时，我们也可以看到，在互联网逐渐发展的趋势下，人们对"互动"的需求越来越大，作为营销的重要平台，新媒体营销工作的趋势也将对这方面给予更大的关注，如何能够利用新媒体的优势为用户和营销主体之间建立起更多联结方式，开发更强大的分享互动功能，是新媒体营销对平台关注的一大表现。

---

1 凤凰娱乐.响巢看看明星空间如何重新定义粉丝经济？[EB/OL].2016-4-11,链接为http://ent.ifeng.com/a/20160411/42603768_0.shtml#_zbs_baidu_bk

用户对新技术的狂热和新媒介平台的选择超过对内容的简单关注，选好了营销平台已经意味着营销活动的"事半功倍"

不少业内人士认为，国内当前的新媒体营销环境已经呈现出以渠道和平台为主导力量的趋势，尤其是随着各种各样新兴媒介平台类型的出现和流行，以及受到从众心理和社会群体压力等因素的影响，用户对平台的选择已经慢慢超过了对平台上内容的关注，因此对企业等营销主体来说，他们在设计和开展新媒体营销活动时也会优先考虑营销信息投放平台的问题，而不再仅仅关注内容的质量和设计。也有人把这种现象称为"技术为王"，即数字新媒体技术对营销活动带来的影响远远超过由传播内容所产生的效果，尤其是那些对传播活动和传播模式具有革命性和创造性意义的新传播技术，带来的影响更为显著，如过去几年备受关注的AR、VR和直播等新现象，已经成为不少营销人员积极开发的新技术类型和传播平台。在这种观点的主导下，营销活动将在更大程度上体现平台选择和新兴传播技术优先的特点。那些具有大量用户的传播平台往往会被优先考虑和利用，因为对营销人员来说，大量的用户意味着较高的关注度和信息到达量，也更容易在社会公众中形成话题和关注度，有助于营销活动的持续和有效开展。当然，笔者在某种程度上也认同这种观点是具有合理性的：首先，无论什么类型的营销活动，最终希望能达到的目的或多或少都包括了提高企业或品牌的知名度、在社会形成话题、扩大营销活动的影响力等，而一个好的平台和渠道无疑能够在很大程度上实现这些营销目标。对新媒体组织本身来说，如果能够在平台和渠道方面做好基础建设工作，平台对新媒体的发展意义重大，铺建好的平台和渠道意味着在用户接触和沟通方面具有更大的主动性和便捷性，这也将节省后续很大一部分的营销推广费用，为组织长远的营销活动奠定了良好的基础；其次，如果希望通过有趣而且高质量的内容吸引用户主动分享从而实现营销信息的"二次传播",但平台缺乏一定数量的用户,那么这种情况下的二次传播所能产生的影响力也是有限的。因此,一个平台的用户基础几乎对所有营销活动来说都是至关重要的,这也能从一个侧面解释为什么当前的营销人员如此高度重视平台的选择和渠道的建设;最后,新媒体是一个具有特殊生命周期的行业,对不少媒体平台来说,在一定时期内能获得广泛的关注、可观的用户数和较大的影响力是很多新媒体的主要经营目标和市场定位,与此同时人们对新媒体平台越来越呈现出"贪新忘旧"的使用习惯和特点,一个新媒体有可能在短时间内成为最热门的话题和最受欢迎的新媒体平台,几乎所有与这个平台合作和互动的内容都很容易成为焦点话题和备受关注的广告信息。也正因如此,对不少企业来说,只要他们能够抓准用户的兴趣和关注焦点,在特定的时间段内发现与所需要传播的营销内容相契合的平台,就能够为营销活动带来极大的帮助和便利。

相比起传统的营销方式,基于"平台"而非"内容"的特点具有更显著的差异性,新媒体的平台特点对营销活动产生着更深刻的影响

对于每一个营销人员来说,一个必须了解的要点是,虽然我们并不认可将传统营销渠道上的内容原封不动地"粘贴"到网络渠道上进行投放,但是毫无疑问的是,营销内容上的复制比平台模式的复制所带来的消极影响要小很多。具体来看,新媒体营销之所以被格外重视和关注的一个原因在于这种营销方式是基于一个特别的平台——新媒体(包括网络新媒体、移动新媒体、数字新媒体以及数字化的传统媒体等),而新媒体所表现出来的和营销相关的特征要求营销人员在开展营销推广活动的时候必须根据这样的特点对活动进行策划和设计,笔者将这些需要特别关注的新媒体平台特点归纳为三方面:
(1)新媒体的"数字化"特点。"新"的营销平台和传统营销平台最重要的一个区别在于新媒体是一个依托于数字传播技术而建立起来的传播平台，技术对平台的影响巨大。同时，在新媒体平台上开展的营销活动也不能避开这些技术特征而存在，也就是说任何新媒体营销活动都应该充分体现出新媒体的数字传播特点和优势，包括传播速度快、传播时空限制小、互动表达的可能性、信息的海量性、传播的多媒体介质特点等。一方面，如果营销活动不能体现这些新媒体的平台特性，新媒体营销本身承载的和具有的优势将难以突显；另一方面，如果能够充分挖掘、探索并利用新媒体的平台特性对营销活动进行设计和包装，将会满足和实现一些传统营销方式和营销活动尚不能满足的市场需求和营销目标。（2）新媒体具有更鲜明的"个性化"特质。个性化是新媒体平台呈现出来逐渐强化的平台特征，我们可以大致从两方面对新媒体平台的"个性化"进行解读——无论从平台本身来看，还是平台的用户特点来看，新媒体传播环境的市场细分和媒体选择都具有极为鲜明的个性特点。从平台的角度来看，假如我们把每一个新媒体组织都当作是一个独立的市场个体，事实上我们可以看到大部分新媒体本质上也可以被看作是一个企业，而显然每一个企业要想在市场竞争中获得生存空间和竞争优势，清晰的市场定位是必需的，这一点无论是新媒体还是传统媒体都是适用的，然而与传统媒体不同的是，新媒体的市场化程度更高、类型更丰富多样、竞争也更为激烈，在这样一个环境下如果新媒体平台不具备鲜明的个性特质，将很难在媒体市场中形成关注和影响力；而从用户的角度来看，显然垂直化和细分化成为一个越来越明显的网络社区特点，也就是说，人们越来越倾向于选择使用那些能够帮助自己找到志同道合的、具有相同兴趣爱好的用户的网络平台，而由此造成的后果就是随着用户积累和媒体发展，每一个新媒体平台都将发展为具有鲜明特点用户群的平台，当企业等营销主体需要针对自己的目标消费者进行营销推广时，便可以根据这些平台的特点去寻找与自身市场定位和营销目标相符合的平台进行广告信息投放，从而提高信息传播的有效性和针对性。（3）新媒体用户对平台的主动性选择和目的性更强。在大多数情况下，用户接触新媒体上的信息都是处于"主动搜索"

而不是"被动接收"的状态，用户对新媒体的使用或多或少地都具有一定的个性化目的和需求——信息需求、情感需求、娱乐需求、知识需求、社会关系需求等。用户也会根据不同的需求选择不同的新媒体平台，举例来说，当一个用户需要获得新闻资讯时，他可能首先想到搜索引擎、新闻App客户端或门户网站，而当他感到需要放松工作压力时，社交软件和网络游戏显然更具吸引力。对每一个新媒体平台的不同需求和使用习惯，营销人员要做到挖掘现有网络用户，尤其是企业自身的目标消费群体的平台使用习惯，并以此作为营销活动设计和开展的依据和参考标准之一。

用户生产内容将成为一种趋势，在此背景下，平台的设计、建设和维护成为营销活动中更重要的环节

在很多新媒体平台上，我们可以看到这样一种新现象——媒体本身提供的只是平台，而平台上传播的所有内容几乎都是由用户自行生成的（也就是我们在第一章提到的UGC, User Generate Content，用户生成内容），用户才是新媒体平台上的内容"提供者"，而新媒体所需负责的只是搭建出这样一个适合、方便用户进行内容生产的环境，并尽可能吸引更多的用户积极地参与此类信息的生产和传播。当前，这种用户生产信息的新媒体在国内很常见，不管是具有较长历史的网络论坛和贴吧，还是近两年兴起的知识问答社区如知乎等，平台上的内容几乎都是网民自己生产的；在国外，这样的平台就更常见了，最典型的如"维基百科"（Wikipedia）和YouTube。海量的信息内容都是由网民生产、提供并传播的，新媒体充当的更多是一个平台提供者的角色。那么在这样的平台上，营销活动是否就无法开展呢？显然不是，我们会发现，在这样的平台上一些特别的营销活动，如知识营销、互动营销、病毒营销都特别容易产生影响力。只要营销主体能够提供具有足够趣味性、吸

引力和新鲜性的讨论话题，平台上的用户会主动成为帮助企业开展新媒体营销的传播力量，而这也正成为不少企业和品牌开展营销推广活动的新趋势和新策略。在用户主体意识、信息搜索和获取能力都越来越强的环境下，单纯的由企业作为信息提供者的营销方式已经越来越难获得消费者的好感和信任；相反，这种由用户生成信息和内容的方式所显现出来的去中心化、集体创作、扁平化、非权威性的特点，吸引了越来越多企业和营销主体的关注和应用。同时，消费者往往也更信任这种由"同伴推荐"（Peer Recommendation）而非传统广告推广中包含的营销信息。这也是人们支持"平台对新媒体营销越来越重要"的观点的原因之一。在这种模式的营销活动中，我们要注意的是，用户生成内容并非适用所有企业和品牌的营销推广。因为总体来说，当前由用户生成内容的网络平台的使用者基本上是年轻人，18—35 岁的用户是这些网络媒体的主要用户。假如一个企业的目标消费者并不是这个群体时，依托用户生成内容来进行的新媒体营销显然是无用的。归根到底，企业必须对自己的目标消费群体有清晰的了解和把握，充分了解他们的消费习惯和网络使用行为，才可能开展具有针对性的网络营销推广活动。

新思路：内容和平台的聚合

笔者认为，在新媒体平台上开展营销活动，重要的不是简单的"内容为王"或是"平台为王"。如果回归到 4P 的营销理论，我们可以看到，无论是内容（即产品，Product）还是平台（即渠道，Place），都是营销策略中不可或缺的元素和要点，也就是说，对企业或媒体而言，新媒体营销中内容和平台之间的关系是相互依存、缺一不可的，单纯地认为某一种要素"为王"的观点其实已经违背了营销的基本理念和原则。同时，我们从前面的两种观点讨论中也可以看到，无论是侧重"内容更重要"还是"平台更重要"的观点，都无法避免地在内容中看到平台、在平台中发现内容。如果新媒体营销对内容和平台之间关系的把握是"此消彼长"或"非此即彼"的状态，那么可以预见这样的营销战略必然是失败的。

因此，将内容和平台进行合理地组合与选择，才是新媒体时代更为有效的营销传播战略。在"内容为王"的观念里，只要内容做得好，无论在什么平台投放都将会取得理想的营销效果；而在"平台为王"的观点里，无论多烂的内容，只要选对了一个火爆的平台，就能实现营销目标、获得广泛的关注。毫无疑问，这两种观点都过度地夸大了某一种营销要素的作用，而忽视了另一种元素的作用和重要性。从这样的角度来看，如果一个营销能做到两种重要因素的有机统一，既重视内容的质量和价值，也关注平台的选择和开发，无疑会出现让人惊喜的效果。而这样的观念和聚合模式，不仅适用于传统媒体的转型道路，同样适用于致力于开发新媒体营销市场的企业组织或个人。

内容与平台的优先性

聚合内容和平台并不意味着无论任何时候内容和平台都处于同等重要的位置。因为，如果我们从操作的层面入手，对内容和平台投入同等经费、时间、资源的做法并不现实。真正的内容和平台聚合要求的是考虑不同的营销主体所具有的市场定位、营销目标、广告经费、市场资源等要素，在综合分析各个因素的基础上，判断在每一个营销活动的个体操作中，如何取舍内容和平台的优先考虑顺序，而且重视某一种元素也并不意味着绝对忽视和放弃另一种元素。总的来说，笔者认为面对"内容和平台分别于何时处于优先位置"的这个问题，可以从两个角度进行考虑和讨论。

针对以文化内容生产和提供的组织来说，包括正处于转型期的传统媒体或是新媒体组织本身，内容应该被放在更重要的位置

一方面，从受众需求来看，优质内容对用户来说永远都是稀缺的资源和

产品，没有人会拒绝高质量的、有价值的文化产品，业内在"内容为王"的讨论中，通常会提到典型的案例，如浙江卫视的《中国好声音》（2016年改名为《中国新歌声》）和湖南卫视的《爸爸去哪儿》，这些都被认为是由内容主导而创造的媒介传播胜利，这两个节目无论是在电视播出情况还是网上点击量的情况都非常理想。在这两个案例中，平台和渠道的作用相对较弱。无论什么时候，只要是由媒体来提供内容的营销活动，就应该在更大程度上重视"内容"的作用。同时，对于一些已经积累了足够多的用户和社会知名度的企业来说，优质内容的同样也是非常重要的，因为好的营销内容能够在提高用户忠诚度、扩展忠实用户等方面起到重要的作用。

针对那些希望通过新媒体平台来实现营销目标的企业来说，营销平台的选择往往更重要

因为任何企业都希望通过新媒体营销来实现话题、知名度、销售量、企业形象等市场目标，对它们而言，新媒体更像是一个为其营销内容提供宣传和传播渠道的工具，而只要营销活动能够帮助它们接触到足够的目标用户、形成一定的话题量和关注度，就能最终实现主要营销目标。内容是传播因子、平台才是传播的更大动力，在这样的情况下，找到一个"火爆的"、流行的、活跃用户数量足够多的平台，对新媒体营销活动效果的影响力或许会更显著。尤其是对于急需要扩大知名度和用户量的企业，渠道和平台的选择无疑是更重要的，因为强大的平台能够在较短时间内帮助他们接触更多的受众，使营销信息实现更高的"性价比"投入效果。

内容与平台的统一

当然，上述这种只是粗略的分类，内容和渠道的聚合必须通过一定的、有效的策略才可能既发挥两者的共同作用，又体现其中某一元素在具体营销活动中的优先地位。总的来说，笔者认为要真正做到两者之间的有机结合，还需要从以下三方面进行把握。

无论是在内容优先还是平台优先的聚合过程中，内容都必须做到和平台的高度匹配，而且在更多情况下，应该由内容来匹配平台

简答来说，就是什么样的内容要配套地在什么样的平台上进行投放，而不是将一个高质量的、有价值的内容一成不变地投放在所有的营销平台上，或是忽视平台特色和平台用户的特性来进行营销活动和广告信息的发布和传播，这也是新媒体精准营销中的一个基本要求。新媒体营销活动需要将内容融合到平台上，找准每一个平台及其用户群的传播特点和传播习惯，并根据这些特点来进行有针对性的内容设计和开发，在内容上体现平台特色，围绕平台特性来开展内容营销，将新媒体营销做到"有的放矢"，这是聚合内容与平台要做到的第一点，也是关键和核心。当营销的内容和发布平台的特点、风格、定位和气质都是高度吻合和匹配的，营销的味道将会变弱，而整个营销活动则会变得更像是企业和平台之间的一次有趣互动，同时也会出现一些意想不到的传播效果——营销活动不仅能获得平台上用户的关注和讨论，同时通过用户之间的主动传播和分享实现更大范围的传播效应。

平台不再是简单的内容提供者，"内容平台"将逐渐向"用户生成内容平台"转变

如前所述，新媒体的优势之一在于为用户创造更大的参与和创作空间，而用户几乎在所有新媒体平台上都不再是简单的信息接收者。在这个过程中，营销主体可以借着这种传播特点和优势将内容和平台的结合转化成"新媒体提供平台、用户生成内容"的营销场景——把用户从营销信息的接收者发展为营销内容的主动生产者和创造者，这将是未来新媒体营销的一个新方向。

然而我们需要注意的是，用户生成内容的积极性并不会持久而稳定，要想积极开发用户在内容生产、提供和传播方面的兴趣和愿望，平台本身也需要在"内容"方面下功夫。设计和提供具有话题性和趣味性的讨论活动、营造开放和自由的线上参与氛围、建设具有复合功能的平台环境等，都是能够激发用户进行内容生产的影响因素。

营销主体在新媒体营销活动中，应该从更宏观的视角把握"内容"和"平台"之间的关系

无论是企业或是个人，新媒体营销已经不再是一次单纯的营销推广活动，而应成为整体营销战略中的一个重要部分，而且是常规的部分。也就是说，成功的新媒体营销运营考查的并不是简单的某个活动中内容和平台的关系处理结果，而是长期的、持续的内容和平台建设、管理、维护情况等综合因素的共同结果。笔者认为，好的新媒体营销管理不应该再把"内容"和"平台"割裂来看，而"聚合"的观点也不应该是空谈——新媒体营销的未来可能会出现"内容平台"或是"平台内容"的新产物，即"内容"和"平台"在日常的运营管理中合二为一。营销人员在开展新媒体营销活动时不会再对二者之间"谁更优先"的问题感到疑惑，因为这两者已经在日常的新媒体平台管理和内容开发中达到高度的统一。当然，这不是一朝一夕可以实现的事情，需要通过一定时间的营销和管理实践，并根据每一个营销主体，如企业、个人等的特点和营销目标进行不同程度的内容、平台的组合。

最后需要说明的是，内容和平台的聚合并不意味着其他营销要素在新媒体营销活动中不重要、不需要关注；相反，新媒体传播环境越来越复杂，新的传播现象和传播特点不断涌现，未来新媒体营销工作将呈现出更多元素、更复杂力量的聚合特点，包括技术、品牌、产品、模式、资源、用户等都可能成为新媒体营销中的"王"。

新媒体营销实践案例

过去五年，新媒体营销的发展极为迅猛，每一年、每一季度、每一个月甚至每一天都在出现各种各样经典的新媒体营销案例，利用新媒体平台开展营销已经不再是新鲜的营销尝试。然而，我们也不难发现，尽管新媒体营销逐渐成为营销行业中的常有策略，并不是每一个新媒体营销案例都是成功的，其中包含了很多具有争议性、甚至被认为是失败的新媒体实践案例——可能是成功的内容应用在失败的平台或是成功的平台上出现失败的内容等。在本章最后的部分，笔者将通过三个近年来比较典型的新媒体营销实践案例跟大家一同探索，在新媒体营销实践中，如何更好地把握各种营销元素之间的关系，从而使新媒体营销的具体工作能够真正实现营销目标。

案例1："非典型"网红"Papi酱"之走红

在2016年初发布的"2015年网红排行榜"中，一个号称"集美貌与才华于一身"的女孩"Papi酱"，仅用了三个月的时间就成功冲击，成为仅次于王思聪、排行第二的网络红人，不仅原创视频刷爆社交网络，"Papi酱"的微信公众号文章阅读量也基本在10万以上。2015年10月，"Papi酱"首次在网上上传原创短视频，凭借"变声器"和风趣幽默的视频风格在网络迅速走红。之后，于2016年3月获得真格基金、罗辑思维、光源资本和星图资本联合融资1200万，成为国内网红"第一人"。Papi酱更被称作国内网红界的"一股清流"，在社交网站上拥有众多粉丝，其第一支贴片广告更是以2200万高价被拍卖。尽管于2016年4月后，因视频的尺度问题（如涉及粗口和低俗化内容），"Papi酱"经历了一系列的内容整改风波，但无可否认的是，"Papi酱"的走红已经成为2016年新媒体营销中的亮眼一笔。2016年7月11日，"Papi

酱"在斗鱼、百度、优酷等 8 个网络平台同时首次直播，8 个平台同时在线峰值达 2000 万，可见经历了 9 个月的视频制作和传播后，"Papi 酱"仍然在国内保持了相当高的关注度和粉丝量。

案例点评

●"Papi 酱"的走红无疑进一步印证了互联网传播已经正式进入 UGC（用户生成内容）的时代。互联网为每一个人提供了开放和相对自由的传播平台，任何人都可能在网络平台上实现个人的传播，而新媒体营销也不再限于企业等商业组织的应用，普通人也可能通过成功的新媒体营销成为公众关注的焦点和热点人物。只要你能创造出具有创意、趣味、吸引力并符合社会公众信息需求的内容，你就有可能在 UGC 时代成为下一个"Papi 酱"。而"Papi 酱"的成功也可以看作是 UGC 时代短视频流行的一个产物和结果。

●"Papi 酱"发布的视频全部是原创且体现社会关注热点的内容，这体现了"内容为王"在新媒体营销传播中并未过时。"Papi 酱"并不是第一个在网络上上载原创视频的人，却因内容的价值性和风格的特殊性而实现前所未有的成功和关注。我们无疑在这个案例中看到，在同样的平台上进行营销传播，内容仍然是决定营销活动能否取得成功的一个重要因素。稀缺的传播内容在网络上永远不会过时，而如果能够结合流行的传播平台进行内容开发和传播，那么则有可能实现事半功倍的营销效果。

●当前，网民的构成仍然以年轻人为主，个性化的传播满足了当下年轻网民对信息的需求和传播习惯。无论是什么营销组织，利用新媒体开展营销活动时都必须要针对目标受众的信息接收习惯进行内容开发和平台选择，只有找准受众需求和情感、心理特点，营销主体才可能保证营销内容的精准性和针对性。放低身段，说出受众心中之所想，提高受众对传播内容的共鸣，将有助于受众接受营销活动的信息。

案例 2：杜蕾斯 Air 百人体验直播事件

2016 年 4 月 18 日起，知名安全套品牌杜蕾斯开始在网络招募 100 名情侣共同参加"杜蕾斯 Air 空气套百人试戴"网络直播活动，网民可以在包括 B 站、优酷、斗鱼直播、乐视网、天猫直播等在内的多个网站上观看直播。在直播开始之前，杜蕾斯在其官方微博上对活动进行了预热宣传，并于 4 月 25 和 26 日两天的微信公众号推送活动进行介绍。最终自 4 月 26 日晚上 9 点直播开始、到凌晨 12 点结束的三小时内，"杜蕾斯 Air 空气套百人试戴"网络直播共吸引了超过 100 万网民在线观看，其中 B 全程观看的网民约有 30 万人，同时在 B 站上观看直播的网民超过 28 万。尽管这一活动最后并没有出现网民预想的"大尺度"内容，但这一极具话题的网络直播事件仍然引起了网民的广泛关注和新媒体营销业内的热议，并成为 2016 年中国关注度最高的网络直播事件之一。

图 8-1 "百人试戴直播"活动招募宣传杜蕾斯官方微博截图

案例点评

●从话题的角度来看，这一次杜蕾斯的新媒体营销事件无疑是成功的。无论是"百人试戴"还是"直播"，都符合新媒体传播的话题性特点，引起了网民的广泛关注和讨论，也迅速推广介绍了其新产品，在短时间内确实能起到营销宣传和制造话题关注的效果。

●杜蕾斯一直是新媒体借势营销的实践佼佼者，而这一次"杜蕾斯Air空气套百人试戴"网络直播活动无疑是借了2016年国内网络最流行的直播之势，使营销活动在吸引力和关注度方面都实现了大规模的传播效应。

●然而笔者认为，这一次活动是具有争议性的。尽管杜蕾斯选择了当前最流行的新媒体平台——直播网站，对其新产品进行宣传和推广，而且内容也相当具有话题性和吸引力，但与以往杜蕾斯在微博上"趣而不俗"的营销风格不同，这一次的营销内容无疑是越界的。虽然整个直播过程并没有出现任何违反互联网传播法规的内容和场面，但是这次的直播活动却在事后受到来自营销业界、新媒体传播学界和消费者的普遍质疑。首先，把"试戴安全套"和"直播"联系在一起很容易让公众造成误解和遐想，尽管这些遐想正是杜蕾斯此次营销活动的目的和传播动力之一，但毫无疑问把中国文化里仍然相对敏感的"性"话题，而且还是集体的性暗示活动作为营销传播的核心话题，无疑还是会对品牌形象造成一定的损害和影响；其次，本次营销活动在事前的预热工作中通过大量暗示的宣传海报和文章让网民有了不必要的"过高"期望，然而最后直播结束后网民却发现整场活动"挂羊头卖狗肉"，最后，活动尽管获得了大量网民的观看，却未必能保证对杜蕾斯新产品的宣传起到积极作用；最后，一直以来网络总被一部分公众认为是糟粕文化、低俗文化、色情文化的聚集地，而杜蕾斯的这次网络直播无疑进一步强化了这一部分公众的刻板印象，从长远来看这并不利于未来网络营销活动的开展和实施。

案例3：故宫超级IP的养成

2016年6月，故宫博物院与阿里巴巴合作，在淘宝天猫开设了官方旗舰店。旗舰店主要包括了三大业务板块——文创、出版和门票，网民可以在天猫和阿里旅行这些电子商务平台上有更多机会与故宫博物院文化进行近距离的接触，同时也享受到更便捷的服务，故宫博物院官方旗舰店的开设进一步改善了观众参观故宫博物院的体验。7月，一个以明成祖朱棣为主人公的名为《穿越故宫来看你》的创意H5广告在微信朋友圈刷屏。广告中戴着墨镜的朱棣不仅边唱边跳，还会像当代普通年轻人一样自拍发朋友圈，为故宫博物院与腾讯的合作拉开序幕，合作以"NEXT IDEA腾讯创新大赛"为平台，以故宫博物院经典IP形象或相关传统文化内容为原型，围绕赛事主题、跨界合作和创新人才培养等方面，探索传统文化IP的活化模式。通过阿里巴巴和腾讯这两大新媒体平台"巨头"，结合极具创意和趣味的营销内容，故宫博物院的网络IP打造系列活动可以算是2016年国内新媒体营销中最成功的案例之一。

案例点评

● 从这个案例中我们可以清晰地看到，故宫博物院在进行自身的宣传和文化推广时高度重视内容和平台聚合的营销策略——与阿里巴巴的合作重在渠道拓展，与腾讯的合作则重在内容开发。故宫博物院的网络IP打造系列活动可以说是新媒体营销"内容和平台相聚合"的一次有力呈现，而且这种聚合更多地体现为一种整体的传播战略，而不一定是在同一个平台上体现内容和平台的同等重要性。故宫博物院本次的网络营销活动充分体现了阿里巴巴在销售方面的渠道优势和腾讯在用户方面的社交互动优势差异，做到了内容和平台的精准营销。

● 互联网被认为是新文化的代表，但利用这种年轻人喜闻乐见的传播渠道进行传统文化的传播，往往能取得意想不到的效果。中国具有丰富的历史和传统文化财富，但随着社会的发展和人们生活节奏的加快，人们对传统文化的关注度大大降低，传统文化在日常生活中的体现也逐渐减少。与此同时，网络新媒体被社会公众广泛接受和喜爱。"新媒体+传统文化"的营销模式在某程度上也是一种内容的创新和平台的开发。

●美中不足的是，在《穿越故宫来看你》这一H5广告中，我们可以看到营销内容在创意方面下了很多工夫。但如果仔细考究我们不难发现广告内容中存在不少历史知识性错误，如于谦和已故的昭献贵妃同时出现、点赞的"左丞相"和"右丞相"制度早在朱元璋时期就已被废除、时空错乱的皇贵妃"点赞"等。传统文化在新媒体上进行传播的目的之一是以一种相对轻松的方式向社会公众普及宝贵的历史文化知识，而如果营销活动只做到"营销"和"广告"，却并不能真正帮助网民获得正确的历史知识，将会影响营销活动的实际意义和影响力。

本章思考

1. 如何理解新媒体营销和传统营销平台的区别？新媒体营销在哪些方面表现出不同于传统营销渠道的优势？

2. 你认为在开展新媒体营销工作时，有哪些要点需要特别注意？国外的新媒体营销案例是否都能够被国内的营销人员借鉴和参考？为什么？

3. 在一定的经费预算和营销目标前提下，在新媒体营销活动设计中你会优先考虑营销推广的内容还是营销平台或渠道的选择？

4. 你知道哪些近两年新兴的新媒体营销平台吗？这些平台和其他传统的新媒体形式又有什么不同呢？

5. 在你所熟悉的新媒体营销案例中，导致营销活动成功开展的因素主要有哪些？为什么这些因素重要？

第九章 网络直播社区：昙花一现还是新媒体传播新趋势？

一台电脑、一个麦克风、一个高清摄像头——这些简单的器材构成了当前不少网络主播每天和"粉丝们"直播互动的全部工具。最初的网络主播兴起于网络游戏社区，当网络游戏越来越受到网友们追捧时，网络游戏解说成为一个新兴的职业。而随着网络的发展，主播们除了解说游戏，还可能通过和网友聊天、直播化妆、直播吃饭甚至什么都不做，简单地坐着，就能够收获一大批粉丝，并且得到不菲的收入。"网络主播"成为当下互联网行业一个最热门的职业。

通常情况下，网络主播每天在直播平台上和粉丝"见面"，他们会为围观的用户表演唱歌和在线聊天，或是满足粉丝们提出的一些可接受范围内的要求，如卸妆、吃东西、做鬼脸、跳舞等等。在这个互动的过程中粉丝们会为主播送上各种礼物，为他们"搭高楼"、送鲜花、维护贴吧等等，如果遇到一些"土豪粉丝"，那么主播们会动员这些粉丝为他们送虚拟的"豪车"、游艇、飞机等。而主播可以在直播公司出售虚拟礼物的收入中获得一定分成，这也是这些网络主播的主要收入来源和盈利模式。

网络直播究竟是什么？

网络视频直播是指"人们可以通过网络收看到远端正在进行的现场音、

视频实况,比如赛事、会议、教学、手术等等"。简单来说,网络视频直播就是人们可以在一定的直播社区实时观看来自任何地方正在发生的事件现场,而这些画面内容是不经处理和剪辑的。

事实上,网络视频直播的应用范围非常广,除了上面提到的秀场直播,网络直播也绝不仅限于用作个人的展示和用户与主播之间的交流,直播技术还被广泛地应用在各行各业里,如在线教师直播、在线会议直播、网络资源共享等。可以说网络直播已经成为2016年中国网络市场里最亮眼的一笔。

网络直播在2016年迅速"爆发",成为2016年中国互联网发展的新热点。如图9-1所示,根据中国互联网络信息中心(CNNIC)《第38次中国互联网络发展状况统计报告》显示,截至2016年6月,中国的网络直播用户已经达到3.25亿,占总体网民的45%[1]。网络视频直播在短短两年的市场实践中积累了大批的用户,可以毫不夸张地说,对于相当一部分的网民来说,观看直播或是发起一场直播已经成为他们每天生活不可或缺的一部分。网络直播正在以迅速的发展态势融入网民的生活和传播中。

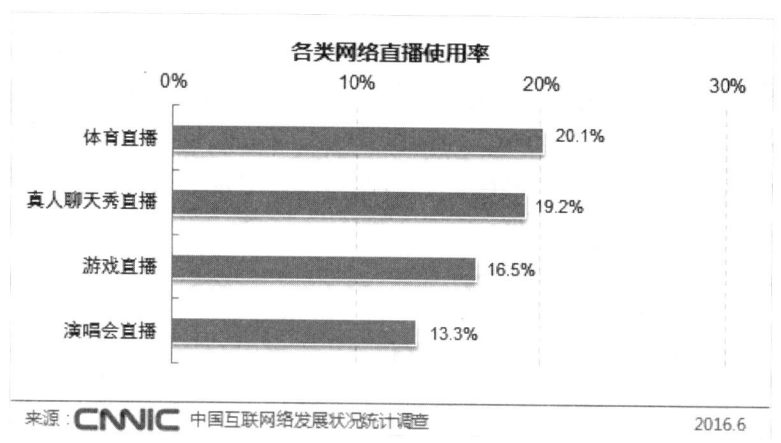

图9-1 中国各类网络直播使用率(截至2016年6月)

---

[1] CNNIC. 第38次中国互联网络发展状况统计报告[R], 2016-8-3, 链接为 http://www.cnnic.cn/gywm/xwzx/rdxw/2016/201608/t20160803_54389.htm

据不完全统计，2015年下半年以来，已出现超过200款移动直播App客户端，映客、花椒、美拍、Bilibili、芒果TV、秒拍、优酷、陌陌、小米等直播平台都吸引了大量用户，而包括网易、百度、阿里、腾讯、新浪在内的多家网络巨头也纷纷投入网络视频直播的开发中。市场竞争越来越激烈，直播市场的竞争大战已经全面打响，直播成为新媒体传播市场里备受关注的新业务。

网络直播的分类

根据CNNIC的统计报告，结合网络视频直播的发展现状，笔者认为当前的网络直播可以大致分为五类。

游戏直播

这是最早兴起的一种网络视频直播模式，指的是通过特定的实时流媒体视频平台，人们可以观看其他网络主播玩网络游戏的实时过程，除了观看游戏比赛的过程和赛况，玩家们还可以通过游戏直播学习网络游戏的战略。网络游戏直播平台已经成为不少网络游戏玩家们的网络聚集地，常见的网络游戏视频直播有：Twitch、斗鱼、龙珠、熊猫等。为了获得更高的人气，网络游戏直播平台通常会通过邀请人气网友选手、优化平台硬件、举办在线网友比赛活动、赞助网游战队等方式对平台进行宣传。有趣是的，和网络游戏的玩家主要是男性这种传统印象有所不同，网络游戏主播中有相当一部分是年轻的女性。这些女主播不仅年轻漂亮，而且游戏技术精湛，常常可能在游戏直播平台上获得一大批"粉丝"，而当这些主播的粉丝数量积累到一定级别后，她们则有可能转型为其他类型的主播，甚至是转型为影视圈、文化圈的"网络红人"。

秀场直播

当前大部分的网络视频直播平台都是以秀场直播为主,典型的包括YY、9158、六间房、我秀、爱奇艺秀场等等。传统秀场直播最初于2005年在国内出现,原型为网络视频聊天室,2009年后转变为以美女直播为核心,早初期的直播内容主要是网络主播进行唱歌、跳舞等表演,秀场直播最早可以看作是一些具有一定才艺能力的美女进行个人展示,并在直播平台上和网民(粉丝)进行相对近距离的交流和接触的过程。而随着移动传播技术的发展,秀场直播的进入门槛大大降低了,几乎任何人都可以在这些平台上进行直播,而才艺表演也不再是唯一的内容,当前秀场直播的内容五花八门,并没有特定范围的内容限制和指向,在秀场直播平台上,人们甚至可以观看到如吃饭、喝水、睡觉、聊天等极其生活化的内容,秀场直播内容的泛娱乐化让各式各样的用户都可做主播,而所谓的秀场直播早已发展为任何网民都可以"秀出自己"的平台。如图9-2,网络数据研究机构速途研究院的统计显示,2012年中国秀场直播的规模仅为21.2亿元,而今年将达到102.4亿元,预计2018年将突破150亿元[1]。

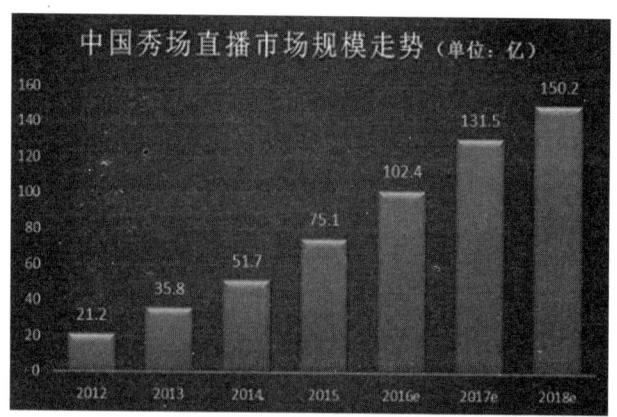

图9-2 中国秀场直播市场规模走势及预测

---

[1] 速途研究院. 2016Q1移动直播行业报告[R]. 2016-5-19,转自 http://sanwen8.cn/p/141UP2k.html

体育直播

顾名思义这是一种通过网络视频直播平台观看体育赛事的方式，随着网络实时传播技术的进步和发展，越来越多网民，尤其是年轻的男性网民会选择网络直播平台进行体育赛事的观看，加之某些体育赛事并没有在电视台上被转播，观众就会选择如网络视频直播这种方式获得直接、实时的赛事观看体验。第一比分直播吧、乐视体育、极速体育是几个流行的体育直播平台，包括 NBA、英超、中超、意甲、西甲、欧洲杯在内的几乎所有国内外体育赛事都可以通过这些直播平台来观看。

演唱会直播

随着网络视频直播竞争市场日益激烈，不少视频直播网站都通过创新的模式和内容来吸引用户，挖掘更多盈利模式的可能性，其中一种就是以"付费直播＋实时观看"的模式为特点的演唱会直播，其中腾讯是深耕演唱会直播市场的一个典型代表。最早的演唱会可以追溯到 2014 年 8 与乐视对歌手汪峰北京鸟巢演唱会的直播，同年八月腾讯视频 Live Music 平台直播了歌手张惠妹的演唱会，随后"演唱会＋直播"的模式被广泛应用到国内多场演唱会上，单是 2015 年一年里，开发了直播模式的演唱会就有约 100 场。对于一些网友来说，通过付费的方式在直播平台上观看演唱会直播，既可以欣赏到一场心仪的表演，同时也可以解决如不方便到现场、买不到演唱会门票或演唱会门票价格太高昂而难以负担等问题。更为重要的是，在一些演唱会直播活动中，"直播"的模式从演唱会前期到演唱会结束都一直进行，网友甚至可以在视频直播活动中提出自己想听的曲目，歌手会根据一些呼声最高的建议对表演的歌单进行调整，互动的优势在直播中得到很好的体现。而对歌手和演唱会主办方来说，直播的模式为他们的表演活动带来了更多的受众，同时也可以实现可观的线上门票收入。以 2014 年汪峰北京鸟巢演唱会为例，乐视与演唱会合作的网络直播最终实现了超过 75 万的在线观看人数和将近 230 万的直播付费收入。可以说，在粉丝经济越来越被重视的时代，演唱会直播将会成为一种常态化的现象和商业模式，同时也是一种充分体现"双赢"的直播形态。

新闻直播

这种模式主要分为两种平台，一种是网络新闻新媒体在原有的客户端上增加直播的功能，如网易新闻、新浪新闻、腾讯新闻等都在各自的客户端和网站等平台上增加了直播的功能，将新闻内容以一种更具现场感的方式呈现出来；另一种是以 CCTV 为代表的传统媒体所进行的新闻视频直播，在移动互联网传播时代，不少传统媒体都开始探索"移动化"的转型路径，而视频直播则是不少传统媒体都在致力开发的一个领域，尤其是报纸杂志和电视台，都试图通过视频直播的功能来革新新闻传播模式。2016 年，移动直播的火爆带动社交媒体的再度复兴，作为国内最大的社交媒体平台，新浪微博已通过与第三方合作涉足直播行业，并面向媒体和硬件厂商等达成视频直播协议，成为国内首家直播开放平台，为媒体提供了更便捷的互动式新闻报道模式。信息的承载媒体从文字到图片、到音频、到视频，其进步和演变呈现了受众越来越多元化、立体化的需求。在移动媒体不断往视频化方向深入发展的趋势下，视频化、直播化也必将是未来新闻客户端的发展方向。易观智库新媒体分析师马世聪认为，无论是社交平台还是资讯平台，多媒体化、视频化的内容趋势越来越明显，用户在提供这样内容的平台上消耗的时间也越来越长，所以社交应用无论是开通短视频或是设置直播功能都是迎合用户在多媒体内容方面的需求[1]。

网络直播的需求满足

视频直播的发展在很大程度上得益于互联网融合的发展，尤其是移动互

---

[1] 郝少颖. 传统社交应用借直播再度苏醒，用户活跃度被激活 [N]，京华时报，2016-9-1

联网的发展和移动应用终端的大规模流行和普及,这些都为网络直播的流行提供了极佳的技术基础和传播环境。4G 的普及和数据资费的普遍下降都使得移动直播的制作和观看都变得更方便和廉价,而用户使用直播的成本一旦被降低,用户在移动互联条件下观看视频的习惯和需求就很容易被培养起来。传播学群体压力和从众心理的理论也揭示了为何在短时间内,网络直播可以迅速成为拥有亿万级用户的新媒体社区。尤其是对观看视频直播的人来说,任何时候只需要在智能终端接入直播社区,就可以随时随地观看来自任何地方的直播影像,而讲究"即时"和"互动"的网络直播则充分印证了移动互联网的优势。而对主播们来说,只需要一台配置了高清摄像头的手机,他们也可以随时随地地进行直播。这不仅使得网络直播的使用过程变得便捷,更可以扩大直播内容的范围,使直播更富有生活性和个性——因此我们常常可以看到,在餐厅吃饭的时候、在星巴克喝咖啡的时候、在观看手机发布会、在听一场热门的讲座、甚至在商场买衣服的时候都会有一群年轻人在跟他们的"粉丝"直播分享和互动。"直播"不仅成为一种流行的媒介形式,更逐渐成为一种生活方式甚至是现象级的社会场景。

传播学"使用与满足"(Uses and Gratifications) 的理论告诉我们,人们对媒介的接触和使用都处于某种特定的目的和需求,媒介的流行和普及不是偶然的,而是因为这种媒介在某些方面满足了受众的需求。从这个角度来看,当前火热的网络视频直播从哪些方面满足了网民的需求呢?结合网络视频的发展现状和应用情况来看,笔者认为,网络视频直播的"使用与满足"可以归纳为五点。

信息需求

对不少网民来说,观看网络视频直播的过程是一个获取信息的过程,无论是游戏直播中的游戏攻略学习、新闻视频直播中的社会事件信息了解或是体育赛事直播中的比赛观看等,都是网友积极进行信息搜索的过程和结果。

只要视频直播能够满足受众在某一方面的信息需求,包括时事信息、民生信息、娱乐信息、政策信息等,那么视频直播就能够获得这一部分网络使用者的支持。尽管这是一个信息时代,信息匮乏早已发展成信息泛滥,我们并不缺少信息,甚至说我们每天都面临着过量的信息——低质的、庸俗的甚至是垃圾信息充斥着我们的生活,但对于信息的展现形态,我们总是有着新的要求和渴望。视频直播有着特定的展现方式——实时的、具有现场感的、相对真实的信息呈现,满足了人们信息需求"求新"的特点。

娱乐需求

笔者在上文提到,视频直播尤其是秀场直播的特点之一就是内容逐渐呈现出来的泛娱乐化特点,轻松、幽默、搞怪的直播是秀场直播的主要内容,这方面在某种程度上满足了人们猎奇、窥探的需求。根据马斯洛的需要层次理论,这是人们天生的一种需求和心理特点,人们总是对其他人的生活有某种窥探的欲望。一方面,当前的网络主播大多以年轻、漂亮的女孩为主,这些新鲜并具有活力的面孔会吸引一大批网络用户的窥探欲望,并希望通过网络直播和她们进行交流,以进一步认识这些网络主播;另一方面,来自生活、学习、工作的压力越来越大,人们试图寻找新的缓解压力和宣泄情感的出口和途径,而"全民直播"的现象,正反映了使用或观看视频直播的这种功能——为一部分网民提供了舒缓压力、获得趣味感。

情感需求

笔者认为,情感需求在网络视频直播中又可以大致体现在三方面——虚荣和攀比、获得认同、陪伴感。虚荣和攀比心理主要体现在人们通过向自己支持和喜欢的网络主播赠送虚拟礼物上。以秀场直播为例,在直播的过程中,网友赠送的礼物价值越大、价格越昂贵,就越有可能获得主播的关注,并可能在直播中被主播点名感谢,在这样的过程中,不少网民都会通过赠送价值更高的礼物来试图彰显自己的实力和价值，从而使自己在众多直播观众中脱颖而出。获得认同的情感需求主要体现在对直播主播心理的满足上，事实上，相当一部分的网络主播在现实生活中可能只是平凡而普通的年轻人，但是通过网络直播，她们可能成为网友追捧的对象，网友可能因为主播的言谈举止、外貌或才艺等因素送出虚拟礼物，从而表示肯定，这对对主播来说是不仅是极大的心理满足，也是实现一定的经济收入的方式，从而实现个人的价值。而陪伴感则是对主播和网友双方来说都存在的一种情感需求，任何人都希望在寂寞的时候得到陪伴。对主播来说，在网络直播上和网友聊天，本身就可以获得强烈的"存在感"，尤其是当粉丝在直播过程中不断称赞自己时。这种实时交流的方式本质上可以说是虚拟社交，而这种陪伴的性质则赋予了网络直播一种美好的假象。无论是简单的聊天、讲段子还是才艺表演如唱歌、跳舞，当主播在视频平台上找到观众时，他们就在某程度上得到了"认同感"和"陪伴感"。而对网友来说，尤其是独在异乡工作或上学的年轻人，观看主播吃饭、化妆、甚至睡觉或是和主播聊天的过程让他们获得一种有人陪伴的心理，尤其是当他们把主播看作是一个"明星"的时候，这种"看明星吃饭"、"和明星聊天"的心理让他们获得前所未有的心理满足感。

互动需求

社交和互动的需求同样是支撑网络视频直播发展的原因之一。视频直播中的互动既体现在主播和观众之间的互动，同时还体现在网友之间的互动。直播具有真实、实时和互动的特性，可以提高主播与观众之间的交流效率：对主播来说，这是一种快速聚拢粉丝的方式；而对观众来说，这是一种"面对面"和喜欢的主播进行交流的途径，粉丝们需要一个直接与偶像们进行互动的渠道，直接的互动模式为直播双方提供了一个快速"混熟"的交流模式。除此之外，构建场景的互动性也是网友喜爱网络视频直播的原因之一。以一些护肤美容的直播为例，在直播过程中，网络主播会在介绍美容产品的同时回答来自网友的提问，而他们的回答更多地呈现出一种真实感受，而非因为自己是代言人而一味为产品说好话，这种真实的感染力在直播中很可能转化为号召力和购买力，实现强大的传播效应。尽管在观看网络直播时其他网友可能都是在传播上被称为"弱关系"网络的、互不认识的陌生人，但有时通过观看其他网友的留言，或者回应他们的问题，让网友感受到一种有趣的互动，得到一种"找到同类"的心理满足。通常情况下，喜欢某个主播或是某类直播的人都具有一定的相似性或兴趣爱好，因此在互动的过程中还可能找到一群志同道合的同伴，实现社交的需求。

知识需求

很多时候我们会把网络视频直播简单地看作一种娱乐化的途径，但事实上，当前不少视频直播已经被应用在知识学习和培训的领域，"学习"和"培训"也可能是促使人们使用和观看网络视频直播的心理因素之一。娱乐并不是直播的全部内容，直播的实时性、互动性，使得用户在直播过程中更加容易学习，同时也可以通过在线提问的方式对感到疑惑的地方要求主播进行解答，从而更好地吸收主播所传达的知识内容。从当前视频直播的应用情况来看，在线教育、在线培训、在线学习已经逐渐积累了一大批用户，对这一部分使用者来说，知识和学习的需求是促使他们使用网络视频直播的重要动因，在线教育的新模式也将获得更长远的发展。事实上，哪怕是在娱乐化的视频直播内容中，我们仍然可以看到使用者的一些学习需求，如在游戏直播中学习网络游戏的技能和战略、在美妆博主的网络直播中学习护肤知识、在讲"段子"的直播中获取对新闻事件的一些分析和观点等，对知识的学习是支撑网络视频直播的一个重要的用户心理需求。

用户在直播平台上到底想看什么呢？这个问题也许并没有明确的答案。在直播社区里，几乎所有你想象得到或是想象不到的内容都可能出现。和传统的媒体制作内容不同,"内容为王"也许在视频直播的平台上并不适用,因为有时候一场直播甚至没有可以准确描述或定性的"内容",各种弹幕、送礼物、"漂屏"等充斥着视频直播的屏幕,UGC(用户生成内容)在视频直播上有了新的形态——由主播和观众的交互过程共同创造出传播的内容,虚拟的群体狂欢是"宅文化"在移动新媒体传播时代的又一次体现,也是当前国内网络视频直播中最大的特点。

直播并非国内独有的流行现象,在全球市场上我们可以看到各大网络巨头都已经涉足视频直播领域,市场竞争方兴未艾:亚马逊在2014年以超过10亿美元的天价收购了Twitch,目前拥有超过1亿用户;Twitter在2015年收购了视频直播应用Periscope,并在上线的几个月里获得注册用户1500万余人;Facebook也推出了Facebook Live的直播应用,并将这一功能放置在Facebook应用的显要位置,Facebook也公开表明直播将成为未来Facebook重点开发的功能之一;Youtube平台则上线了"Youtube手机现场直播"等等;其他包括Snapchat、Google等都将视频直播作为未来业务开发的一项重要内容。扎克伯格在F8大会上预计:"截至2021年,70%的移动设备流量将由在线视频产生。"关于"直播到底有多火"的问题似乎已经不需要过多解释了。

在本章,笔者将和大家共同探讨关于网络视频直播发展的话题——网络直播在哪些方面体现出不同于其他传统媒体或新媒体的特点和优势?在网络直播仍然方兴未艾的发展里,我们是否可以发现或预见关于这一网络新媒介存在的一些问题和发展障碍?网络视频直播是否必然成为下个十年里新媒体传播行业里的重点和焦点?网络直播将会呈现出何种发展趋势和走向?在回答这些问题的基础上,笔者将通过几个中国国内典型的网络直播案例,为大家呈现更全面的关于网络视频直播发展的场景。

网络直播社区——互联网发展新热点

如果说过去十年里，全球的网络新媒体发展的焦点和重点是社交网络的发展和各类社交媒体的流行，那么当前的一种新观点是认为，网络直播社区将成为未来十年的网络发展新热点。

网络直播传播优势

网络视频直播除了前文提到的满足网友的五大需求外，还因其身为一种互联网传播新的形态和新的热点，具有传播特点、传播技术、资本支持等五大传播优势。

"直播"的模式更进一步体现了网络传播的即时性和及时性

从新闻传播的角度来看，网络视频直播和传统电视新闻最大的区别在于，电视新闻由于采编程序、播放时长、传统媒体新闻审查制度等特点的限制，在新闻报道时只能截取新闻事件的某些片段和内容进行呈现。相对地，除了一些重大的社会新闻事件，如国庆阅兵、奥运开幕式等，一般新闻的全部场景难以在包括电视在内的传统新闻平台上被展开，这对于一些重视"过程"和时效的新闻事件来说，传统的新闻传播方式已经不能满足受众日益变化发展的新闻获取需求了，更别说"只闻其声不见其画"的广播新闻或是只有图片和文字信息而缺乏立体新闻场面展示的印刷媒体新闻。在信息传播的时代，我们不得不承认，这些传统媒体在传播技术和传播效应方面的确存在一定的缺陷和弱势。而相比之下，网络视频直播所能做到的不仅是及时的新闻播报，而且还可能是新闻事件全过程的记录和再现。如2016年，韩国围棋高手李世石VS谷歌AlphaGo的"人机大战"，超过10个视频直播平台对此事件进行了全程直播，长达数小时的内容在网络视频直播平台上被"原汁原味"地呈现出来，这些都是传统的新闻媒体难以做到的。除此之外，在2016年春运期间，以网易和腾讯为代表的传统新闻门户网站也在各自的网络平台上开启了直播实时路况的功能，让在家乡等待亲人回家的网民可以第一时间通过这种直观又便捷的方式了解家人回乡之路的安全情况等。更为重要的是，在一些突发性的新闻报道中，网络视频直播作为一种新闻传播的新形态和新方式，展现出更加明显的优势。当前一些媒体如网易新闻已经设置了"网络直播特派员"、"媒体合伙人"等机制，通过直播特派员的模式为读者提供各类新闻现场视频，让网民的新闻获得体验感更强。尤其是在突发性的公共危机事件如台风、水灾、地震的报道中，直播的模式更能够在第一事件为网友还原新闻事件的现场画面，大大缩短了新闻影像编辑的流程，可以在"即时报道"和"实时报道"方面体现出更强大的传播能力，从而使新闻传播在时间上获得更显著的优势，这对于抢占突发事件的新闻报道话语权来说具有极为重要的意义。

更具现场感和真实感的网络直播画面让受众得到更强的视觉冲击和传播体验

由文字、图片、声音、影像等元素组成的网络视频为网友营造出视觉、听觉全方位的传播观感体验，网友在观看视频直播的过程中可以更清晰、更直观地了解传播内容，而且直播的模式打造出传播画面现场的即视感和画面感，大大拉近了网民和传播内容之间的距离，这种"零距离"的传播互动形态使网民在观看视频内容时很容易产生"身临其境"的感受和体验。从信息传播的角度来看，当前的信息传播的景象是：文字可以捏造和虚构、声频可以伪造和处理、图片可以PS和美化，就连视频也能剪辑和拼接——信息被人为处理的难度越来越低，而使得新闻的真实性也越来越受到公众的质疑，而唯独直播，所能展现出来的内容"原始度"相对较高，人为的操控因素被降到最低的程度，因此所呈现出来的新闻画面和新闻场景也最为真实。从本质上看，视频直播的核心是"场景"的构建，无论是游戏直播、体育直播、新闻直播、秀场直播还是演唱会直播，所有的网络视频直播的核心还是为用户创造了一个突破传播时空限制的虚拟场景。而在这个场景中，隔着一方小小的屏幕，无论是主播还是观看视频直播的人，都可以在一个相对平等的位置与对方产生直接的传播接触。这种接触可能是在人与人之间发生的（主播与观众、观众与观众），也可能是在人与场景之间发生的，而这些接触和交流很可能是在现实生活中很难被实现的——如在北京上学的男孩观看一场在美国洛杉矶的篮球直播比赛、在香港出差的女生观看偶像在韩国首尔的演唱会、天南海北的粉丝和知名网络主播一起聊天和吃饭……更为重要的是，真实性的特点使得观众在观看网络视频直播时，无法预料将要发生的事情和场面，这也会让观众对视频直播的内容充满好奇和期待，给予观众充分的想象空间，也能够激发观众观看直播的热情和兴趣，吸引观众继续观看直播内容。总而言之，真实而直接的体验是网络视频直播在传播画面感方面最显著的特点，也是视频直播最大的传播优势之一。

结合 VR 全景视频、航拍直播、弹幕等新技术，网络直播在更大程度上体现出网络尤其是移动互联网络的传播优势

网络视频直播的流行和普及是移动互联网传播技术发展的重要产物。当前，手机已经逐渐成为人们接入和使用网络的主要设备，结合智能手机和移动传播的特点开发新的传播模式和传播平台，是一个必然的整体趋势。在移动互联网的帮助下，人们几乎可以在任何有网络的地方随时参与或观看直播，对于逐渐适应"碎片化"传播形态的人们来说，相比起普通视频观看或是新闻阅读，观看直播的趣味性和娱乐性都有了更大的提升。直播已经成为一种越来越常见和普及的生活方式和生活内容——我们有理由相信，在不久的将来，人们参与和观看直播，就像我们看报纸、看电视、刷微博、聊微信一样，成为一种习以为常的媒介使用习惯。除了通过智能客户端直播平台参与和观看直播，台式电脑、笔记本、平板电脑等都是人们接入网络视频直播平台的重要设备。网络终端的多样性使获取视频直播信息变得非常容易，也大大拓展了视频直播的受众群规模。另外，时空适应性强也是移动化视频直播的一大优势和特点，随着现代生活节奏的加快和交通运输技术的不断发展，人们生活活动的区域空间被不断扩大，时间跨度被不断拉长，只有适应和匹配这种生活形态的传播方式才能够被广大公众所接受和喜爱[1]，而网络视频直播显然具备了这一特点。根据施拉姆的信息选择或然率公式，当一个媒体所能赋予公众的信息量越大、但所需要付出的成本（时间、金钱、精力等）越少时，受众在使用这个媒介的过程中所能满足的程度就越高，而这种媒介和信息也越有可能被受众所选择。纵观当前的网络视频直播内容，不仅丰富多样，而且几乎涵盖了所有信息类别，这令直播能够在相当大的程度上满足人们的信息需求；与此同时，人们并不需要支付太大的成本。根据施拉姆的信息选择或然率理论，我们不难理解为什么网络视频直播在短短的两年间迅速渗透在当前人们的传播生活中。此外，我们可以观察到，越来越多新的技术被应用到视频直播中，如航拍、VR（虚拟现实）和弹幕（直接显现在视频上的评论）等等，而当这些技术被应用到视频直播时，直播所具有的魅力和特色将更加明显。如三星就利用 VR 技术播放了挪威冬季青奥会各类体育节目，使得直播场景更具有立体性，也使得观众得到全新的观看体验。在未来，数字新媒体传播技术的发展将会在更大程度上支持网络视频直播实现更多可能，更创新的直播模式和直播形态将会是网络视频直播发展的核心动力之一。但值得注意的是，对于视频直播中的弹幕可能出现低俗化甚至违法内容的情况，网信办于 2016 年 8 月公开表明，将进行更全面的安全评估。也就是说，网民可以

---

1 蔡磊. 网络直播的优势与制约因素——以网络直播体育赛事类节目为例 [J]. 青年记者，2014(23):92-93

随意在弹幕上发布信息的时代也许即将终结，取而代之的是"延后"直播或"敏感词"限制等具有限定性条件的弹幕使用。当然，监管并不意味着生命力的削弱，有时候，一种传播技术不能得到适当的限制和约束，反而有可能影响其本身的生命力和受众影响力。如果网络管理部门对弹幕的监管是控制在合理的范围内，那么弹幕对网络直播的积极影响作用则不会减弱，反而可能会进一步增强。

UGC 时代，直播视频满足了广大网民表现、分享和互动的需求

双向、可交流、互动是网络视频直播为传受双方带来的关键模式，网络视频直播把实时交互的特点发挥到了极致。在视频直播的过程中，人们的可参与程度更高，在传播里不仅可以作为信息的接收者，同时也是传播者，而且和微博、微信等社交媒体所构建出来的互动不同，人们在视频直播中不仅可以通过文字、图片等方式参与互动，还可以借助弹幕、声频、送礼物等方式和主播实现实时交流，主播也会表演一些节目或是和观众聊天作为"反馈"——尽管在一些观看人数较多的直播中，主播并不一定能关注到所有观众，但看到主播会"点名"和其他普通网友观众进行交流时，人们的互动和情感需求仍然能够得到一定的满足。值得注意的是，对于一部分视频直播使用者来说，很多时候，使用或观看直播并不是唯一的、最重要的目标。传播的内容有时候只是作为传受双方交流和互动的一种介质和"桥梁"，借助直播开展沟通和交流并在此基础上进行的"视频社交"才是更重要的目的。而对于发起网络视频直播的"播客们"来说，直播赋予他们的则是一个更大的 UGC（用户生成内容）平台，也是一个展现自己、推销自己、宣传自己的低门槛渠道，甚至可能是一个成名的"捷径"。对于新世纪渴望表达自己、秀出自己的年轻人来说，直播赋予他们分享的机会、而他们则成为直播平台上最主要的内容提供者，这无疑是一个"一拍即合"的组合。此外，"粉丝经济"也是推动、支持甚至帮助直播发展的一个重要条件。在当前这个 "小鲜肉"、"网红"

流行的偶像时代,视频直播为粉丝们开通了一个和偶像接触的新渠道和新机遇,如2015年8月,网络游戏《英雄联盟》"超越大使"周杰伦进行了首场游戏"开黑"直播,吸引了超过1600万观众在线观看直播,在这次"明星+网游+直播"的线上活动中,无论是参与直播活动的周杰伦、网络游戏本身或是直播平台,都成为微博、微信等互联网平台的热门话题;2016年6月,当红少年偶像组合TFBoys在美拍App上进行了一次持续约40分钟的直播活动,吸引了超过500万粉丝在线观看,并在这短短的直播中获得30万的收入;队长王俊凯于2016年9月的生日会直播吸引了4700多万观众的观看,再一次刷新了直播数据记录……对于"粉丝"的力量我们已经无须再怀疑,而更为重要的是,继"80后"已普遍步入"三十而立"的人生、"90后"也已经开始踏上社会工作之后,以"00后"为代表的新粉丝群成为新偶像时代的重要经济力量。网络视频直播恰好为他们提供了一个"窥探"偶像、和偶像互动交流、拉近和偶像距离等机会,也有研究人员指出,"相比80后一代的追星行为,90后和00后拥有更强的追星意愿和消费能力"[1],而这种强大的粉丝消费能力也预示着未来的网络直播平台将成为新偶像时代"粉丝经济"的重要消费平台,也将是直播网络重点开发的商业合作模式。除了传统的代言人、邀请明星进驻直播平台、直播明星演唱会或其他公开活动等合作方式,笔者期待更多"偶像力量"在视频直播平台中的呈现。

资本力量推动,网络直播或成为新媒体的下一个焦点和热点

新媒体行业在过去十年一直是资本高度关注的领域,无论是前几年的团购、SNS还是近一两年快速发展的O2O、电子支付,"资本+媒体"已经成为一项不变的定律——当资本和媒体进行融合时,媒体将会呈现出更大规模的发展和更大范围的影响,尽管很多时候这种传播的影响力未必能如想象般

---

[1] 波波夫.新偶像时代:被直播重构的粉丝经济和社交平台[EB/OL].虎嗅网,2016-7-5,转自 http://news.iresearch.cn/content/2016/07/262272.shtml

持久。经过两年多快速发展的网络直播同样已经开始成为国内外资本圈极为关注的行业。根据 iiMedia 于 2016 年 9 月发布的报告，2016 年上半年获得数千万元甚至上亿元投资的直播平台有 16 家[1]，包括斗鱼、熊猫 TV、全民 TV、龙珠直播、哔哩哔哩、么么直播等。2016 年 8 月 15 日，斗鱼直播宣布完成 C 轮由凤凰投资与腾讯领投、深创投、国家中小企业基金、红土成长等跟投的 15 亿人民币融资。而早在同年 3 月，斗鱼也曾获得腾讯出资 4 亿人民币领投、天神娱乐和南山资本跟投约 6.7 亿元人民币 B 轮融资。只有短短不到三年发展时间的斗鱼截至 2016 年 9 月已获得超过 20 亿元人民币的融资[2]，成为国内最受资本圈关注的直播平台。除了直接投资在网络视频直播平台上，资本还通过打造"网红"的方式来影响直播行业的发展。我们都知道，在当前直播的播客里，相当大一部分是我们称之为"网红"的年轻主播，最典型也最成功的可以算是 2015 年横空出世的"Papi 酱"。我们有理由相信，且不论网络视频直播的发展道路能走多远，单就目前的发展状况来看，在未来的两三年内，视频直播平台仍然会是最受资本圈青睐的一个互联网领域。而当得到强大资本实力支持后，这些网络视频平台是否能够摆脱目前仍存在的平台和内容等多方面缺点，开发出更具生命力和市场发展能力的直播新模式，将会是影响着网络直播平台未来发展的重要因素。但无可否认的是，资本的支持和推动将会是网络视频直播平台得以在市场生存中获得优势的一大力量。

---

1 艾媒网. 2016 上半年中国在线直播市场研究报告 [R]. 2016-9-22, 链接为 http://www.iimedia.cn/45009.html

2 孙宏超. 斗鱼宣布获 C 轮 15 亿融资 直播行业进入资本时代 [EB/OL]. 2016-8-16, 链接 http://tech.qq.com/a/20160816/009249.htm？t=1471306887957

哪些因素制约了网络直播的发展？

然而，在短短两年的发展里，我们已经可以看到由网络直播带来的问题，或是网络直播本身存在的漏洞，这些问题都将影响着网络直播未来的发展。

内容监管难

相比起其他以文字为载体的网络传播平台，视频直播在内容上更难被监管，这导致一些低俗甚至是色情、暴力、煽动性的内容很容易在视频直播平台上被传播。"把关人"的角色在网络视频直播社区中被弱化到几乎不存在的地位，这也很容易导致虚假新闻和谣言的传播，从而对网络传播生态环境带来一定的影响。事实上，这种情况已经在不少视频直播平台里出现，无序的虚拟狂欢逐渐成形，尽管这在短时间内可能引起网民的关注和讨论，或是被一部分别有用心的不法分子加以开发，变成恶意营销、传播低俗信息等"火爆"平台，但长远来看这对视频直播的发展是弊大于利的。更为重要的是，目前仍没有专门的法律法规来约束这类问题和现象，如果这个问题不能得到妥善解决，一旦视频直播演变成群体狂欢和低俗文化传播的"聚集地"，其他希望通过视频直播平台进行理智的信息阅读、互动社交或娱乐放松的用户将产生消极的使用体验，长此以往这将是影响网络视频直播平台发展最重要的致命伤。然而在面对视频直播的内容监管时，一个无可避免的困境就是如何把握内容的监管和传播自由之间的"度"的问题，一味地对视频直播内容进行单纯的监管并不能完全解决视频直播内容良莠不齐的问题，反而可能影响用户使用视频直播平台的积极性，减少这个平台对用户的吸引力，反而不利于视频直播平台的长远发展。

舆情监测难

从公共传播管理，尤其是舆情监测的角度来看，视频直播社区的兴起和流行无疑为公共舆论的监测和引导带来了新的难点和障碍。当网络视频直播成为一种新常态，"实时+互动"的传播模式使得网络舆情的监测工作难度加大，网络舆情传播管理将不再是简单地对文字、图片等内容的监测，而需要对信息量更为巨大、呈现形态也更为复杂的视频和音频等进行全方位的监测。就目前的网络舆情监测技术状况而言，这无异于是一个巨大的挑战和问题。当前以视频直播作为新闻传播的信息载体已经不再是新鲜事，包括网易新闻、凤凰新闻、新浪新闻等传统的网络新闻媒体都已经积极开发直播在新闻传播方面的应用可能性。但我们在看到这种新闻传播方式对信息传播具有积极影响的同时，也不能忽视其有可能造成的负面影响。首先，视频直播更强的互动性和实时性激发了公众参与新闻信息传播的过程，同时他们作为新闻传播者和受众的双重角色而存在，公共新闻的传播范围大大扩展、传播效率也显著提升，对一些负面新闻来说，意味着舆情管理的难度也将大大提高；其次，大多数网民都是缺乏新闻基本素养的普通人，有时可能为了争取更高"观看率"和"点击率"而拍摄和上传一些具有煽动性信息和场景的视频片段，以引起网民的关注，而视频带来的强烈代入感和视觉冲击很容易激发民愤，使视频直播演变成网络舆情事件，引发舆论风暴；此外，尽管一般情况下直播比经过处理和编辑的文字、音频、图片、视频等呈现出更真实的场景，但这并不意味着直播的内容是绝对客观而可信的。视频拍摄和传播的低门槛性使得人人都可以成为视频直播的发布者和传播者，而在这个过程中如果经过特定的策划，刻意地选择一些特定的拍摄时间、地点和角度，则很有可能成为激发人们讨论、误导网民的视频，对社会舆论生态造成恶性影响。

实质内容缺失

本质上看，当前不少网络视频直播并不是真正意义上的"内容"，而内容才是支撑一个媒体平台发展的重要因素，从长远来看，这对视频直播平台来说是致命的打击。与其说当前网络视频直播的火热是由内容驱动的，不如把这种成功归功为一种由群体压力和从众心理所引发的市场行为。如果说缺少对视频直播内容的监管是影响直播平台生存和发展的外部因素，那么缺乏具有核心竞争力的直播内容则是当前国内直播发展的内在问题。这一问题主要指的是当前最为流行的秀场直播。在这些直播平台上，网友乐此不疲地与喜爱的主播互动，主播也会在上面施展浑身解数以展现自己更与众不同的一面，以吸引更多人的观看和支持，从而实现更大的收入和网络影响力。然而如果我们仔细研究这些秀场直播的内容，我们可以发现一个普遍存在的问题——猎艳、猎奇的内容取代实质性的传播内容成为秀场直播里最常见的传播元素。尽管关于内容和平台的争论在视频直播时代仍然没有被终结，但内容的作用应该在任何时候、任何平台受到重视。然而有趣的是，当我们经历了QQ、人人网、微博、微信等一系列社交媒体后，我们希望可以通过网络新媒体获得更具有价值的稀缺内容，但当视频直播平台成为另一把"点燃"互联网发展的火焰后，我们却只能看到传播内容的创新更多体现在形式上而非内核上。如何结合平台的定位、特点、目标受众等进行内容开发和特色栏目的设计，是制约直播平台发展的关键因素。当然，视频直播是一个高度体现用户创造力的平台，主播的能力和素质在很大程度上决定了传播内容的质量，而目前直播观看人数最多的主要是明星直播、网红直播和名人直播。一方面，视频平台能否在与这些具有影响力的主播的合作中开发出新的内容形态，另一方面吸引更多有创造力的优质"素人"主播，也是视频直播网站正在面临的发展困境之一。

变现模式单一

部分业内人士指出，大量的平台扎堆加入市场竞争、资本迅速涌入、市场出现"拥挤"情况——这一切无不与前几年的 O2O、团购、SNS 等类似。尽管视频直播在短时间内爆发出强大的市场生命力，但如果不能解决变现模式相对单一、主要依赖软广、硬广 ARPU 值偏低等问题，视频直播将如同过去互联网市场中"昙花一现"的媒介平台，在大热过后迅速被市场抛弃。一方面，我们从这种市场扎堆的现象可以看到，视频直播的确是当前网络新媒体市场里的一个新兴热点和发展潮流，但是经过近两年的市场发展后，从行业竞争的角度来看，目前的直播产业整体已经临近"吃水线"[1]，过度的发展只会造成更多的市场资源浪费。笔者认为，视频直播平台将在可预见的五年里出现大规模的平台合并与行业整合，而对于一些相对缺乏市场竞争力、投入产出比较低的视频直播平台来说，在市场竞争的浪潮中被淘汰似乎已经是无可避免的事。另一方面，当前国内网络视频直播平台的盈利模式可以归纳为直接付费、网红经济和流量收入三种，直接付费主要体现在用户在观看网络视频直播的过程中会通过购买虚拟礼物、"打赏"的方式向平台支付一定的费用，而平台将会按照一定的比例和主播进行分成；网红经济主要是直播平台会培养一些具有潜质的网络主播，当他们成为具有一定知名度和影响力的网络红人后，平台可以为这些主播开发和知名品牌合作等营销广告活动，从众获取可观的利润；流量收入是指通过培养和建立一定数量的用户群，直播平台可以把这些用户变成他们赚取广告收入的重要资源和"砝码"。尽管网络视频直播平台相对来说是一种用户生成内容程度较高的媒介介质，平台仍然可以通过弹幕广告、启动广告等方式和广告商开展合作，并获得广告收入，但总的来说，目前国内视频直播平台的盈利模式仍然相对比较单一。上述这三种

---

[1] 王江山. 透视中国网络直播当前的问题与发展趋势 [J]. 新闻研究导刊，2016(7)：321

收入模式看似非常丰富，但本质上都是视频直播平台通过为用户提供增值服务来实现盈利，而且目前不少平台为了吸引知名主播的签约合作，在盈利分成上投入可巨大的成本，而直播和市场营销的商业合作模式也尚处于探索阶段，未来能否通过新的盈利模式实现更有效的资源投资回报，将会是视频直播平台需要解决的关键性问题。

同质化现象严重

纵观当前国内网络视频直播市场，尽管已经有约 200 个视频直播平台，但内容同质化、功能相似化、特点模糊化的问题严重。对用户来说，平台本身所具有的吸引力远不如自己所喜欢和支持的主播的号召力大，又或者这么说，我们是否能够清晰准确地说出当前几个直播平台如花椒、斗鱼、我秀、一直播、美拍等等的区别和各自的特征呢？当我们仔细观察目前大多数视频直播，尤其是秀场直播的内容后，我们几乎无法准确地分辨和判断出不同主播之间究竟存在哪些本质的区别——大多数的直播内容都是个人生活场景的展现和主播与观众之间的交流，而主播们所呈现出来的生活状态却大多并不具备特殊性。用户之所以观看这些网络红人（包括素人"网红"和名人明星）的视频直播，更多是出于对这些人自身的喜爱，而非真正对直播内容产生需求和兴趣。一旦用户对这种内容模式感到厌倦，那么视频直播的生命力和对用户的吸引力都将迅速下降。同类型的新媒体平台应用案例非常多，如 2010 年前后风靡一时的 SNS "偷菜"至今早已无人问津、2013 年腾讯在微信平台推出的排名游戏"打飞机"也已经销声匿迹。开发出特殊性、区别于其他平台的稀缺性内容不仅是当前视频直播平台需要改进的要点，也是直播主播们在日益激烈的"眼球"和观众争夺中必须解决的普遍问题。而对平台本身来说，除了避免内容同质化的问题，还需要打造具有自身特色的功能板块，突出自身与其他平台所不同的特点。要做到这一点，平台需要有清晰的市场定位，找到目标市场中的空白点以及目标用户的媒介使用需求、习惯和心理特征等等，从而开发出有针对性的直播增值功能，在直播的基础上进行革新，如"直播+社交"、"直播+购物"、"直播+资讯"、"直播+音乐"、"直播+培训"等等。笔者认为，只有具备鲜明的平台特色和与众不同的功能，视频直播平台才可能在日益"白热化"的市场竞争中处于不败之地。同时，笔者相信，成功的视频直播平台将由单纯的直播媒介转型成复合型网络媒介，以直播为载体或基本的传播信息形态，同时在这个平台上实现更多样化的传播功能，在更大的程度上为网民的生活带来便利。

"枷锁"与"束缚"之下的网络直播将走向何方？

从上文的论述中我们已经发现，关于网络视频直播能走多远的问题，并非所有人都抱有积极的态度和观点。我们已经可以看到，无论新媒体业界和传播研究学界，还是网络管理的相关政府部门、网络视频直播用户和主播，都已经有人提出了一种质疑网络视频直播的观点——和曾经的团购、P2P、O2O一样，网络视频直播成为当下互联网最吸引眼球的风口，然而网络视频直播是否能走得比这些曾经的网络热点更远，仍有待观察。

网络直播面临的问题

尽管网络直播的流行和发展时间较短，但在这种迅速流行的网络传播平台和形态背后，我们却很容易看到很多影响和约束这种新兴的新媒体平台存在和发展的因素，而无论是直播主播、网络视频直播平台还是网络传播监管部门，在使用和应对网络视频直播传播时都面临着不同的挑战，而一旦这些问题不能被妥善地解决和处理，网络视频直播社区的生命力也将大大减少。

缺乏相关法律法规

从政策和法律法规管理因素来看，当前仍然缺少专门针对网络视频直播的相关管理条例。

这导致在处理与视频直播的传播问题时很难做到有法可依和有理可依，或是一些新兴的传播活动如视频直播新闻等可能因不符合网信办的管理规定而被认为是"不合法"的。如果不能尽快出台专门的网络视频直播相关管理条例和法律法规，视频直播的很多活动都将无从开展。"合法性"问题以及如何定义传播活动与传播内容是否"合法"，深刻影响着网络视频直播的发展走向。从一方面来看，缺乏有效的法律法规，违法的传播活动很容易通过网络视频直播平台进行传播，一旦视频直播网站发展成为低俗、暴力、谣言等传播的温床，这些平台将难以避免地退出主流传播的领域，因此有效的、具有针对性的、清晰的管理法令条文对视频直播未来能否健康发展来说意义深远；而从另一方面来说，在视频直播平台上的传播活动和传播模式也亟须相对应的法律法规为它们赋予合法性的地位，因为如果没有法律的保障，视频直播中一些具有"创新性"的传播模式可能被相关管理部门当作是违法传播行为而禁止，大大影响了视频直播在信息传播、资讯发布等方面的应用可能性和实践空间。

直播使用者水平参差不齐

从直播的使用者来看，由于这个平台的内容管理并不像其他平台那么严格，出于对利益的追求，网络直播社区很可能被一些别有用心的不法分子利用，把"直播"变成传播色情内容的极佳场所。而长远来看，如果这种现象不能得到妥善的解决，网络直播将失去其本来的魅力和生命力，最终被大多数网络用户抛弃，和其他曾经出现过的网络媒介平台一样，并不能走得更远。尽管相关的调查研究发现，当前网络视频直播主持人中相当一部分是接受过高等教育的人群,甚至有一部分是各行各业的精英人员。由"今日网红"发布的《2016中国网络主播调查报告》[1]显示(如图9-3),当前约有48%的网络主播具备本科或以上学历。我们观察直播市场的内容却不难发现,这些具有高学历水平的网络主播在直播行业整体呈现内容娱乐化、生活化甚至低俗化的大环境下,却没有充分利用网络视频直播的优势提供优质内容,"聊天"是超过46%的主播最常见的直播内容。而更让人担忧的是,使用网络视频直播的低门槛、传播快、观众多的特点已经使其成为一部分人传播违法内容的平台,这对网络传播生态环境和公共传播管理工作都带来了很大的问题和恶劣的影响。如2016年1月10日,著名网络直播平台斗鱼直播上的一名男主播与一个女子在斗鱼上发起了主题为"直播造娃娃"的性行为直播活动,吸引了上千名观众在线观看,观众在观看的过程中还截屏并转发到其他网络平台。一夜间,斗鱼的这次黄色直播活动引起了网络上的广泛关注和讨论。尽管当晚斗鱼直播即刻发出声明,表明斗鱼坚决禁止暴力、色情、血腥、政治、危险等影响社会稳定和安全的直播内容,并已报警交由相关部门进行调查管理,但这次的事件使得一直以来被诟病的网络视频直播内容良莠不齐的问题再一次成为社会热议的话题。

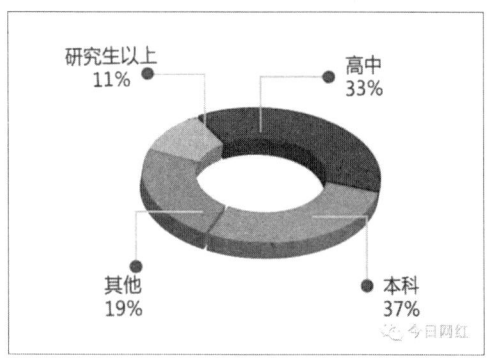

图9-3 2016中国网络主播学历水平统计

---

[1] 王小红. 2016中国网络主播调查报告[R]. 2016-9-10,链接为http://www.zhaihehe.com/?/article_deila/442

管理不明

然而管理的难度在于，对传播媒介的管理一直都是充满矛盾的。一旦政府等公共管理部门介入，新兴市场的不稳定性和网络传播的形态都可能因为公共部门的介入而发生改变。对直播行业的整体发展来说，究竟是利大于弊还是弊大于利，目前还不能做出准确的判断。关于"持证上岗"是否会成为未来的网络直播管理新常态的问题，在行业内已经吸引了广泛的关注和热议。2016年9月，国家新闻出版广电总局下发了《关于加强网络视听节目直播服务管理有关问题的通知》（下简称《通知》），《通知》明确要求网络视听节目直播机构依法开展直播服务，直播平台必须持有《信息网络传播视听节目许可证》（如图9-4）。业界预料的"持证上岗"正式成为现实，这也预示着在视频直播市场将面临一次大规模的洗牌和资源整合——不具备合法资格和相关牌照的视频直播将很难在市场中继续生存，而当前具备看了《网络视听证》这种"合法资质"的视频直播平台在市场中仅占了相当小的一部分。《通知》不仅对网络视频直播进行明确的规定，同时将网络直播的主播也纳入《通知》相关条款的监管范围。《通知》也明确指出直播活动中的所有个人，包括直播主持人、嘉宾、直播对象等都应该在《通知》要求的范围内进行直播活动，一旦违反了相关规定，则会被视作违法的网络传播行为和活动，将面临相关的处罚，甚至被禁止继续进行网络直播。而在内容监管方面，《通知》提出"直播内容应自觉抵制内容低俗、过度娱乐化、宣扬拜金主义和崇尚奢华等问题"，也就是说，尽管《通知》并没有把低俗化、娱乐化等内容限定为"违法"的传播内容，但也表明了这几类内容不应成为网络视频直播的主要内容。笔者认为，如果未来网络视频直播不能从根本上改变当前的传播内容质量和生态环境，针对直播内容出台管理文件将会是势在必行的事。当然，对于一些正规经营的网络视频直播平台和主播们来说，这一规定无疑是一个利好消息——行业野蛮生长和恶意竞争的状态可以得到改善，走向正规化的直播行业将会过滤掉一批不合规定的直播平台和个人,从而保证了其他合法、合规的直播平台和个人的生存空间。

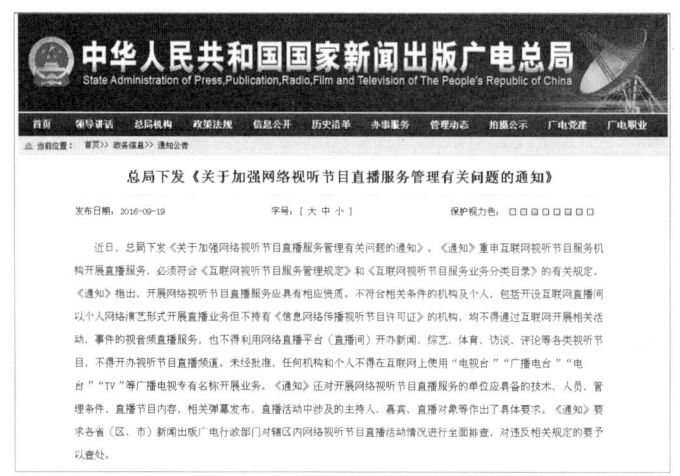

图9-4 《关于加强网络视听节目直播服务管理有关问题的通知》截图

网络直播的发展趋势

根据当前网络视频直播的发展现状,笔者大胆地猜想了未来网络视频直播将会呈现出怎样的发展趋势和走向。总的来说,我们可以把这种发展趋势概括为"内容全面化"、"主播多元化"、"功能社交化"、"传播规范化"和"平台普及化"五个方面。

内容全面化

尽管当前网络直播的内容五花八门,但从本质上看大多数都是依赖主播对观众的吸引力而不是内容和平台所具备的稀缺性和唯一性。除了一些如体育直播和演唱会直播的模式以外,内容相对单一和含金量较低是国内目前网络直播内容的整体特点。长远来看,打造精细化和全面化的内容将会是包括网络直播平台和主播所选择的一种必然策略。从网络直播的应用层面来看，将网络视频直播应用在更多样的行业领域里，开发"行业＋视频直播"的模式将会是网络直播在内容方面的一条路径。数字传播技术的发展以及视频直播本身的传播特点也使得视频直播具备这种全面性的行业应用能力。首先，打造垂直化的内容分类体系是视频直播平台进行内容管理的第一步。与综合性的新闻门户网站或是传统的社交媒体平台不同，视频直播将在更大程度上满足人们垂直化和社群化社交的需求。也就是说，人们将越来越倾向于选择观看那些真正能够引起自己兴趣的直播内容，而不是如微博时代的高度"碎片化"阅读。观看一场视频直播所需要的时间比刷微博、刷朋友圈更长，如果平台不能帮助用户节省信息筛选的时间，简化他们选择视频直播内容的步骤和程序，将不利于用户获得更好的直播观看体验。其次，在内容开发方面，无论是网络视频直播的平台还是主播们，在进行内容设计和开发方面都应该更下功夫。尽管目前观众对内容的要求相对较低，但这并不能作为一个长远的内容策略。实际上，内容是视频直播传播过程中最重要的"产品"（Product），生活化、娱乐化的内容并不是不好，而是不能作为直播的全部内容从而获得市场竞争的优势。如果能够使直播内容具有如教育、美容、财经、资讯、时事点评、理财等方面的元素，那么观看视频的用户将得到更多需求的满足，从"使用与满足"和马斯洛的需要层次理论来看，这无疑是平台和主播们更好地吸引用户和观众的有效手段。

主播多元化

几乎所有网络使用者都可以在直播平台上进行直播，互联网的进一步普及、智能手机功能的日益成熟和完善以及视频和音频等设备成本的降低，都使得直播变成一种普通的网络使用行为。然而，目前的主播主要由网络红人、社会名人和娱乐明星组成，尽管这些主播对观众来说都是比较具有吸引力的，但如果视频直播平台可以挖掘更多有潜质的"素人"主播,并把他们打造成具有知名度和影响力的网络主播,将比花费昂贵成本邀请知名网络红人加盟平台开展合作更有意义。尽管需要一段时间的投入和开发,但投入和产出比可能会得到提升,成为增加平台盈利的重要手段。而对观众来说,尽管明星、名人的主播具有较高的吸引力,但未来仍无法避免会出现兴趣减少、厌倦观看、需求饱和等问题,如果平台能够邀请更多来自不同领域、具有特色的主播进驻,那么对观众而言也是一种内容的丰富和选择的增加,延长观众对平台的兴趣周期,从而在市场竞争中获得更大的生存空间。

功能复合化

笔者认为,在可预见的未来里,直播将会和其他功能复合在一起,呈现出如"直播+社交"、"直播+电商"、"直播+营销"等模式,直播在功能方面将会有更多的可能性,并在更大范围渗透进人们的生活和网络使用中,而这也是直播平台的一个发展趋势。前文提到,视频直播存在的一个发展问题是商业和盈利模式相对单一,而改变这种状态的出路之一就是通过更立体、更全方位的功能来实现更大范围的盈利收入——对用户来说,具有更全面功能的视频直播平台也将更具有吸引力,而当一个平台能够积累的用户数量,尤其是忠实、稳定的用户群达到一定的规模,平台对广告商、签约主播的议价能力也会更高;其次,对广告商来说,除了片头广告、植入场景等模式,如果一个平台能够开发出更多适合商业推广的功能和模式,这个平台将成为广告选择合作平台的优先选项;最后,从整个行业的发展态势来看,功能单一化的新媒体产品很难在市场上有较长的生存周期和较强的竞争能力。我们可以看到,新媒体巨头如腾讯、阿里等都在其各自旗下的产品中进行复合型功能的打造,如支付宝在支付的基础上添加社交的元素,以社交为主要模式的微信也在购物、电子支付、在线政务等方面有所开发,新浪微博呈现出社交、资讯、营销等综合型的媒介功能特点。从这个角度来看，视频直播也将衍生出更多的功能点，并利用这些功能点转型为更全面的新媒体平台。

传播规范化

一直以来，缺少具有针对性的法律法规是业内人士眼中影响视频直播平台发展的重要因素。前文提到，法律的意义在于为视频直播的内容和直播的传播、使用行为进行"合法性"的定义。广电总局出台的《关于加强网络视听节目直播服务管理有关问题的通知》则是第一个明确对直播活动进行规范的法律文件，根据《通知》要求，直播机构需要持有《信息网络传播视听节目许可证》且具备相关许可项目，如体育直播、演唱会直播、游戏直播等都需要具备相关的许可证才可以继续开展。当然，关于《通知》所带来的意义如何我们尚不可知，但是规范化的传播将会是未来视频直播发展的趋势和大方向。而笔者认为更多针对网络视频直播的文件也将会在不久后出台，视频直播平台、主播、广告商在直播中的行为也将受到更清晰的限定和规定。

平台普及化

笔者相信，在未来两三年内，视频直播客户端将会和 QQ、微信、手机地图等常用的移动 App 一样，成为大多数用户移动网络设备上"装机必备"的软件之一。视频直播将会更进一步在网民中流行和普及，而普及将会带来多种结果——一方面，直播市场将由"百团大战"的竞争场面向相对稳定的市场格局转变，也就是说，在资源得到高度整合以后，在同等的市场规模下，平台数量将大大减少，在各个分类的直播领域里，如体育类、新闻类、秀场类、游戏类、演唱会类等，可以容纳的平台数量也将相对稳定，新进入的平台数量将回减少，当前火爆一时的直播市场将进一步走向理性，资本的涌入也将更加审慎；另一方面，对用户来说，经历了一段时期的使用和探索后，用户对视频直播平台及内容的狂热度也会有所消减，开始希望平台和主播们能够提供更多与原有内容、功能和服务所不同的其他价值，尤其是在新媒体更新换代速度越来越快的时代，"转型"是很多视频直播平台在未来五年里需要考虑和面对的问题，与此同时，经历了一定时间的使用以后，用户在视频直播平台上的使用模式将会开始成型和稳定，平台可以通过大数据技术清晰地归纳出目标受众对视频直播的使用习惯和使用行为，个性化、精准化的营销传播将会更容易在视频直播平台上得以开展。如果视频直播平台能够根据自身的定位和市场目标进行成功、有效的转型，普及化的直播市场将会为它们带来更大的生存空间和更多的可能性。

网络直播社区传播案例

自2015年以来，网络视频直播为新媒体传播带来了很多惊喜和新现象。为了更全面地认识和了解网络直播可能带来的机遇和问题，笔者在本章最后一部分为大家介绍三个代表不同领域的视频直播案例，包括新闻视频直播、市场营销直播以及个人自媒体网络直播。从这些传播案例中，我们可以看到更多关于网络直播的传播可能性或是发展的障碍和困境。

案例1："网易新闻"试水新闻视频直播

2015年，网易新闻在客户端推出了具有新闻直播功能的"直播"频道（如图9-5）。在这个新推出的频道里，原来分散在各个垂直频道中的直播内容汇聚在一起，新闻用户可以更快速地找到直播的内容。在网易新闻客户端的直播频道上，大到体育赛事、全国要闻，小到每日股市直播、本地早晚高峰等新闻内容都被网易新闻以直播的形式呈现更多地新闻内容，并且设置了"网络直播特派员"、"媒体合伙人"的机制,利用直播的技术把网络直播变成连线新闻现场的一种方式,将新闻场景以更直观的方式呈现出来。直播频道推出至今,网易新闻已经在客户端上进行了包括体育、娱乐、时事等全方位内容的实时播报。以 2016 年春运期间的新闻报道为例,2016 年 2 月 4 日,网易新闻推出了"2016 年春运直播",以直播的方式在 360 个小时内进行不间断的、全天候的新闻全景报道,保证用户在春节 15 天的时间里看到持续的、实时的新闻报道,包括交通路况、气象预报、拥堵指数等内容都将在网易新闻客户端的直播频道上以视频直播的方式被呈现出来,可视化的影像信息使广大网民能够对春运状况有更真实和更直观的感知和了解。用户只需要打开网易新闻的客户端,就可用看到"直击 2016 春运"的专题链接,把公众最感兴趣的内容在春运期间进行全程直播报道,这一专题推出当天就获得超过 300 万用户观看,也开创了国内新闻媒体在线直播春运的新模式,成为 2016 年网络新闻直播的一次成功尝试。

图 9-5 网易新闻客户端截图

案例点评

● 与分散式的视频素材放置方式不同,为直播设置一个专门的频道进行整合式的报道,不仅可以方便用户实现收看、查找和回顾直播内容的一站直达,帮助用户更轻松地观看所需的新闻视频,提高新闻信息传播的有效性,扩大直播内容传播的范围。同时对于网易新闻本身来说,也使得新闻直播内容的积累更容易、更清晰,开创了一种全新的新闻传播模式。

● 在网易新闻的直播频道中,不仅有"TOP 100"的直播内容链接,还设置了包括"大直播"、"在现场"、"星在线"、"纵横谈"、资讯、娱乐、体育、本地、时尚、汽车、科技、财经和生活等在内的 13 个分类频道,使得直播内容一目了然,用户在选择感兴趣的视频内容时也将会更加轻松,在观看新闻视频时得到比较好的体验。

● 以 2016 年的春运报道专题为例,直播的新闻模式使得网易新闻不仅是新闻信息的发布者和汇聚地,同时也为广大网民提供了一个发布新闻信息的强大平台。网民自己也可以成为记录者、发布者和参与者,他们可以把在春运期间回家路上所看到的新鲜事或感想,通过直播的方式发布出来,也可以在平台上和其他网友或是主持人进行互动和交流,这种全新的模式不仅为春运新闻报道提供了新的可能和路径,也为广大网友的回家路程增添了趣味,把网易新闻变成网友归家路上和其他网友互动交流的平台。

案例 2:欧丽薇兰和"一直播"合作"还原锋味菜"直播活动

2016 年 9 月 11 日晚,娱乐圈人气夫妇沙溢和胡可在"一直播"平台上进行了一次名为"还原锋味菜"的直播活动。沙溢夫妇在直播的过程中演绎了主题为"用美味宠爱你的最爱"的明星还原锋味菜直播真人秀,此次直播最高同时在线观看人数达 215.7 万,直播视频累计观看次数达 2800 万,点赞数累积达6700万。这一活动由著名橄榄油品牌欧丽薇兰赞助,欧丽薇兰同时也是长期与《十二道锋味》进行合作的品牌,而这次的直播活动可以说是电视综艺节目在互联网平台上的一次延伸。品牌邀请了一系列明星在"一直播"平台开展直播活动,除了沙溢和胡可,9月25日陆毅和鲍蕾夫妇也亮相了"一直播"平台,参与"还原锋味菜"的直播活动接力。在直播中,明星夫妇不仅会在充满欧丽薇兰品牌标志的厨房环境下进行烹饪直播,同时也会回答由网友在线提出来的问题以及分享家庭和生活的趣事,以一种轻松而接近生活的方式和网友近距离地交流和互动。这些明星夫妇也会在回答网友问题时对欧丽薇兰进行一定的品牌信息提及,如表示"家里用的就是欧丽薇兰橄榄油"、"要抓住他的胃就要用欧丽薇兰橄榄油"这样的品牌宣传语,而与一般的广告代言或宣传不同,网友对明星夫妇们在直播中进行的广告推销往往更容易接受,有的网友会对明星夫妇们在直播中的广告宣传表达"机智"、"满分"等称赞。

案例点评

● 当前的直播平台有近200个,品牌在选择合作的直播平台时需要充分考虑其与自身品牌推广目标和市场定位等方面的契合度。这次欧丽薇兰与"一直播"的合作显然是成功的,"一直播"具有与微博全线打通的终端特点,也就是说,"一直播"平台上的内容也会全部在微博上得以呈现,这将大大提高欧丽薇兰品牌传播内容的宣传效应和传播范围,而这与欧丽薇兰一直以来的跨领域和跨平台市场营销特点是相吻合的。例如在赞助由谢霆锋主持的《十二道锋味》之后,又开发出与之相关的直播真人秀活动,可以充分开发已有的品牌推广资源,最大限度地提高品牌传播效率。

● 与传统的品牌营销活动不同,虽然欧丽薇兰这次的直播活动本质上仍然是一次营销,但更生活化和近距离的传播模式改变了受众不喜欢看广告的特点。在直播的环境下,由于明星主播们和网友的距离被大大拉近,在这个时候主播们即使提及品牌信息或是明显地进行广告宣传，网友的接受程度也会更高，相比起在电视、网络上投放广告，直播的互动营销模式可能会带来意想不到的效果。

●直播已逐渐成为当代年轻人的一种媒介使用习惯，而欧丽薇兰橄榄油借助直播这种当下最流行的媒介在年轻人尤其是年轻家庭中进行宣传，目标是把使用橄榄油也变成这些受众的生活习惯。对市场营销来说，让受众得到生活化的感受并产生共鸣，是非常重要的。在这一次欧丽薇兰与"一直播"的合作活动中，欧丽薇兰橄榄油被置于生活化的场景中，这将直接影响网友对品牌的接受度与品牌认知，同时邀请形象健康、受网友喜爱的明星夫妇而不是一般的网络红人作为直播主播，也进一步强化了欧丽薇兰健康的品牌形象。

案例 3："回忆专用小马甲"的直播"首秀"

"回忆专用小马甲"是微博上的知名"大 V"，微博主要内容是两只宠物——萨摩耶"妞妞"和折耳猫"端午"的生活记录和各种萌照，其关注者大多为宠物爱好者，博主被网友取名为"马建国"。一直以来，"回忆专用小马甲"的真实面貌很少被人所了解，而这也使得众多网友非常好奇这一账户博主的真正身份。2016 年 8 月，已被明明娱乐公司签约的网络红人"回忆专用小马甲"带着他的宠物猫狗"端午"和"妞妞"首次在直播平台"咸蛋家"开始了自己的直播首秀。在直播过程中，"马甲"不仅和网友们分享了他和宠物们日常生活的点滴和训练宠物的经验，也对网友们提出的问题做出解答。与之前在微博平台上多以插科打诨的"段子手"风格不同，"马甲"在直播中呈现出来的更多是"有血有肉"的人物特点，亲切的打扮和语言风格很快拉近了他和网友们之间的距离。"马甲"也承诺在以后的直播活动中将提供更丰富的内容，如骑车游深圳、直播打网络游戏等。这次的直播活动仅仅用了五分钟就突破 50 万人观看，半小时达到 360 万人，最终吸引了接近 400 万观众观看,突破了单平台网红直播同时在线的记录,"回忆专用小马甲"也成功地由微博平台的"网红"和"大V"身份转型成为直播平台上的红人和知名播主。

案例点评

● 在泛娱乐化的传统时代,轻松、有趣、幽默的内容往往更容易受到网友的喜爱和支持,而且在综艺节目日益泛滥的传播环境下,网友开始追求更加真实而非"作秀"的传播产品。在这样的大背景下,我们并不难理解为什么以"回忆专用小马甲"为代表的个人直播自媒体可以在网络上受到广大网友的喜爱,更为重要的是,尽管这些自媒体播主们并不是传统意义上的大明星或娱乐名人,他们本身有些已经在微博、微信等平台上积累了一定的粉丝,比如艾克里里、穆雅斓、王尼玛、谷阿莫等等。当他们从微博、网络电视等平台向直播平台发展时,强大的受众基础帮助他们迅速成为这个平台的"红人",从而完成直播时代的传播转型。

● 相比起微博、微信等只见文字、图片或相对较短的小视频的平台,直播让网友可以更全面、更真实地接触到这些自媒体播主。而对播主来说,直播的方式也赋予了他们展现自己和分享生活的更多可能性。这对播主和观众来说,无疑都是具有强大传播优势和吸引力的。

● 但值得注意的是,目前关于网络视频直播的监管仍然相对宽松,很容易导致一些个人在视频直播的时候加入低俗化或其他不合适的内容。一旦他们的视频直播内容违反了网络传播的相关管理规定,就会面临处罚和整改的问题。因此就个人化的直播自媒体而言,在设计直播内容时一方面需要和个人定位、风格相吻合,另一方面也不能一味追求标新立异而忽视公共传播领域的基本要求和底线。

本章思考

1. 你对网络视频直播有哪些了解？你曾经参与过网络视频直播吗？

2. 请分别从机遇和挑战两方面分析网络视频直播的发展情况。

3. 你认为，网络视频直播最核心的竞争力是什么？对网络视频直播来说，内容和平台哪个更重要？

4. 请发挥你的想象力，设想一下网络视频直播在未来还可能具有哪些功能或是在哪些领域被应用？为什么网络视频直播在这些领域可以发挥作用？其优势体现在哪里？

第十章 现代数字鸿沟：传播技术缩小还是扩大了群体间知识量差异？

"信息沟"是传播学"知识沟"假说在信息时代的演变产物。"知识沟"假说于1970年由美国传播学者菲利普·J. 蒂奇纳、乔治·A. 多诺霍和克拉丽斯·N. 奥里恩在《大众传播流动和知识差别的增长》一文中提出。"知识沟"假说的核心观点是：大众传播的信息传达活动无论对社会经济地位高者还是社会经济地位低者都会带来知识量的增加，但由于社会经济地位高的人获得信息和知识的速度大大快于后者，所以随着时间的推移，最终结果是两者之间的"知识沟"不断变宽、差距不断扩大。

简单来说，"知识沟"假说的观点认为，大众媒介传送的信息越多，两者之间的知识鸿沟也就越有扩大的趋势[1]。（如下图10-1）菲利普·J. 蒂奇纳认为，造成这种"知识沟"现象的原因可以归纳为五点：（1）传播技能的差异；（2）已有知识储存量的差异；（3）社交范围的差异；（4）信息的选择性接触、理解和记忆的因素；（5）大众传媒的性质。

---

[1] 郭庆光. 传播学教程(第2版)[M]. 北京：中国人民大学出版社, 2011

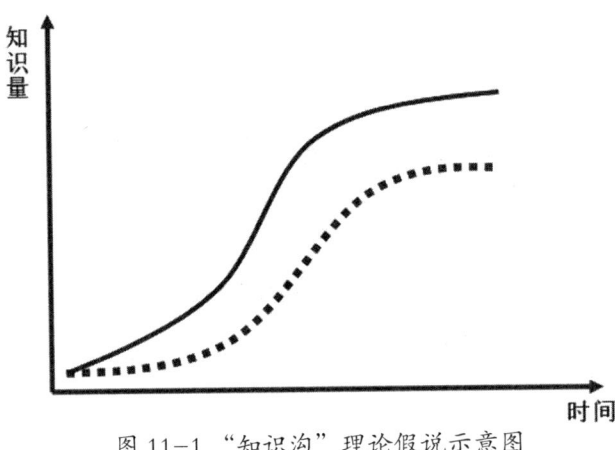

图 11-1 "知识沟"理论假说示意图

"知识沟"的产生背景是教育机会平等化的社会呼声高涨，促使美国政府推出了补充教育计划，试图通过大众传播改善贫困儿童的教育条件，因此大众传媒组织制作了儿童启蒙教育电视片《芝麻街》，希望利用普及率已经相对较高的电视媒介来缓解贫富儿童受教育机会的不平等。但通过实践和调查人们却发现，《芝麻街》的制作和传播不仅没有如预期般缩小贫困和富裕儿童之间的知识差距，反而因为经济地位和生活条件等差异，接触和利用《芝麻街》节目及其教育教学内容最多的仍然是富裕儿童群体。《芝麻街》节目的制作、播放和传播进一步扩大了儿童群体的知识差距。

然而"知识沟"假说在提出后也引起一定的质疑和反驳。1977 年，J. S. 艾蒂玛和 F. C. 克莱提出了与"知识沟"假说截然相反的理论观点——"上限效果假说"，即个人对特定知识的追求并不是无止境的，当他们所获取的知识达到某一"上限"（饱和点）后，知识量的增加就会减慢乃至停止下来，社会经济地位高者获得知识的速度快，其"上限"到来的也就早；那些经济地位低者虽然知识增加的速度慢，但随着时间推移最终能够在"上限"上赶上前者。简单来说，"上限效果"假说否定社会经济地位的变化会令人们知识量的差距无限扩大，而将在经历了一定的时间后重合。大众传播带来的结果并不是不同社会经济地位的人们之间知识量差距的扩大，而是知识量的缩小。（如图 10-2）

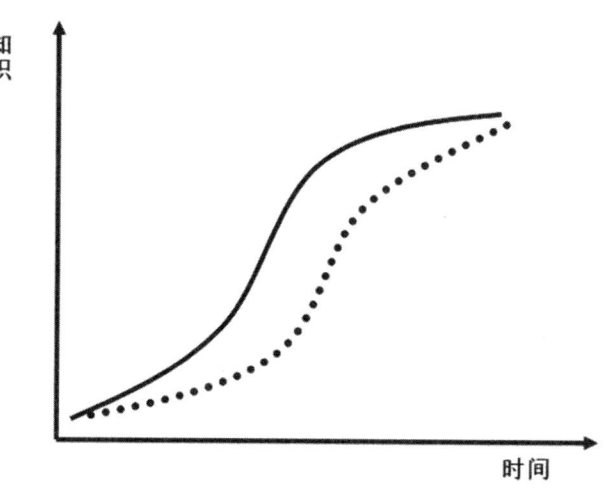

图 11-2 "上限效果"理论假说示意图

姑且不论哪一种观点更符合传播的现实状况,"知识沟"假说和"上限效果"假说的提出,已经反映了人们对信息社会中的阶层分化问题的重视。这种可能由大众传播带来的"知识量差距"将会是未来社会阶层分化的一种新现象。对"知识沟"现象的研究可以帮助我们进一步了解大众传播对社会带来的影响情况,而更为重要的是,从指导和推动传播实践的角度来看,对"知识沟"问题的关注引出了具有现实意义的思考问题,比如:如何防止信息富有者和信息贫困者的两极分化以及由此带来的新的社会矛盾?目前我国新媒体普及情况还存在明显的区域差异,在对贫穷地区进行开发的时候,如何通过进一步改善网络基础设施建设来对缩小信息之间的"贫富差距"?从个人层面来看,如何通过有效的媒介素养教育工作提高社会公众整体的信息搜索、处理和传播等能力,以促进解决"信息沟"和"数字鸿沟"的问题?

随着传播技术和社会经济的不断发展,"知识沟"也发展为一种新的形态,我们习惯称之为"信息沟"或是"数字鸿沟"。网络的发展在带来信息量增大的同时也产生了社会不同阶层之间越来越大的"信息量差异",也就是"数字鸿沟"。在信息传播时代,随着信息革命和信息化社会的形成,信息已经取代能源和物质，成为人类社会发展最重要的一种资源。而"信息爆炸"也已经成为信息社会的一大特征——知识老化的速度加快，新的知识层出不穷。人们对某种特定知识的掌握可能只是暂时性的，因为知识处于不断更新换代的变化过程中，任何个人或群体都需要随着社会和时代的变化不断更新自己所掌握的知识，而帮助完成这种知识更新的重要元素就是信息。信息可以说是新媒体传播时代决定人们竞争力和影响力的核心要素和力量。新媒体发展中信息量在进一步增大，由于人们接受信息的能力与接受数字技术的机会的差异，很可能会造成比大众传媒时代"知识沟"更大的"数字鸿沟"产生。

日本学者儿岛和人认为，信息沟不仅表现在贫穷和富裕阶层之间，而且会广泛地表现在性别、年龄、职业、行业、群体、地区、民族、国家和文化之间。也就是说，在信息化的传播时代，除了社会经济地位可能对人们所掌握的信息量产生影响之外，更复杂、更全面的因素将影响着不同群体所掌握的信息量。随着新媒体传播技术的进一步发展和流行，群体之间的信息量将会呈现扩大的整体趋势。

传播学者Norris将数字鸿沟分为三个层次：首先是"全球鸿沟"，指的是工业化国家和发展中国家之间在互联网接入率方面存在差距；其次是"社会鸿沟"，指的是每个国家内部信息富有者和信息贫困者之间的差距；第三是"民主鸿沟"，强调的是人们在是否使用数字技术参与公共生活方面的不同[1]。"数字鸿沟"在新媒体传播时代表现得更为明显，内容也更为丰富。"数字鸿沟"包括三道不同的"沟"——接入沟、使用沟和知识沟。首先，"接入沟"体现在对网络的拥有与缺乏，即是否拥有连接和使用互联网的权利和现实状况，根据CNNIC发布的《第38次中国互联网络发展状况统计报告》，截至2016年6月，中国网民规模达7.10亿，互联网普及率达到51.7%[2]，也

---

[1] 韦路,张明新.第三道数字鸿沟：互联网上的知识沟[J].新闻与传播研究,2006(4):43-53
[2] CNNIC.第38次中国互联网络发展状况统计报告[R],2016-8-3,链接为 http://www.cnnic.cn/gywm/xwzx/rdxw/2016/201608/t20160803_54389.htm

就是说，仍有将近一半的中国民众没有连入互联网，从这个角度来看，中国目前仍然存在明显的网络"接入沟"问题。其次，"使用沟"顾名思义就是用户对网络新媒体的使用情况，根据"使用与满足"理论，用户对媒介的选择、接触和使用都具有某种特定的目的，对媒介的使用是满足用户本身的某种特定需求。常见的媒介使用需求包括信息需求、娱乐需求、知识需求、情感需求、社交需求、自我价值实现需求等，从用户对互联网的使用情况来看，中国网民对网络的开发和应用程度在过去十年里实现了大幅度的发展和提高，但从年龄、性别、职业等不同的群体分类情况来看，不同群体之间对互联网的使用也存在显著的"使用沟"。这种"使用沟"表现为不同群体对媒体的选择和使用情况。尽管每一个用户都拥有接入网络的权利和条件，但是由于媒介使用习惯、需求差异等因素，用户之间还存在对新旧不同类型媒体的使用差异。最后，由"接入沟"和"使用沟"带来的是社会群体之间知识量的差异，也就是"知识沟"，传统传播理论中关于"社会经济地位高低会影响社会不同群体所能获得的知识量"的假说在新媒体传播时代似乎仍然成立和存在，而且不仅社会经济地位，职业、性别、学历、年龄也可能会影响人们对网络的接入和使用，从而造成更多新型社会"知识沟"的问题。

《芝麻街》制作之初的目的是缩小处于不同社会经济地位的儿童之间的知识差距，最终却形成了更大的知识鸿沟。有人认为，和《芝麻街》一样，数字新媒体传播技术的发展和普及看似为更多普通的个人赋予了获取和传播知识的权利，实际上却并未解决社会群体之间知识鸿沟的问题，反而令其呈现出逐渐扩大的趋势；也有人认为，从长远来看，相比起其他赋权方式，数字新媒体技术为不同社会群体带来了相对平等的使用权，网络开放、扁平和去中心化的特点极大限度地减少了网络传播为人们带来的知识获取障碍，以网络为代表的新媒体将在总体趋势上缩小现代社会群体之间的信息鸿沟和知识鸿沟。

事实上，当大多数人习惯于互联网成为生活一部分的时候，仍然有相当一部分人从没接触和使用过互联网；当移动互联网和智能手机以成为不少人生活的"标配"的时候，还有很多贫困地区的居民甚至没有能力支付购买一部传统的家庭电话座机；当城市学校和学生踊跃开展和享受在线教育、视频直播学习、"微课"和"慕课"的时候，农村地区可能连基本的校舍设施都不能享受到……在我们大谈网络传播和新媒体应用的时候，我们是否也应该注意和意识到，网络和新传播技术的发展也许对很多人来说，并不意味着机会的获得，而可能是更大的不公平？

2016年7月，世界经济论坛（World Economic Forum）在日内瓦发布了《2016年全球信息技术报告》，报告通过"网络就绪指数"对全球143个经济体在运用信息及通信技术推动经济增长和改善民生方面做出了评估。"网络就绪指数"共设有53个单项指标，分为四大类：环境、就绪程度、使用情况和影响力。在世界各国的排名中，排名最高的是新加坡；前十名里欧洲国家占据了七个；亚洲、非洲和拉丁美洲各国的网络就绪指数表现参差不齐。世界各国在信息和通信技术的发展和应用程度方面的差距整体呈现扩大的趋势，也就是说，从全球的范围来看，国家之间的数字鸿沟不断加大。

在本章，笔者将详细介绍什么是信息时代的"知识沟"，这种基于信息的获取和数字新媒体传播技术的接触、使用和掌握所产生的知识鸿沟会对社会和受众产生何种影响；并在此基础上对现存的两种争议观点进行辩证分析，群体之间的信息和知识差距究竟因新媒体传播技术的发展而在更大程度上扩大了还是缩小了，也就是说，随着传播技术的发展，社会不同群体之间的总知识量会呈现何种不同的差异表现；最后，从推动和指导实践的角度来看，笔者将提出数字新媒体传播时代下缩小社会不同群体之间知识鸿沟的可行性建议和对策，以期为我国未来传播实践和传播发展提供参考性的意见。

信息"知识沟"现象及研究

"信息沟"和数字鸿沟理论自出现后即引起了社会各界的高度关注,就现阶段国内学者们对这一问题的研究情况来看,信息沟和数字鸿沟的问题广泛存在于我们生活的方方面面。从研究情况来看,目前国内关于"信息沟"的研究主要集中在三大领域——"信息沟"在教育、城乡协调发展以及信息化社会的发展、实践及问题。

"信息沟"与教育

不少学者认为,"信息沟"广泛存在与教育教学工作中,尤其是在基础教育和外语教育两个领域。简单来说,教育活动中的"信息沟"主要表现为不同学生群体对基础知识的掌握量存在一定的差异,而这种差异将会进一步影响他们在后续学习活动中对知识掌握程度的差异。如果"信息沟"问题不能得到重视和解决,教师也没有根据不同学生的真实学习情况来制定具有针对性的教学策略和教学管理方式,那么基础知识掌握能力较差和程度较低的学生可能在学习中遇到更大的困难,而基础知识掌握能力较高的学生则也有可能会被延迟的教学进度拖慢。无论是哪一种情况,无疑都对教学工作效果产生一定的负面效果。学者就这方面的问题进行了较为深入的探讨和研究。相关的研究成果也十分丰富,如江西师范大学教育学院副教授蔡连玉认为,基础教育中的信息鸿沟不仅出现在学生之间,也存在于教学者和受教者之间[1],造成这种现象的主要原因是"网络时代"的中小学生,对社会知识的接受程度、学习方式、学习特点和学习习惯等都与年长一辈的中小学教师存在

---

1 蔡连玉. 论基础教育中的"信息代沟"[J]. 中国教育学刊,2009(8):6-7

差异。如果教师不能根据学生们的"信息化"学习特点展开教学工作，那么这种信息代沟将在很大程度上影响教学的效果，而要改变这种情况不仅需要学校和教育提供支持信息化教育手段的计算机硬件措施，还需要对教学工作者即教师进行更系统的信息化教育培训。安徽大管理学院的严妮贝关注了学校图书馆如何在教育管理中帮助信息弱势群体跨越信息鸿沟的问题[1]。受美国亚利桑那大学"知识河流"项目的启发，严妮贝认为"知识沟"、"信息沟"的缩小不仅有赖于学校教育和教师，图书馆也可能发挥重要的作用。以图书馆作为主体，牵头发起类似"知识河流"的知识和信息扶贫项目，通过更多免费的信息获取方式和设施减少信息不公平的现状。

"信息沟"与城乡发展

我们已经知道，"信息沟"是在"知识沟"的基础上延伸出来的概念。与知识沟假说的提出相似，学界普遍认为社会经济地位之间的差异是造成不同地区、不同行业和不同群体之间出现信息鸿沟的原因，而这折射在现实生活中的重要议题则是由于经济发展情况的显著差异而形成的城乡地区及其居民之间的"信息沟"问题[2]。这不仅是国内学者普遍关注的问题和焦点，也是国外学者致力研究的领域——如何通过有效的信息发展项目，缩小甚至填平经济发达和经济落后地区之间的整体信息知识量差异。这一领域的研究呈现出多角度的思考，包括"城乡之间的信息鸿沟有何表现"、"城乡之间的信息鸿沟会带来什么影响"、"造成城乡之间的信息鸿沟的原因包括哪些"等问题都是学者们在过去十年中积极探寻的方向。安徽师范大学教育学院的袁

---

1 严妮贝. 扶助信息弱势群体跨越信息鸿沟——美国亚利桑那大学"知识河流"项目的思考 [J]. 图书馆杂志，2008, 27(12):58–61
2 袁立庠，尚勤. 手机媒体对中国城乡"信息沟"因子的影响作用——一项基于农村手机媒体信息传播的调查分析 [J]. 现代传播：中国传媒大学学报，2012, 34(6):105–108

立庠和尚勤研究了手机如何影响城乡居民之间的"信息沟"问题，该研究认为，手机的普及在一定程度上缩小了城乡居民之间的"信息沟"现象。由于手机在信息传播、信息集成和信息表现方面相较于传统的传播工具都更具优势，而且"山寨机"的出现使得越来越多农村居民可以拥有手机，而手机相比起电脑，无疑对农村居民来说可负担程度更高。同时，他们的研究也提到，由于经济水平、文化程度和知识结构的内在特点，农村受众和城市受众之间天生存在一定的信息接收差异，而这是无法从根本上填平城乡居民信息鸿沟的重要原因。云南大学的罗裕梅和复旦大学的凌鸿的调查发现，从2006—2012年间，从全国、地区之间以及地区内省市之间三个层面的信息主体存在"先扩大后缩小"的整体趋势，但信息消费资源和信息消费环境在这三个层面的鸿沟都在不断扩大，东部地区和中西部地区、地区内部各省市之间的信息鸿沟问题仍然显著[1]。

"信息沟"与信息化社会发展

有观点认为，信息化进程和信息化社会发展必然会带来一定时期的"信息沟"问题，这不仅是中国特有的现状，也是世界各国普遍存在的情况。在信息化的进程里，"信息沟"之所以值得关注，一方面是因为"信息沟"的出现和扩大可能对社会发展造成一定的负面影响，如信息的阶层分化、难以缩小我国与其他发达国家之间信息和知识鸿沟等，要加快中国整体的信息化建设，必须重视和解决"信息沟"所带来的消极问题；另一方面是因为"信息沟"本身也可能为信息社会的建设带来一定的机遇。浙江大学城市学院的张健康和张兰欣指出，信息资源已经成为我国参与国际活动的重要战略资源，也是构成国家国际竞争力的核心要素之一，"信息沟"不仅影响了国家内部地区和群体之间对数字化传播技术的掌握和应用，同时

---

[1] 罗裕梅，凌鸿. 我国网络信息消费中信息鸿沟的数字化解读[J]. 社会科学，2014(1):53-63

也影响了社会贫富差距、信息资源多寡甚至国家经济持续发展能力等方方面面，"信息沟"的问题将是信息化发展道路上的一个重要障碍[1]。华中科技大学新闻与信息传播学院的孙发友和湖北第二师范学院的曾珍以武汉城市圈（包括武汉、黄石、鄂州、孝感等9个城市）作为研究对象，提出把"信息鸿沟"变成"信息机遇"的观点[2]，研究指出，尽管武汉城市圈存在包括地区经济差异、知识教育差异和信息基础设施建设差异等造成"信息沟"的因素，但通过"城市圈"的建设，我们可以看到这几座城市的信息资源实现了资源共享的最大化，一些本处于经济发展相对落后的城市可以通过信息资源共享的方式享受经济相对发达城市的技术和信息辐射，从而缩小城市圈内城市间的信息鸿沟。也有学者聚焦"信息沟"问题折射出来的信息不平等问题，并围绕这一主题展开探讨，天津工业大学的刘传玺、周秀会和董真认为，信息鸿沟反映的是社会未能实现"信息平等"[3]，也就是说，人们在信息资源的获取、分配和利用方面无法实现相对平衡和对等的状态。信息不平等的问题关系着弱势群体的切身利益，长远来看，甚至可能影响社会稳定的问题，但信息传播技术的开放性、平等性和信息本身的共享性决定了信息平等实现的可能性。信息平等并非天方夜谭，而是信息社会的一个发展方向和目标，因此我们必须通过有效的解决措施和管理手段缩小我国当前存在的信息鸿沟，尤其是在信息社会建设的过程中，信息平等应该作为一项基本的要义被重视起来。而从研究成果来看，目前国内对信息平等方面的研究并不多，笔者认为，我们未来应该就这个问题进行更系统、更深入和更全面的探讨。"信息沟"绝不仅是一个传播或是技术的问题，而是涉及全社会发展的议题，信息平等的实现需要我们从制度、技术、观念、管理等多方位开展工作和努力。

---

1 张健康，张兰欣. 新型工业化进程中的信息沟问题 [J]. 当代传播，2003(2):11–13
2 孙发友，曾珍. 变"信息鸿沟"为"信息机遇" [J]. 新闻前哨，2008(6):19–21
3 刘传玺，周秀会，董真. 信息平等的实现途径 [J]. 情报科学，2008, 26(3):359–363

数字新媒体技术的发展和传播所衍生出来的新概念"数字鸿沟"则从更深刻的角度反映了媒介技术的进步可能对社会带来的问题。而从这个角度来看，媒介的接近、利用和掌握已经成为一种新的资本形态，能否便捷地接触、熟练地使用和自由地传播这些通过新媒体获得的信息和知识，也逐渐成为判断一个个体所掌握的媒介资本多少的重要衡量指标。从研究成果出现的时间来看，国内数字鸿沟的研究主要集中在 2000 年后。

在中国知网上以"数字鸿沟"作为主题词进行搜索，可以搜索得到文章约 1890 篇，最早的文章出现在 1998 年，进入 2001 年后，每年都会出现约有 100 篇聚焦数字鸿沟问题的研究文章，单 2015 年一年里就有超过 200 篇，是历年数量之最。从目前国内外普遍流行的观点来看，数字鸿沟呈现出两个不同视域的维度。

全球数字鸿沟（Global Digital Divide）

即国家与国家之间的数字鸿沟问题，集中表现为发达国家与发展中国家之间的数字鸿沟。由于经济发展水平存在比较明显的差异，发达国家和发展中国家的媒介发展状况也呈现出极为参差不齐的状态，如新加坡、日本、英国、芬兰、美国等发达国家的媒介发展水平在整体上远远高于发展中国家，同时，这些国家的媒介发展除了新媒体技术和传播的硬件发展水平较高，其政府、企业与个人在使用媒介方面也具有领先优势。我们要注意到的一个问题是，尽管当前全球超过一半的人口已经拥有手机，但数字贫困的问题却仍然存在。究其原因，虽然相比起电脑和互联网所造成的接入鸿沟，手机更易普及，但短信和语音等技术的使用并不能从根本上推动社会的信息化和数字化发展。如果不能为更多的人提供可负担的互联网服务，那么新技术的持续发展和不断革新将为这些发展中国家及其人民带来与发达国家之间更大的差距和不平等。

国内数字鸿沟（DomesticDigital Divide）

即国家内部存在的数字鸿沟问题。在不同的国家里会有各自不同的表现。普遍来说，主要可以归纳为三个层次：（1）地区之间的数字鸿沟。就中国的情况来说，我国的地区间数字鸿沟主要出现在东西部之间和城乡之间——以东南沿海地区为代表的城市在新媒介接触和使用方面具有西部乡镇和小城市无所比拟的优势。而据笔者观察发现，在过去十年里，新媒体发展的速度大大提升，中国地区之间的数字鸿沟不仅没有进一步缩小，反而呈现逐渐扩大的趋势。（2）群体之间的数字鸿沟。这里的"群体"所涵盖的范围更为广泛，就中国目前来说，数字鸿沟问题比较显著的群体差异主要表现为由年龄、性别、收入水平和文化程度所造成的不同群体对互联网技术和新媒体的接触和使用差异，其中年龄、收入水平和文化程度所表现出来的群体差异更为显著，而男性和女性之间的的数字鸿沟主要表现为网络的使用而非接触方面。（3）产业之间的数字鸿沟。尽管信息化和自动化已经被认为是有助于工业生产和企业管理的新技术手段和管理方式，但我们不难看到目前中国第三产业的技术水平要高于第一和第二产业。这种数字鸿沟不仅影响着我国产业发展战略的实施和整体数字化和信息化的推进，同时也是制约着我国通过可持续发展战略和推动新型经济模式来缩小和发达国家之间差异的重要原因。

信息沟之于社会的影响

研究表明，中国的数字鸿沟问题已经成为继城乡差异、工农差异、脑体差异后的"第四差异"。数字鸿沟随着新媒体传播的深入发展，逐渐由技术问题演变成社会问题，部分地区信息、技术和知识的贫困化成为影响落后地区发展及其居民生活的重要枷锁，一方面大城市已经开始推行"智能城市"、

"智慧城市"的发展战略,另一方面仍有将近一半的中国人(主要集中在中西部的农村地区)没有接入互联网,强大的对比和反差构成了我国当前的数字鸿沟现状。

信息时代的知识鸿沟问题之所以引起学者和传播业界的关注,主要的忧虑在于技术是否会造成新一阶段的社会阶层知识分化。而具体来看,信息鸿沟对社会、对人们的影响还表现在其他方面,笔者认为,我们可以从六个方面来理解和认识这一问题。

社会稳定问题

无论从全球还是国内范围来看,数字鸿沟都进一步加剧了社会的不平等现象,不利于社会稳定和长远发展。《人民日报》于2013年的报道中刊载了巴西前通信部执行秘书长、消除数字鸿沟项目负责人塞萨尔·阿尔瓦雷斯对数字鸿沟的观点[1]。他认为数码融合是公民应该享有的一项基本权利,而数字鸿沟的存在则影响了国家和社会的整体发展态势。数字鸿沟的出现和扩大意味着技术在一定程度上并没有为全社会范围内的人民提供同等的机会和帮助,而可能造成社会不平等的再生产。也就是说,当技术这一种特殊的社会资本不能被所有人平等地获取和掌握时,技术本身也可能是造成社会不平等问题的原因。而在信息化的传播时代,技术所造成的数字鸿沟反过来也会加剧社会不平等的现象,形成恶性循环。从全球的范围来看,数字鸿沟进一步拉开了发达国家和发展中国家、落后国家之间的距离,而这种根源于社会现实不平等的信息和知识差异,在某种程度来看比经济、政治和文化方面的不平等更难缩小和填平。一旦这种社会不平等的失衡状态和矛盾被激化到一定程度,那么新的社会问题很可能会因此而产生。从国内数字鸿沟的问题来看,以中国为例,当"信息化"成为国家发展的整体战略,数字鸿沟的存在和扩

---

[1] 王海林,张建波,韩硕,张梦旭.数字鸿沟进一步加剧社会的不平等[N].人民日报,2013-7-24

大不仅影响了信息社会和信息国家的建设,不利于我国缩小与全球发达国家之间的技术、信息和知识差距,也不利于和谐社会的建设,无法实现社会真正的"公平"。从这个角度来看,数字鸿沟的问题不仅是一项技术发展问题,更是影响社会发展的重要议题。

社会资本容量问题

数字鸿沟问题不仅是造成社会群体间新的社会资本差异的原因,也是社会各群体本身所能获取的社会资本的一项指标和内容,而数字鸿沟的扩大则意味着社会各群体之间社会资本容量差异的增加。前文提到,数字鸿沟所包含的内涵不仅是社会群体之间接入数字传播技术方面的差异,还有第二层和第三层的含义——使用沟和知识沟。人们如何使用数字新媒体传播技术以及人们如何通过对新传播技术的接触和使用来获取社会知识都将影响着他们所能获得的社会资本量。相对于经济资本和人力资本而言,社会资本象征的是人们和社会各主体(包括个人、组织、社会、国家等)之间关系的紧密程度。根据社会资本理论我们可以知道,从个人的角度来看,社会资本量的多少可以影响一个人在社会生活的方方面面。显然,数字鸿沟的存在会影响相当大一部分人获得和积累社会资本。以社交媒体为例,经过十年的快速发展,我们已经可以发现不少关于社交媒体的研究和理论,而其中一个聚焦的问题就是社交媒体的使用和社会资本的获得。中山大学传播与设计学院的周懿瑾和魏佳纯在研究中指出,在微信朋友圈里"点赞+评论"可以帮助个人增加社会资本[1],而这是一种相对低成本的社会关系维护方式。对于微信用户来说,这无疑是一种极好的社会资本积累方式,但对其他一些非微信甚至非网络用户来说,在新社交时代获取和积累社会资本可能变得越来越难,而非越来越

---

[1] 周懿瑾,魏佳纯."点赞"还是"评论"?社交媒体使用行为对个人社会资本的影响——基于微信朋友圈使用行为的探索性研究[J].新闻大学,新闻大学,2016(1):68-75

容易。社会资本的多寡本身是影响人们在社会发展的重要原因,也就是说,由于技术应用和知识获取方面的差异会通过影响一个人的社会资本获取来影响他在社会发展的方方面面。

公民政治参与问题

数字鸿沟的存在影响着公民的在线政治参与热情。在信息化传播时代,这不仅是公民言论和传播权利在网络环境的新方式和新表现,也是公众参与社会和公共事务管理的一项新途径和新渠道。一旦全社会人民不能平等地参与到这种在线的政治和公共事务讨论中来,由网络公共空间所反映出来的政治声音和政治诉求就不能最广泛地代表人民的意愿和心声。笔者在《机遇与挑战:关于新媒体环境下地方治理改革的思考》[1]一文中提到,新媒体构成的新型公共领域日益成为民意表达的重要平台,互联网既赋予了公众网络参与的可能性,也推动公众进一步参与现实生活的公共事务管理,而不同权利主体参与公共领域的博弈,让地方治理工作在更多的利益相关者共同参与下实现"合作共治"。当网络问政和电子政务成为各级政府普遍的选择和社会管理方式时,社会群体之间存在的数字鸿沟问题则意味着政府很难通过网络平台收集到真实的、能代表广大人民群众的,尤其是处于技术弱势地位的群体的政治表述。这个时候的网络参政和网络问政不仅无法帮助政府更好地解决社会问题,还可能因为网络参政群体的个别性和群体性而忽略了另外一些社会群体的政治和利益方面的诉求。当数字鸿沟进一步扩大后,技术接近权和使用权方面的不平等可能造成网络政治表达和政治参与的不平等,而这时候网络平台所具有的为人民提供新的公共事务管理的作用和优势则会减少,甚至可能带来新时代政治的不平等问题。

---

[1] 唐嘉仪,方佳鑫. 机遇与挑战:关于新媒体环境下地方治理改革的思考[J]. 经营管理者,2016(2):283-284

信息化程度问题

互联网是信息时代的核心标志，一个国家或地区的互联网应用水平和发展程度可以间接地反映其现代化程度。从全球范围内的数字鸿沟来看，对发展中国家而言，提高利用科技和电子、信息传播技术的能力，是它们摆脱过度依赖人力和自然资源进行发展的重要战略。我们都知道产业结构调整和升级是不少发展中国家的发展战略。除了大力发展高新科技和信息技术产业以外，利用新的技术对传统产业进行改造和升级也是帮助这些国家发展经济和提高国际竞争力的重要途径。然而数字鸿沟问题却制约着这些国家的产业结构调整和发展。事实上，对发展中国家来说，这里存在一个相互影响的环节：由于经济发展水平相对落后，发展中国家对新技术的应用能力和水平普遍偏低，这影响了发展中国家的产业结构调整和升级。而要实现大范围和根本上的新产业发展战略，又离不开对新技术的应用和普及。就目前的发展状况来看，普及新技术对大部分发展中国家来说是不现实的，正因如此，所谓的产业结构调整或是提高信息化水平对这些国家来说更是无法真正实施的发展战略。这种情况同样适用于国内的数字鸿沟问题，对于一些相对偏远和落后的地区及其居民来说，提高新技术的应用水平和地区信息化建设无疑是缩小他们与发达富裕地区及其居民之间信息和知识差异的重要途径，但真实的情况却是即时有国家和政府的资金扶持，由于落后地区居民固有的文化水平、知识结构、新技术应用能力的特点，在短时间内实现数字鸿沟的填平几乎是不可能的，而这种信息化程度偏低的社会特点反过来也是制约着这些地区发展的重要原因。

传播影响力问题

从信息传播的效应来看，数字鸿沟的存在影响了信息作为 21 世纪最重要的社会发展资源所能发挥的作用和影响力。具体来说，从全球的视域来看，数字信息传播和新媒体传播技术能力强的国家，具备了更强大的向全球各国传递信息的能力，在这种情况下，这些国家的信息传播边际和疆域也将更为广阔；而对于其他处于数字传播弱势地位的国家来说，信息传播的影响范围也会比较小，将为这些国家带来消极的影响。对信息本身来说，各国之间存在的数字鸿沟也会制约着它们在国际传播活动中所能产生的影响力，当信息无法通过有效的传播活动到达更大的受众群体时，信息本应发挥的传播效应和传播空间也将受到影响和压缩。每个人都在社会生活中通过搜索、接收和获取一定的信息来帮助自己开展认识社会和改造社会的活动。信息是客观存在的，但信息能否有效地被人们获取，很大程度上依赖于人们挖掘信息的能力。通过数字鸿沟理论的定义和涵盖范围我们知道，无论是从接入、使用抑或是知识鸿沟的角度来看，数字鸿沟的存在无疑都影响着信息在更大的范围内对人们产生作用。无论是从全球范围内的国际传播还是一个国家范围内的公共传播活动来看，数字鸿沟都是降低和制约传播活动的效率和有效性的重要因素。

文化传播问题

对于文化传播来说，数字鸿沟的存在同样会带来一定的负面影响，尤其是对于那些处于文化相对弱势的群体而言。当网络世界与现实世界之间的接触越来越多、重合度越来越高的情况下，如果无法通过网络向其他群体传递自身的文化内容和意识形态，在网络的影响下，那些处于优势（或强势）地位的文化内容、生活习惯、价值观和意识形态则很可能对其他民族或文化群体形成"霸权"的影响作用。而长远来看，当一个国家、一个地区、一个民族或一个群体失去他们的文化特点和自身对文化的认同，他们本身的发展也已经失去了作为维系文化关系的"纽带"和"灵魂"。这不仅会造成全球文化多样性问题的恶化，同时也将形成一种新的文化霸权，为全球各国已经存在的不平等现象带来更消极的影响——技术成为一种特殊的资本形态，对世界发展带来"弱更弱、强更强"的态势。

我们不难发现，与"知识沟"、"信息沟"一样，数字鸿沟所带来的社会影响从整体上看是消极的。这也反映了大众传播并非对社会所有成员带来均等的利益和作用。为了使传播能更好地服务于社会和个体的发展，我们希望数字鸿沟现象能够得到缓解和改善，防止数字鸿沟的过度扩大。

那么，有别于传统媒体，新兴传播媒介技术的进步和发展是否真正改变了这样的现象和社会问题呢？

传播技术的发展缩小了信息"知识沟"？

纵观目前对"知识沟"、"信息沟"以及数字鸿沟的研究，之所以有的观点认为传播技术的发展不仅不会带来新型知识或数字鸿沟的扩大，反而会在数字传播技术的帮助下缩小社会不同群体之间的知识差异，其主要的原因和依据可以归纳为四大点。

智能手机的普及

从中国国内的发展情况来看，随着智能手机的发展和普及，数字鸿沟进一步缩小了。王凤、赵婷婷和李炜的研究表明[1]，从数字鸿沟的第一道和第二道沟（即"接入沟"和"使用沟"）来看，以智能手机为代表的新媒体有助于缩小个人之间的"知识沟"和"信息沟"。随着新技术的不断开发和普及，

---

1 王凤，赵婷婷，李炜. 手机媒体对个人层面数字鸿沟的影响研究 [J]. 东南传播，2015(11):72-73

智能手机的价格逐渐下降，过去象征着"奢侈品"的智能手机已经逐渐成为"平民商品"，而相比起电脑和互联网所带来的数字鸿沟，手机作为一种新媒介介质显然更有利于"抹平"数字鸿沟。2016年7月，美国皮尤研究中心（Pew Research Center）的调查发现，尽管全球范围内发展中国家的智能手机应用程度普遍低于发达国家，但就中国的情况来看，中国的智能手机应用率已达到58%，高于发达国家中的日本（38%），也明显高于其他发展中国家如俄罗斯（45%）和印度（17%）[1]。国内安卓机的出现和普及为很多人创造和提供了使用智能手机的机会，低廉的价格和日益繁盛的手机应用市场吸引了相当一批的用户使用智能手机。无可否认的是，智能手机在帮助人们接入和使用互联网提供了极大的帮助。从这个角度来看，新技术的出现和应用，尤其是当应用这种技术所需要付出的价格成本下降后，社会群体之间的数字鸿沟会实现一定的缩小。而就目前智能手机的发展情况和趋势来看，未来中国的智能手机应用率将进一步提高，也就意味着随着移动互联网的发展和手机在更大范围内的普及，中国国内的数字鸿沟问题将得到一定的改善；此外，由于国内安卓手机价格方面的优势以及部分手机品牌开始走国际化发展战略（如华为、小米、中兴等），中国本土的安卓智能手机已经开始进入其他一些发展中国家，如越南、印度、俄罗斯等，而这个趋势将可能带来发展中国家对智能手机应用率的普遍提升，从而缩小它们与发达国家之间在接入和使用方面的数字差异。

信息技术普及

接入和使用鸿沟的缩小还体现在其他方面。需要强调的是，当我们提及"知识沟"、"信息沟"或"数字鸿沟"时，我们不应该只是看到社会经济

---

[1] 中关村在线. 中国智能手机普及率58% 远高于全球普及率43%[EB/OL]. 2016-7-30，转自新浪科技，http://tech.sina.com.cn/mobile/n/n/2016-07-30/doc-ifxunyxy5956896.shtml

地位高低的人们之间的知识和信息差异，还应该看到包括不同行业、地区和群体等之间的差异。如果从目前新技术和新媒体在不同行业的应用情况来看，行业之间的数字鸿沟应该是有了比较明显的缩小。信息化社会和信息化时代的特点之一是信息成为最重要的社会资源，对社会发展起着重要的推动作用。而就中国国内的发展情况而言，曾经数字传播技术只应用在少数的行业里，而过去十年随着新媒体传播技术发展和普及速度的大大提升，信息技术已经普遍应用于各行各业中，尽管这种应用的水平和技术仍然存在比较明显的差异和参差不齐的问题。值得注意的是，当我们说到"信息技术"的时候，并不只有大规模的计算机应用或是产业信息化才能被算是新技术在行业中的普及。以近两年发展势头迅猛的电子支付为例，我们不难发现，以支付宝和"微信钱包"为代表的电子支付已经迅速被应用到社会的各行各业里，大到旅游和酒店消费，小到在便利店甚至菜市场买菜，电子钱包和电子支付已经成为极为普遍的事物和新技术应用。从这个角度来看，笔者认为新技术的的确确在一定程度上缩小了各行各业之间的信息接入和使用差距，尽管我们并不否认目前行业之间对信息技术的应用水平仍然存在比较显著的差异，但当技术应用成本和难度都降低的情况下，我们有理由相信行业之间的数字鸿沟将会被进一步填平。

接入差异降低

数字鸿沟的第三道沟是接入和使用差异所造成的知识沟，而新媒体和新技术的出现和发展为填平社会群体之间的知识鸿沟带来了可能性和发展空间。笔者认为，支持这一观点的论据在于，我们并不一定从全社会、全国的视角来分析社会群体之间的"知识沟"是否被减少，只要在特定的群体内部，新的传播技术能帮助群体内各成员之间实现知识鸿沟的缩小和填平，新技术的应用就是有利的。过去几年，专注于知识获取和知识传播方面的新媒体项目并不罕见，如电子图书馆、在线学习项目和平台、网络公开课（其中最著名的"哈佛公开课"在网络上吸引了大批观众和用户）、慕课（MOOC，全称为 massive open online courses）、现代远程教育等项目的出现都为缩小群体内部的知识差异提供了极大的帮助和空间。当然，有的人可能会认为，在线学习课程的出现进一步拉大了人们之间的信息和知识差异。如果从"是否已经接入网络"的角度来看，的确，新的学习方式为那些比较容易获得互联网络资源的人来说是更大的机遇；而对于本来已经缺乏技术资源的群体来说，这无疑是造成更大的不公平和信息阶层分化的原因。但笔者认为，我们也可以换一个角度来看，数字鸿沟不仅是国内存在的问题，也是影响着中国（或其他发展中国家）和全球发达国家之间的信息和知识差异问题。对国内一些已经可以比较熟练地应用网络技术的群体，尤其是年轻人来说，电子学习、在线课程时代的到来无疑为他们创造了更好的学习环境和知识获取空间，这将帮助他们在相对平等的环境和平台下与发达国家的年轻人共同学习、共同交流，从而使他们获得更多发展的资源。年轻人是未来国家与国家之间竞争与发展的重要力量，对于新技术在学习和知识获取方面的应用来说，我们不妨抱以更开放的态度来接纳这种应用的趋势。"知识部分先富"的策略对发展中国家来说也同样意义深远。为一部分人提供新的学习知识的机会，能够使他们在国际环境下拉近与发达国家年轻人之间的距离。从这个角度来看，新技术的出现和应用，尽管只是在部分层面和部分群体间的普及，也可能在一定程度上缩小社会之间的数字鸿沟。

获取成本降低

当我们讨论新媒体作为一种大众传播的手段和工具将如何影响"知识沟"、"信息沟"和数字鸿沟时，我们不妨回归到关于这个问题最原始的理论，在"知识沟"假说里有一个很重要的观点需要我们重新进行审视——大众传播的信息传达活动无论对社会经济地位高者还是低者都会带来知识量的增加，而经济地位高者获得信息和知识的速度远高于经济地位低者，因此随着时间的推移，社会经济地位高者和低者之间的知识量差异将越来越大——这是支撑"知识沟"假说的重要依据，也是反对新媒体的发展会缩小社会"知识沟"、"信息沟"和数字鸿沟的重要原因。"知识沟"和"信息沟"假说都是20世纪70年代提出的媒介传播观点，其理论更多的适用于当时的传播环境和特定的社会年代背景。今天，这一理论的提出已经过去了四十余年，在当前新媒体传播时代中，这样的观点是否依然成立和存在？诚然，社会经济地位是影响一个人知识量的重要因素，而在信息化传播时代，互联网作为一个开放的信息传播平台，信息的获取成本已经大大降低。无论是人力成本、费用成本抑或是操作成本，在网络的环境下都已经在很大程度地接近于"0"。也就是说，如果在旧的传播时代，社会经济地位的高低将明显地影响人们通过传统媒介手段，如报纸、书籍、杂志、电视、广播等获得信息和知识，那么在新的传播时代下，"经济地位高者获得信息和知识的速度远高于经济地位低者"的论点相对而言并没有那么牢固。数字鸿沟之所以仍然存在并且依然明显，更大的原因来源于人们对硬件本身的购买能力存在差异，而非互联网这种技术的设计和特点对人们在获取、利用和传播信息和知识方面设定的障碍。正因如此，部分观点认为，在新媒体竞争市场越来越激烈的趋势下，网络使用的成本，尤其是费用方面的成本将会持续降低，而这将为缩小社会群体之间在因接入网络能力而产生的鸿沟带来极大的帮助，随着新媒体的进一步发展和网络应用的进一步普及，数字鸿沟的问题将会得到明显的改善。

新媒体与信息沟的扩大

与此同时，笔者发现更多的声音却偏向支持新媒体传播带来的结果并非人们想象得那么理想和乐观，新技术的进步和新传播活动模式的形成在更大程度上扩大了社会内部各群体之间的信息和知识鸿沟。进入数字化传播时代后，技术的革新速度越来越快、更新周期越来越短，"老沟"未平、"新沟"又现的情况非常明显。其中最典型和最受关注的是城市化发展过程中的城乡信息"贫富"悬殊和差距问题，那么新媒体究竟是否会扩大现代社会成员之间的信息鸿沟呢？

●首先，卡茨曼认为，电脑等机器的信息处理和积蓄能力比人类强大得多，信息富有者能更早地使用电脑等新型传播机器，并通过电脑来获得更多的信息和知识，因此新媒体如电脑的出现不仅无法缩小社会群体之间的知识和信息鸿沟，反而可能造成这种趋势的进一步扩大。根据 eMarketer 于 2016 年 7 月发布的报告《全球移动用户和互联网：eMarketer 对 2016 年的预测》，到 2016 年年底全球的互联网普及率大约可以达到 47%，而这一数据到 2018 年将超过 50%[1]。从这一数据我们可以看到，尽管当前全球互联网的普及呈现整体上升的趋势，但从数据来看全球仍然有过半数的人没有接入互联网。而更为重要的是，接入互联网的情况只是判断数字鸿沟变化的其中一项指标，更为重要的是人们在进入网络世界后对互联网传播技术和平台的使用及如何通过这些新的传播手段来获取所需要的信息和知识。除此之外，无论是电脑或是互联网，应用与否并不等同于判断应用的能力和水平。简单来说，世界各国的人们在使用互联网等新技术时，也还会受到各种各样硬件或软件条件、环境的制约和限制，如该国（或地区）的网速条件、社会对网络的接受程度、网络使用和管理法律法规等制度建设情况等，都会对人们如何使用新的传播技术带来影响，而这些影响又将进一步扩大该国（或地区）与其他国家（或地区）之间的数字鸿沟。

●其次，单从全球各国或是国内的网络接入情况来看，网络和计算机等设备的普及率的确呈现整体上升的趋势。传统计算机和智能手机的价格整体

---

[1] 199IT. 2016 年底全球互联网普及率预计达到 47%[EB/OL]. 2016-7-4，链接为 http://www.techweb.com.cn/data/2016-07-04/2356077.shtml

下降，使得越来越多人可以购买网络使用设备。但我们不能忽略的一个问题是，数字鸿沟的表现不仅在于是否接入网络，而更为重要的是在接入网络的基础上，不同社会群体对网络的使用情况以及如何通过接入和使用网络获取知识和信息量的差异。那么从这个角度来看，数字鸿沟尤其是全球范围内的数字鸿沟问题仍然严重，甚至呈现逐渐扩大的趋势。如果说在传统的媒介时代，报纸、杂志、广播、电视等媒体对受众的文化水平要求只是需要具备认字的能力，那么在网络新媒体的传播时代，受众作为传播活动过程中更重要的一个环节，不仅享有着搜索、接收和阅读信息的权利，他们本身也扮演着传播者的角色。因此，在这样的背景下，人们需要对数字化传播信息具有更高层次的应用能力。这不仅要求他们能够读懂和理解传播媒介上的信息内容，还需要具有相当程度的传播和应用能力，这样才能真正发挥网络新媒体对他们的实际效应。除此之外，计算机在人们生活中充当的角色和地位同样是数字鸿沟问题的一种表现，如同《芝麻街》的影响，计算机在教育方面的功能和作用仍然被相当一部分人忽视，而这种问题将导致未来社会群体之间知识沟和信息沟的进一步扩大。

●另外，从目前中国国内的情况来看，根据 CNNIC 于 2016 年 8 月发布的《2015 年农村互联网发展状况研究报告》，相比起搜索引擎、网络金融、网络游戏等应用领域，即时通信仍是农村网民使用率最高的应用[1]（表 10-1），而且用户规模也在进一步扩大，利用即时通信进行网络社会交往活动是当前中国国内农村网络用户最重要的在线活动；同时，CNNIC 的报告也指出，娱乐类应用在农村网民中保持稳定上升的发展态势[2]（表 10-2）。

---

1 CNNIC. 2015 年农村互联网发展状况研究报告 [R]. 2016-8-29, http://www.cnnic.cn/hlwfzyj/hlwxzbg/ncbg/201608/P020160829560515324796.pdf
2 CNNIC. 2015 年农村互联网发展状况研究报告 [R]. 2016-8-29, http://www.cnnic.cn/hlwfzyj/hlwxzbg/ncbg/201608/P020160829560515324796.pdf

表 10-1 2015 年农村网民网络应用使用率与城镇对比情况

应用类别	应用	农村		城镇		城乡网民使用率差异
		使用率	用户规模（万）	使用率	用户规模（万）	
信息获取类	网络新闻	77.8%	15196	83.7%	41245	-5.9%
	搜索引擎	77.7%	15187	84.1%	41436	-6.4%
交流沟通类	即时通信	88.2%	17243	91.6%	45166	-3.4%
	微博	25.4%	4969	36.7%	18076	-11.2%
	电子邮件	25.5%	4988	42.3%	20859	-16.8%
	论坛/BBS	11.4%	2228	19.6%	9673	-8.2%
网络娱乐类	网络音乐	68.3%	13352	74.6%	36785	-6.3%
	网络游戏	53.5%	10458	58.2%	28690	-4.7%
	网络视频	66.9%	13078	75.7%	37313	-8.8%
	网络文学	37.6%	7354	45.3%	22320	-7.7%
商务交易类	网络购物	47.3%	9239	65.1%	32085	-17.8%
	团购	15.6%	3049	30.4%	14973	-14.8%
	旅行预订	24.0%	4687	43.2%	21268	-19.2%
网络金融类	网上支付	47.7%	9320	65.5%	32299	-17.8%
	网上银行	36.6%	7161	53.7%	26478	-17.1%
	网上炒股	4.4%	851	10.2%	5042	-5.9%

表 10-2 2014—2015 年农村网民各类网络应用使用率变化情况

应用类别	应用	2014 年		2015 年		用户规模增长率
		使用率	用户规模（万）	使用率	用户规模（万）	
信息获取类	网络新闻	74.2%	13247	77.8%	15196	14.7%
	搜索引擎	72.8%	12987	77.7%	15187	16.9%
交流沟通类	即时通信	87.2%	15558	88.2%	17243	10.8%
	微博	29.9%	5333	25.4%	4969	-6.8%
	电子邮件	29.0%	5184	25.5%	4988	-3.8%
	论坛/BBS	14.8%	2635	11.4%	2228	-15.4%
网络娱乐类	网络音乐	69.7%	12444	68.3%	13352	7.3%
	网络游戏	54.0%	9637	53.5%	10458	8.5%
	网络视频	60.9%	10875	66.9%	13078	20.3%
	网络文学	40.7%	7261	37.6%	7354	1.3%
商务交易类	网络购物	43.2%	7714	47.3%	9239	19.8%
	团购	16.3%	2914	15.6%	3049	4.6%
	旅行预订	22.6%	4028	24.0%	4687	16.4%
网络金融类	网上支付	35.2%	6276	47.7%	9320	48.5%
	网上银行	31.9%	5700	36.6%	7161	25.6%
	网上炒股	-	-	4.4%	851	-

可以看到，尽管资讯类、商务类和金融类等网络应用在农村网民中的整体应用率有所上升，但是相比起城镇居民来说，农村网民利用互联网络开展教育、求职、商务等方面的比例仍然偏低。而网络应用的情况正反映着在当前国内的网络市场上，农村网民的新媒体使用和城镇网民之间存在明显的数字鸿沟。过去五年，我们看到的中国新媒体市场是充满活力且发展迅猛的。当前的态势，一方面是城市新媒体市场的日新月异，电子支付、电子商务、电子教育等成为城镇居民越来越普遍的网络使用活动，另一方面是仍然以即时通信和网络娱乐作为主要特征和功能的农村网民上网情况，假如农村网民无法充分利用网络的优势为自身赢取发展的机会和资源，如教育、求职、商务等机遇，那么网络对城镇居民所产生的商业和经济优势则很难在农村居民身上实现。这也会反过来拉大城乡居民之间的社会经济发展水平，从这样的角度来看，中国国内仍然面临严峻并且可能恶化的设备使用情况方面的数字鸿沟问题。

●需要说明的是，上述的这种设备使用差异并不仅存在于城乡网民之间，即使是在城市内部，网络用户对上网设备的应用情况也是影响群体之间数字媒介"使用沟"的原因之一。网络是一个蕴藏着巨大知识容量的媒介空间，通过网络我们已经可以实现很多传统媒介时代无法实现的知识和信息获取应用。然而尽管电脑、手机、平板电脑等上网设备具有强大的教育功能，如果我们无法对其进行开发和利用，而只停留在通过网络进行娱乐等活动，那么对不同的人群来说，使用相同时间的网络却可能对他们带来截然不同的知识和信息获取效果——也就是说，当单纯的娱乐应用取代教育成为一部分人主要的网络使用行为时，经过一段时间后，他们与那些积极开发网络作为信息和知识获取的人群之间的数字鸿沟也将随之加大，这种现象在年轻人中尤为显著。而且无论是城镇还是农村，我们都不难看到那些因为沉迷网络而荒废了本应用来学习和接受知识教育的时间的孩子——这群人本应是数字鸿沟缩小的受益者，却由于不当或是不合理的网络应用时间分配而成为数字鸿沟扩大的受害者。加之年轻人尤其是孩子在自制力和理性判断方面的能力比较弱，很容易受到纷繁的网络世界影响，那么长久以往，即使是在相同社会经济地位阶层内部的人群之间，也会出现逐渐扩大的数字鸿沟问题。

综合以上观点，笔者更倾向认为，就目前的发展情况而言，新媒体的发展的的确确带来了更显著的知识沟和信息沟的问题，而且这种现象不仅表现在中国社会里，也体现在全球范围内。从全球的媒体传播和社会发展状况来看，"知识沟"和"信息沟"还体现在发达国家和发展中国家、落后国家之间，而这种国际范围内的数字鸿沟将会造成更严重的影响和，并进一步激化全球发展不均衡的矛盾。

如何缩小社会群体之间的信息沟？

正如笔者在本章开篇所说，对"知识沟"、"信息沟"和数字鸿沟的关注和研究的最终目的是希望能够更好地引导和影响大众传播活动的实践。尤其是在新媒体高速发展的今天，媒体对人们生活以及整个社会的渗透程度都大幅提升，为了确保数字新媒体的传播和普及能够惠及更大范围的社会成员，缩小和减少不同群体之间的知识和信息量差距，避免激化信息阶层分化的矛盾。为了实现这个目标，我们可以分别从国家和政府、大众媒体组织、学校等教育组织以及个人的角度着眼，在新媒体发展的时代缩小社会群体之间的信息沟，从而使新媒体技术的进步能够真正为社会发展提供积极的影响作用，减少由新媒体传播带来的社会新问题。

国家和政府

从国家和政府的角度来看，需要重视四方面的工作：（1）加强数字新媒体技术发展相对落后地区的网络基础设施建设，尤其是在国家开展的"扶贫"工作中，"信息扶贫"的作用应该在更大程度被重视。俗话说，"授人以鱼不如授人以渔",这一点在我国的城乡和区域协调发展工作中同样适用,在信息化时代,能否获取与社会发展息息相关的信息对个人的知识和竞争力培养来说意义重大。相比起传播体系相对成熟的城市来说,县城、农村等地区的媒体发展水平不尽理想,这也造成了生活在这些地区的居民的信息获取和信息利用能力远不如城市居民的现状。在未来,为了改变这种接入、使用和知识方面的城乡差异,国家和政府应对这些地区的互联网基础设施建设工作给予更多重视。事实上,网络基础设施对这些相对落后地区的发展来说,其意义和重要性并不亚于交通建设和教育普及等工作,这也是决定我国新媒体传播时代数字鸿沟问题能否得到解决的"硬条件"。(2)大力发展网络新媒体传播技术,出台相关政策扶持新媒体产业的发展,降低新兴网络产业在农村地区的运营门槛和进入难度。当前国内主要的几家新媒体龙头企业运营总部主要集中在北京、上海、深圳、广州、杭州等国内一线城市,这无疑是因为大城市的网络普及程度和用户基数都比较有利于他们的市场发展,同时也因为大城市的网络设施建设相对完善,企业在城市发展新媒体的开发成本较低。笔者认为,为了鼓励新媒体企业,尤其是一些基础性的如网络教育、智能手机、网络通信等领域的企业进入农村等网络普及度相对较低的地区,国家和政府应该出台相关的优惠政策和优惠措施,通过补贴等手段激励企业开发落后地区的互联网技术,使企业能够以相对低廉的价格为农村居民提供网络服务,降低农村居民需要支付的费用,让更多人有能力接入和使用互联网传播技术和服务。(3)加强信息化制度建设,从制度的层面规定和保障社会整体的信息传播技术发展,不要把新媒体发展完全交给市场。尽管市场经济体制在很多方面表现出强大的生命力和活力,但就目前国内的新媒体市场来看,笔者认为政府的宏观调控仍然是有必要的,填平或减少我国数字鸿沟离不开我国政府对信息技术相关产业的宏观调控措施和政策。更重要的是,数字鸿沟不仅表现在贫富地区之间的知识和信息差异,就我国的情况来看,不同行业之间的信息化、技术化和数字化应用情况也存在较为明显的差距。要想在社会全行业实现普遍更高水平的数字化应用,政府首先要推行政务信息的电子化和信息化,从而推动各行业企业的办公数字化。从这个层面来看,电子政务和政府信息化是提高我国整体信息传播水平的重要因素和力量,而这将进一步缩小我国与发达国家之间存在的数字鸿沟。(4)无可否认,网络并不是只有积极和良性的一面,网络本身的发展也可能对任何一个国家包括中国带来负面的影响。这并不意味着我们要对其加以抵制或拒绝,相反,笔者认为中国在未来应该以更开放和更包容的心态去和全球的网络世界相融合,积极而主动地通过互联网这个平台向全球各国展示中国的信息。文化鸿沟本身就是全球数字鸿沟里的一种特殊表现和特殊现象,尤其是在历史、语言和意识形态等文化差异的背景下。在过去十年里,互联网向中国传输的外国信息、知识和文化量远远超过中国通过网络向世界传递的信息和知识量。不仅是中国,这样的问题也普遍存在于其他发展中国家和落后国家中。假如我们无法利用网络开展有效的文化和信息传递活动,那么我们很可能成为全球网络文化霸权的"受害者"。要想改变这种现状,从国家的层面上来看,中国政府不妨以采用积极的网络开放和发展战略,加强中华文化在网络世界的影响力和传播范围,帮助中国文化和代表中国的价值观、意识形态在信息化传播时代获得新的发展空间和生命力。中国不应只是互联网传播时代的全球文化接收者和接受者,更应该是生产者和传播者。要想实现这个目标,离不开中国政府在政策方面的支持和网络发展大方向上的把握。

社会组织

从社会组织来看,不同类型的社会组织应该在缩小数字鸿沟方面提供不同的帮助,针对各自的社会作用和组织性质开展不同重点的工作。(1)对传媒组织来说,数字鸿沟之所以产生并且不断扩大,其中一个很重要的因素在于近十年来数字新媒体的发展速度有日益加快的趋势。目前影响力较大的几类新媒体主要集中在社交领域、游戏领域、商业领域、资讯领域和电子商务领域。从地区之间的数字鸿沟来说，相比起城市居民，农村居民在上述这些领域的需求显然并不十分强烈。对他们来说，基本的生活收入和儿童的受教育问题显然更为重要。为了在长远的发展中缩小我国不同地区之间的数字鸿沟，笔者期望新媒体组织可以在开发具有盈利空间的市场领域的同时，对贫困和落后地区居民的媒介需求给予更多关注，让他们也能享受到新媒介技术发展所带来的益处和便利。而从行业之间的数字鸿沟来看，除了已经被高度开发的商业应用领域以外，新媒体组织在其他一些尚未得到充分开发的领域里同样大有作为。正如麦克卢汉所说，"媒介是人的延伸"，任何媒介都不外乎人的感官的扩展或延伸——文字是人的视觉能力的延伸，广播是人的听觉能力的延伸，电视是视觉、听觉和触觉能力的综合延伸。媒介组织在开发新的传播技术以及应用领域的时候，应该充分考虑人（即用户）在哪些方面的需求仍然未能得到很好的满足，从而让数字新媒体技术能够在更多领域和行业内得到应用，提高全社会的媒介普及水平和应用能力，以填平不同行业之间的数字鸿沟。（2）对 NGO 组织来说，尤其是从缩小和填平地区之间数字鸿沟的角度来看，开展具有针对性的公益教育项目具有重要的意义。面对贫困和落后地区的发展现状和所能获取的资源条件，NGO 组织可以通过如"虚拟教育项目"、"在线学习课程"、"农村网络专项募捐基金"等项目帮助偏远地区的居民，为他们创造接触和使用互联网的条件和可能性。当然，单纯依靠 NGO 组织的经济能力和物质条件很难在大范围内实现有效的信息普及和信息教育项目。NGO 组织要想成功在贫困地区推行数字教育和新媒体公益专项项目，离不开社会各界和大型企业组织的资金和硬件支持以及政府对这些地区的网络基础设施建设。（3）对通信服务运营商来说，适当调整资费，降低用户的进入成本。不仅城乡之间存在明显的数字鸿沟，即使在城市内部，仍有大部分居民因为网络资费的问题而无法负担网络使用费用。数字化和信息化社会不仅没有为他们带来更便利的生活，反而进一步加剧了和城市发展无法融合的矛盾和问题。笔者认为，目前，相比起香港、台湾等地区，中国内地在网络使用和通信方面的资费水平仍然相对偏高。要想真正做到"全民使用网络"，不仅有赖于政府和城市管理者提供如免费无线网络等基础设施，通信运营商也应该适当调低网络服务和数据使用资费价格。通信技术发展的目的之一是让网络能够为人类生活带来真正的便利和服务，而通信运营商有义务和责任在缩小和填平数字鸿沟方面做出努力，避免因过高资费而影响了人们对网络的使用，阻碍城市和国家真正实现数字化、技术化和信息化的社会建设。

公民教育

从公民教育来看，媒介素养教育应该尽快被纳入学生常规的教育体系里，加强对不同年龄层的媒介素养培训和教育。媒介素养教育（Media Literacy Education）并不是一个新兴的词汇，早在20世纪80年代，欧美国家就已经明确提出媒介素养教育对塑造具有较高的信息判断能力、媒介应用能力和独立思考能力的高素质公民的重要性。而随着全球化和国际一体化进程的进一步加快以及新媒介技术在社会生活方方面面的应用程度提升，全球公民（Global Citizenship）概念的提出更是对各国公民在媒介接触和应用方面的能力有了更高的要求。联合国教科文组织（UNESCO）把媒介素养教育纳为全球各国公民的一项基本权利，认为媒介素养教育不仅可以帮助人们更好地理解和消费信息，同时也对他们生产使用和传播信息具有重要意义。显然，媒介素养教育是一项庞大的社会系统工程。媒介素养教育是教育组织如学校的职责和任务。从宏观的角度上看，国家和政府应该是支持和推行公民媒介素养教育的重要力量；但从微观上看，媒介素养教育的具体实施仍然主要由学校来承担，并由社区、家庭等组织予以辅助。董小玉和胡杨的研究指出：媒介技术发展带来的数字鸿沟也在一定程度上制约着公民社会的构建，而媒介素养教育对弥合全媒体时代数字鸿沟，提高公民整体素质具有重要的促进作用[1]。那么具体来看,公民教育如何帮助缩小和填平数字鸿沟呢?笔者认为,我们要根据不同类型的数字鸿沟进行判断和分析,而这里的媒介素养教育又主要指向"新媒介素养"的教育问题:(1)从全球数字鸿沟的角度来看,媒介素养教育在着重本土化项目开发的同时,要与国际社会的媒介发展现状接轨。尽管目前中国的网络普及率已经超过50%,相比过去有了极大的飞跃和进步,但从整体的媒介发展和应用情况来看,中国在全球各国的媒介应用水平仍然处于中下游的位置。"人才强国"、"科教兴国"是我国提出多年的发展战略和方针,而新媒介的接触和应用能力无疑应该被纳为人才培养的内容和范围。因此就未来发展的大方向而言,在媒介素养教育项目中体现"国际化"和"全球化"视野具有一定的重要性和必要性。(2)从国内数字鸿沟的角度来看,包括中国在内的多个国家都面临着更为复杂的数字鸿沟问题,如前文提到的贫富地区之间、社会行业之间、不同年龄层的群体之间、性别之间的数字新媒体技术接触、使用差异是当前最为主要的国内数字鸿沟问题。笔者认为,国内领域的数字鸿沟问题具有更迫切的解决必要性,应该设计和推行多层次和全方位的媒介素养项目。"多层次"指的是根据不同地区、不同群体和不同行业的媒介使用需求和发展现状来制定媒介素养教育目标和内容,具有针对性的媒介素养教育显然更具有现实意义和实践的可能性;而"全方位"指的是我们应该尽可能看到当前国内社会存在的不同群体之间的数字鸿沟,而不是只聚焦在数字新媒体应用的"城乡差异"。诚然,这是中国(包括西方很多国家)面临的最主要的国内数字鸿沟问题。教育的"信息扶贫"显然是重要的,但"贫"在这里绝不仅是反映经济地位的指标。应该建立全民化和终身化的媒介素养教育目标和体系,尤其是在新的媒介技术对我们的生活影响日益加大的今天,无论是日常生活、学习工作还是公共服务的享受,数字传播技术都已经展现出强大的影响力。而对于一些缺乏新媒体应用能力

---

1 董小玉,胡杨. 弥合数字鸿沟,构建公民社会——全媒体时代的媒介素养教育[J]. 新闻界,2015(10):57-60

和信息使用能力的群体来说，数字化和信息化社会的到来也许带给他们的是更不便利的生活。从这个角度来看，媒介素养教育作为社会公民教育体系的重要组成部分，应在更大范围覆盖社会群体的生活，帮助全社会公民更好地与信息时代的社会生活相融合。

公民个人

从公民个人来看，每一个公民都应积极地融入新媒体带来的便利生活中。不仅客观的网络接触和使用条件会影响公民的媒介使用情况，公民自身对新媒介技术的理解和认知等主观因素同样会阻碍公民的媒介应用。周翔和彭珍梅指出，数字鸿沟并不仅仅是信息技术"有/无"的问题，同时也涉及个人心理和社会资本等因素[1]。相比起传统媒体的发展历程，新媒体展现出来的社会渗透和影响能力更快、更明显，但并非所有人都对新技术的到来抱有支持和正面的态度。媒介作为一种特殊的资本形态，承载的是社会公民的某种特定的价值观念。而就目前国内的情况来看，部分没有接触和使用网络新媒体的公民并不是由于客观条件的限制，而是出于对这种技术的不了解或不信任。无可否认的是，网络和新媒体的发展对社会产生的影响是双面的。计算机技术自面世以来确实为社会发展带来了不少负面的问题，但面对一种新技术的到来，一味逃避或拒绝的态度并不能够阻挡其对人们生活产生的影响。而传播技术对于社会是基本的存在，在信息化社会里每个人都无法置身事外，完全脱离新技术而存在。新媒介发明的结果和传播技术的运用都将影响社会变革的推行和发展。传播革命最终会导致社会革命，当然这种"革命"可能是温和的，也可能是渐进的。而人们身处技术之中应该对新技术的到来持有更开放的态度，在不断的利用和实践过程中了解新的传播技术，不断提高自己

---

[1] 周翔，彭珍梅. 数字鸿沟指数关系模型在个人层面上的发展 [J]. 新闻与传播评论，2011，（1）：34-42

对技术的驾驭能力，而不是成为技术的奴隶。

笔者相信，数字鸿沟的问题也会随着人们进一步包容和接纳新传播技术而实现一定程度的缩小。

本章思考

1. 什么是"知识沟"、"信息沟"和数字鸿沟？这些现象分别是如何产生的？

2. 我们应该如何理解"发达国家、发展中国家和落后国家之间的数字鸿沟"和"富裕城市和贫困农村之间的数字鸿沟"？这两种不同的数字鸿沟如何影响其社会及其内部群体成员？

3. 在现实生活中，你是否感受过知识或信息鸿沟对你的生活带来的影响？这种影响是积极的更多还是消极的更多？

4. 除了本文提到的解决措施和建议，你认为为了缩小新媒体传播时代社会群体成员之间的知识和信息差距，我们还可以从哪些方面展开工作和努力？

结 语

经过对十个问题的讨论，我们对新媒体传播领域的一些普遍的、新出现的、具有争议性的问题有了更深的认识和更全面的体会。无论是实名制的影响、新媒体时代的舆情管理，还是社交媒体、政治传播和视频直播的发展趋势，我们都应该了解到：当我们围绕新媒体传播去探讨一些问题时，都无法轻易地、简单地对这些问题进行下定义般的回答。绝对的是与否、正确与错误、非黑即白在新媒体传播中并不适用。关键的问题是，我们要以中立的态度和眼光去对这些问题进行抽丝剥茧的分析，经过层层深入、逐步推进的方式来认识新媒体传播中出现的问题或现象。其中"度"的把握尤为重要——也就是说，正如笔者在本书中提出的十个问题，我们不难发现，在所有问题中，我们都可以进行截然不同的两方面的思考，而这些思考的任何一方是否真的代表着正确和客观？其实未必，重要的是当我们对两种可能性的答案都有了比较清晰的认识后，我们无论在认识、理解和使用新媒体时都能把握好两者之间的平衡点。

必须要承认的是，在本书十个问题的讨论中，主要是笔者个人经过多年对新媒体的观察和思考所归纳和总结出来的想法和观点，能代表的仅是个人的意见和立场，因此某些表述可能带有比较强烈的主观性，未必能代表新媒体传播领域的真实场景。因此，笔者绝对欢迎读者在阅读本书后就书中提及的或是未提及的新媒体传播研究领域的问题进行更深入和更开放的讨论。这种学术和思想的碰撞本身正如新媒体给我们带来的改变和独特优势——开放的、自由的、平等的、互动的。只有经过不断地探索和研究，我们才能更好地认识和理解新媒体。尽管我们可以看到,人们对新媒体的认识发展速度远远落后于新媒体本身的发展速度,新媒体传播领域出现新现象、新产物、新问题的速度也远远超过人们能对这些问题和现象开展研究的速度。

在本书中,笔者提出了关于新媒体研究中具有争议的或是可以从不同角度进行解答的问题,限于时间、精力、篇幅和研究能力与学术水平等因素,笔者认为在当前的新媒体传播语境里依然存在其他非常重要的并且也能从不同的视角去进行解读和分析的传播问题,比如:

1. 新媒体的发展和流行无疑对传统媒体具有一定的冲击,但近年来业界和学界都开始关注的一个现象是,新媒体传播技术的进步也对传统媒体带来了一些转型的机遇和可能性。那么,网络新媒体的发展为传统媒体(如报纸、杂志、电视、广播等)带来的影响是机遇更大还是挑战更大?

2. 西方受众认为,受众不仅是媒体的"财富之源",同时也是"权力之源"。而在中国的语境里,媒体却常常被认为是"党和政府的喉舌",在更大程度上代表着政府的观点和意见。当网络成为一种常规化的公众意见表达平台,媒体(尤其是中国媒体)在传播活动中受到来自政府的影响更大、还是公众的影响更大?

3. 网络的发展、自媒体的流行,让越来越多的公众可以成为传播者。我们可以看到,公众参与传播活动的程度越来越深,任何人都可以通过网络表达自己的意见、传递自己的声音。这样的现象为社会带来积极影响更多还是消极影响更多?我们如何理解这种现象对政府、对社会、对媒体、对受众本身所带来的影响?

4. "沉默的螺旋"是20世纪提出的传播假说,认为人们为了与大多数人保持一致,一些"少数意见"会在传播活动中不断被弱化,最后"优势意见"或是"大多数人的意见"会成为社会"主流观点"。随着新媒体的出现和普及,人们的言论自由有了新的实现形式,加上网络匿名性的影响,人们似乎可以在网络上享有更大程度的表达观点的自由和权利。那么在当前的传播环境下,

"沉默的螺旋"假设是进一步被强化了还是弱化了？

5. 本书第四部分提到了新媒体对公共危机管理带来的影响，而事实上，除了新媒体，传统媒体如报纸和电视在公共危机管理中同样发挥着独特而重要的作用。但随着新媒体的流行和对社会生活影响的逐渐深入，有人开始认为，"传统媒体在公共事件中的作用不如新媒体"，对于这种观点，我们如何看待？

6. 同样是在公共管理方面，近几年我们可以看到，无论是中央政府还是地方政府，都明确提出了加强政府在网络舆情管理、网络危机处理等方面的能力。那么从过去几年的经验和实践情况来看，政府应对新媒体语境下的公共危机事件的能力是加强了还是减弱了？如果是加强了，政府在新媒体时代公共危机管理方面有哪些值得推广的经验和优势？如何是减弱了，未来政府应该如何提高在新媒体公共危机管理方面的能力和业务水平？

7. 在网络狂欢的时代，当人们利用网络传播技术的能力越来越强、水平越来越高，一些由人们主导的传播行为和传播现象所引起的关注也越来越高。例如近几年很常见的"网络恶搞"和"人肉搜索"，都被认为是网络狂欢时代的典型产物和典型标志。对这两种独特的新媒体使用行为和传播活动，你怎么看？我们如何辩证地分析这些现象可能对文化传播、对社会、对网络空间、对受众自身所产生的影响？

8. 毫无疑问，社交媒体对社会和对人的影响都已经越来越深，社交应用也成为全球各国网民最重要的网络使用行为之一。除了传统的社交类媒体，其他网络应用也开始开发在社交方面的可能性，如"支付宝"试水社交功能。从对用户的影响来看，社交媒体对用户社交生活的影响是积极的更多还是消极的更多？从其他方面来看呢？

9. 本书不少地方都提到了"媒介素养"的概念和作用，这是对用户在媒介使用、信息解读与判别、传播等全方位能力的衡量标准。网络时代网民的媒介素养问题一直是传播学界高度关注的问题，那么随着互联网尤其是移动互联网的发展，网民的媒介素养是提升了还是下降了？

10. 最后，新媒体不仅是一种传播的渠道和平台，同时也是一种管理的工具和手段，那么笔者感兴趣的是新媒体的发展趋势：以中国所处的发展环境和社会现实来看，未来新媒体将会在更大程度上成为协助国家和政府开展社会管理的手段，还是因为其开放的传播特点而发展成为国家和政府带来威胁和挑战的存在？面对不同的回答和可能性，政府、媒体、公众个人应该如何应对以确保新媒体能成为有助于而非阻碍社会发展和进步的工具？

笔者期待有同样关注和热爱新媒体的学界和业界同人对这些问题开展探讨，也期望未来可以看到更多关于新媒体传播问题的思考和研究成果。笔者也相信，新媒体将会在更多方面、更大程度为我们的生活带来变化。尽管我们必须客观地承认，一些变化可能是消极和负面的，而我们——人类，作为新媒体传播技术的开发者、传播者和应用者，应该努力成为能够技术而非被技术本身凌驾的对象，也不应该因为新媒体传播的潜在风险和潜在问题就去否定技术的意义和发展的必要性。

笔者深信，即时技术可能会造成一些我们不希望看到的场景和现象，但技术无分好坏，人本身才是造成这些问题的本质根源，关键问题仍然是我们如何认识、理解和应用技术。